社会语言学概论

SHEHUI YUYANXUE GAILUN

王淑雯　班颖超　苏冲　高黎　罗琴琴　何晟◎著

项目策划：梁　平
责任编辑：陈克坚
责任校对：杨丽贤
封面设计：璞信文化
责任印制：王　炜

图书在版编目（CIP）数据

社会语言学概论 / 王淑雯等著. — 成都：四川大学出版社，2021.7

ISBN 978-7-5690-4567-3

Ⅰ. ①社… Ⅱ. ①王… Ⅲ. ①社会语言学一高等学校一教材 Ⅳ. ①H0

中国版本图书馆 CIP 数据核字（2021）第 073292 号

书名　社会语言学概论

著　　者	王淑雯　班颖超　苏　冲　高　黎　罗琴琴　何　晟
出　　版	四川大学出版社
地　　址	成都市一环路南一段 24 号（610065）
发　　行	四川大学出版社
书　　号	ISBN 978-7-5690-4567-3
印前制作	四川胜翔数码印务设计有限公司
印　　刷	成都市新都华兴印务有限公司
成品尺寸	185mm×260mm
印　　张	15.25
字　　数	390 千字
版　　次	2021 年 7 月第 1 版
印　　次	2021 年 7 月第 1 次印刷
定　　价	78.00 元

◆ 读者邮购本书，请与本社发行科联系。
电话：(028)85408408/(028)85401670/
(028)86408023　邮政编码：610065
◆ 本社图书如有印装质量问题，请寄回出版社调换。
◆ 网址：http://press.scu.edu.cn

四川大学出版社
微信公众号

前　言

我们编写的《社会语言学概论》一书的定位是社会语言学的入门读物，因此需兼顾社会语言学的学术准确性和可读性。社会语言学是一门实证性科学，我们在构思本书时遵循了实证性研究的思路，将社会语言学的相关理论与经典文献或最新研究成果相结合，将抽象的理论阐释与具体的研究课题相结合，普及社会语言学的最基本知识，引发学习者对社会语言学的兴趣。因此，我们在编写本书的过程中力求遵循下列原则：

（1）通俗易懂。让没有多少语言学和社会语言学基础知识的学习者能看懂本书，并引起他们的阅读兴趣。因此，本书的语言尽量做到浅显易读、深入浅出、务实清新，让学习者学有所悟，学有所得。

（2）理论联系实际。让学习者明白，原来这么多熟视无睹的语言现象背后有很多值得思考和分析的地方，进而结合相关理论体系展开兼具广度和深度的分析阐释，帮助学习者在撰写论文时能够找到适切的理论或课题，运用适当的研究方法，多视角分析语料。也希望学习者能够将社会语言学的理论体系融会贯通，依据语料提炼出自己的分析框架，从而培养其学术创新性。

（3）凸显实践性。让学习者明白社会语言学有着严谨科学的研究方法。为此，我们设置了一个章节系统介绍社会语言学的研究方法——这也是国内外现有社会语言学教材所欠缺的。从而帮助学习者强化实证设计，明晰统计数据。此外，我们在每个章节都提出了相应的研究课题，鼓励学习者运用在该章节学到的知识对研究课题展开思考和分析，或者通过分析，熟悉社会语言学的理论分支，从而培养学习者独立的学术意识。

（4）突出时效性。让学习者明白社会语言学是一门与时俱进的学科，与其他学科不断进行交叉融合。因此，本书除了在每个章节设置“研究课题”和“文献阅读”，还将最后一个章节设计为“社会语言学热点分析及前景展望”，引领学习者了解学术前沿，培养其学术敏感性、探究性和前瞻性。

本书作者长期从事英语语言学学术和教学工作。王淑雯教授负责整体统筹规划，并完成了第 1 章“概论”、第 4 章“言语功能：语域和语体”和第 6 章“话语分析”的编写工作；班颖超老师编写了第 2 章“语言变体”；苏冲博士编写了第 3 章“语言、认知与文化”；高黎副教授完成第 5 章“跨文化交际”的编写工作；罗琴琴副教授负责第 7 章“社会语言学研究方法”的编写；何晟老师编写了第 8 章“社会语言学热点分析及前景展望”。

本书可作为研究生阶段和大学本科阶段的语言学概论课程，也可作为对社会语言学感兴趣的普通读者的入门性读物。

本书引用了一些专著和已发表论文的部分内容。本书是教育部人文社会科学基金项目“中美硕博学位论文摘要的语类特征对比研究”（编号 19XJA740008）的中期研究成果，并获西南石油大学研究生教材建设项目（编号 19YJC27）、西南石油大学人文社科杰出人才项目（编号 2020RW038）和西南石油大学研究生优质课程建设项目（编号 YZ20YB13）资助和大力支持。我们在此一并致谢！

作　者

2020 年 12 月 19 日于成都

目　录

第 1 章　概论

社会语言学（sociolinguistics）是语言学的重要研究领域和重要分支，是研究语言与社会互动关系的一门边缘学科。之所以称之为"边缘"是因为我们可以从不同的视角去考察、阐释语言的结构体系，如语音、构词、句法等，而社会语言学所考察、阐释的是人们在交际中的语言表现，即语言的边缘部分。也就是说，使用中的语言与社会因素之间相互作用，生成社会意义并进而产生社会效应，其根本任务在于描述语言和社会结构的共变（Bright & Ramanujan，1964）。

1.1　社会语言学的定义

社会语言学（sociolinguistics），顾名思义是社会+语言（society+language）。社会（society）是为了某个或某些目的聚集在一起的人的群体，语言（language）则是某一社会成员所说的话。因而，语言是一种社会现象或社会行为。

菲舍曼（Fisherman，1972：46）对社会语言学的定义是：

Who speaks (or writes) what language (or what language variety) to whom and when and to what end.（何人何时因何目的对谁说或写何种语言或语言变体。）

这个定义包含了社会语言学的研究要素：what 是语言部分，who 和 whom 是交际主体（即说者和听者），when 是交际时间，to what end 代表言语结果。其中 who、whom 和 when 均代表社会变量，关注的是语言应用于社会结构之间的关系。

美国社会学家内萨·沃尔夫森（Nessa Wolfson，1983）将其修正为：Who says what to whom，when and how. 其中，what 指语言，how 代表说话方式，who 和 whom 是交际主体，when 代表交际时间。概而言之，说者和听者在什么时间或什么场合用什么方式讲了什么话。

哈德森（Hudson，2000：1）简化了社会语言学的定义，指出社会语言学就是关于语言与社会关系的研究（the study of language in relation to society），将社会语言学视为语言研究的组成部分。他聚焦语言的功能性，指出社会语言学旨在探究语言的一般本质，或某一特定语言的特征。

综上，尽管语言学家从不同视角界定了社会语言学的概念，他们达成的一致意见是，社会语言学是一门研究语言的社会现象的学科，所关注的是语言所承载的社会信息以及语言与社会文化各要素之间的关系，首要任务是描述语言和社会结构的共变（Bright & Ramanujan，1964）。“共变”指语言和社会结构都是变量，两个变量相互影响、相互作用、相互制约、相互接触并引发相互变化。

1.2 宏观社会语言学与微观社会语言学

社会语言学是语言学与社会学等社会科学的交叉领域，有广义和狭义之分。

广义社会语言学即宏观社会语言学（macrosociolinguistics），也被称为语言社会学（sociology of language），主要是通过考察大量的语言材料从而得出关于群体关系的广泛的结论。其目的是通过研究语言更好地了解社会结构，如某些语言特征如何反映特定的社会分布，或归纳关于人类交际中具有普遍特色的基本规律。威廉·拉波夫（William Labov，1970：30）对宏观社会语言学描述为：

It deals with large－scale social factors，and their mutual interaction with languages and dialects. There are many open questions，and many practical problems associated with the decay and assimilation of minority languages，the development of stable bilingualism，the standardization of languages and the planning of language development in newly emerging nations. The linguistic input for such studies is primarily that a given person or group uses language X in a social context or domain Y.

（它研究各种社会因素及其与语言和方言之间的互动关系。许多开放性问题和实际问题都没有答案，如少数民族语言的退化和同化、稳定的双语发展、语言标准化、新兴国家的语言发展规划等。这些研究的语言内容主要是某个人或群体将 X 语言用于某一社会环境或 Y 领域中。）

宏观社会语言学的研究者多具有社会科学背景，如社会学家、社会心理学家等，20 世纪 60 年代的研究多为此类。

狭义社会语言学即微观社会语言学（microsociolinguistics），也就是社会语言学（sociolinguistic），主要关注非常具体的语言项目或个体差异及使用上的差别，侧重于考察语言与社会之间的关系和意义，旨在更好地了解语言结构以及语言在交际中的功能（Wardhaugh，2010），如说话人为什么在不同的社会语境中使用不同的语言，语言的社会功能以及语言如何传递社会意义。研究者多具有语言学背景，如方言学家、语言学家等。

哈德森（1996：4）的界定更加简洁明了，认为社会语言学是“联系社会研究语言”（the study of language in relation to society），而语言社会学则是“联系语言研究社会”（the study of society in relation to language）。也就是说，前者研究语言和社会是为了探究语言是什么，而后者则是为了研究社会是什么。

库尔马斯（Coulmas，1997：2）从研究内容视阈区分了宏观社会语言学和微观社会语言学：

Micro-sociolinguistics investigates how social structure influences the way people talk and how language varieties and patterns of use correlate with social attributes such as class, sex, and age. Macro-sociolinguistics, on the other hand, studies what societies do with their languages, that is, attitudes and attachments that account for the functional distribution of speech forms in society, language shift, maintenances, and replacement, the delimitation and interaction of speech communities.

（微观社会语言学研究社会结构如何影响人们谈话的方式以及语言使用模式与阶级、性别、年龄等社会特征之间有何联系。而宏观社会语言学则研究社会对语言的影响，即能够解释社会中语言形式的功能分布、语言转换、维持和替换以及言语社区的概念和互动等问题的态度和情感因素。）

不过，随着这一新兴学科的发展与成熟，其内部整合性不断增强，边缘不断扩大，边界逐渐模糊，与语用学、话语分析、语篇分析、批评语言学、民俗学、人种学、人类学、民俗学、文化学等领域的交叉和渗透越来越多。一些学者认为宏观社会语言学和微观社会语言学之间并没有清晰的界限，因为语言与社会相互影响、相互依存，只有将宏观和微观相结合才能更全面地理解语言是社会现象这一命题。库尔马斯（1997：3）明确提出：

There is no sharp dividing line between the two, but a large area of common concern. Although sociolinguistic research centers about a member of different key issues, any rigid micro-macro compartmentalization seems quite contrived and unnecessary in the present state of knowledge about the complex interrelationships between linguistic and social structures. Contributions to a better understanding of language as a necessary condition and product of social life will continue to come from both quarters.

（两者之间并无清晰的界限，而是有着共同关注的广泛领域。尽管社会语言学的研究侧重许多不同的关键问题，但就我们目前对语言和社会结构之间复杂关系所有的认识来说，任何刻板的微观-宏观之分都是十分造作、毫无必要的。语言是社会生活的必要条件和必然产物，要更深入地理解这一点就必须不断吸取两方面的成果。）

沃德霍（Wardhaugh，2010：13）也认同库尔马斯的观点：

The view I will take here is that both sociolinguistics and the sociology of language require a systematic study of language and society if they are to be successful. Moreover, a sociolinguistics that deliberately refrains from drawing conclusions about society seems to be unnecessarily restrictive, just as restrictive indeed as a sociology of language that deliberately ignores discoveries about language made in the course of sociological research. So while it is possible to do either kind of work to the exclusion of the other, I will be concerned with looking at both kinds.

（我的观点是，如果要取得成功，社会语言学和语言社会学都需要系统地研究语言和社会。此外，社会语言学忽视发现与社会相关的结论是毫无必要的自我束缚，而刻意忽视语言社会学研究中的语言发现也同样是作茧自缚。因此，尽管在研究中可能只关注了一种而排除了另一种，但实际上我对这两者都关注。）

道恩斯（Downes，1984：9）指出，社会语言学是语言学的分支，它研究的是语言的特征，而对语言的解释需要参照社会（包括情景）因素。他进而指出，社会语言学研究的特征是通过研究社会背景中的语言，更好地理解人类语言和/或语言与社会之间的关系以及互动的本质（2003：123）。费尔克劳夫（Fairclough，2001：6）认为，社会语言学善于回答“是什么”（如什么是变异现象?），但不善于回答“为什么”和“怎样”。（“为什么”会出现这些变异现象？在权势的社会关系发展方面，现有的社会语言学顺序是“怎样”产生、“怎样”维持的？应该对其做出“怎样”的改变以符合那些被语言支配的人的利益?）

随着语言学内部分支之间的交叉以及与其他学科之间的交叉，只有将宏观社会语言学与微观语言社会学相结合，才能更好地回答“为什么”和“怎样”。

1.3 社会语言学的起源和发展历程

1.3.1 萌芽阶段

尽管社会语言学是语言研究领域较新的一个分支或语言学次学科，但很多学者早就意识到语言是一种社会现象或社会行为，自人类开始使用语言之日就存在语言与社会的互动。例如现代语言学奠基人索绪尔（Saussure，1999：77）说：“语言无论什么时候都是每个人的事情；它流行于大众之中，为大众所运用，所有人每天都用语言。”并指出，语言是社会力量的产物，“既是言语机能的社会产物，又是社会集团为了使个人有可能行使这一机能所采用的一整套必不可少的规约”（Saussure，1999：77）。

德国语言学家和外交家冯·洪堡特（Von Humboldt）是第一批观察到语言对文化和思维产生影响的学者之一。英国语言学家和人类学家布罗尼斯拉夫·马林诺夫斯基（Bronislaw Malinowski）也观察到了语言、文化和社会之间的关系。他指出，只有不断地将语言与文化相结合才能真正理解语言，因为，语言在本质上根植于文化现实、日常生活、风俗习惯等社会生活之中，只有置于宽泛的言语语境中才能得以解释，研究外语亦必须结合其文化和环境（Malinowski，1923）。

美国现代人类语言学的奠基者弗朗兹·博厄斯（Franz Boas）在他1911年主编的《美国印第安语手册》（*The Handbook of American Indian Languages*）中强调，原始语言的词汇和语法分类与印欧语系截然不同。他在研究中发现，当地印第安人在使用印第安语中的Kwakiutl语进行交际时，必须给出语法信息，以表达信息来源及对信息的肯定程度。然而，他并不赞成洪堡特的观点，他认为文化和语言之间并没有直接关系：

It does not seem likely, there fore, that there is any direct relation between the culture of a tribe and the language they speak, except in so far as the form of the language will be moulded by the state of the culture, but not in so far as a certain state of the culture is conditioned by the morphological traits of the language (Boas, 1911: 67).

博厄斯的学生萨丕尔(Sapir)延续了其对印第安土著语语言特征的研究。在*Language*(1921)一书中,萨丕尔罗列了一系列语法分类,以表明结构表达信息来源的频率或说话者的信息本质(源自自己的经验、传闻、推断)(Sapir, 1921: 114－115)。不过他赞成洪堡特的观点:Language determines thought and world view, culture and thought are dependent on language. (语言决定说话人的思维方式和世界观,文化和思维依赖语言。)

随后萨丕尔的学生本杰明·李·沃尔夫(Benjamin Lee Whorf)提出了萨丕尔·沃尔夫假说(Sapir-Whorf Hypothesis, *The Whorfian Hypothesis*: *Language organizes experience*),即著名的语言相对论(linguistic relativity),强调语言与思维方式之间的关系。

英国语言学家和人类学家拉德克利夫·布朗(Radcliffe Brown)认为,语言与经济制度、礼仪规则、道德法律等共同构成了社会结构。(Language is one of the phenomena, besides the economic institution, and the rules of etiquette, morals and law, which make up the social structure.)(Brown, 1973: 216)

20世纪20年代初,社会人类学家马林诺夫斯基通过对太平洋西南部的基里维纳(Trobriand)群岛的实地考察发现,语言对该岛屿土著人组织社会生活发挥了重要作用:①解读土著人语言的意义必须结合当时当地的情景语境(context of situation);②土著人把语言看作一种活动方式;③土著人使用语言是为了实现一定的功能,主要包括寒暄功能(phatic communion)、实用功能(pragmatic function)和巫术功能(magic function)。其中,寒暄功能中的phatic意为"交际""寒暄",旨在完成社会交往;communion是情感或思想的交流,前提是交际双方是否彼此认同、有共享基础。也就是说,phatic communion为口语交际,其目的不是分享事实和观点,而是分享情感或建立社交氛围或维持社会接触(Phatic communion is spoken communication that is intended more to share feelings or establish an atmosphere of sociability rather than to communicate facts and ideas),不一定有实质性交流内容,有点近似于闲聊。马林诺夫斯基认为寒暄功能的特征就是一种言语方式,仅仅通过词语的交换建立社交纽带,是一种自由的、无特定目的的社会交往,或者是没话找话(Malinowski, 1923)。因此,他提出,语言是一种活动方式(Malinowski, 1934),人类的各种生产和社会活动塑造了他们的语言,而他们所塑造的语言又服务于他们所要进行的各种活动(胡壮麟,2008)。美国语言学家罗曼·雅各布森(Roman Jakobson, 1960)在*Linguistics and Poetics*一文中也提到了语言的寒暄功能,并将语言功能与言语行为的各种社会因素联系起来。

波格达诺夫(1929: 52)指出:"言语是社会的产物,是社会现象之一;假如没有社会上人人相与的关系,就没有言语存在底(的)必要,也就没有言语发生的可能。"

受马林诺夫斯基的影响,英国语言学家弗斯(Firth, 1957)从社会学和功能主义出发,认为语言是说话人所谈事件的集合、活动的方式,是做"事情"的方法。他区分了"结构"(structure)和"系统"(system),并指出"系统"就是"聚合",是"选择",而且是第一性的观点,决定了语言的使用和发展离不开社会。1935年,弗斯首次提出了“社会的语言学”（sociological linguistics）概念，探讨语言的社会性，近似于目前的语言社会学（sociology of language）。他强调必须在语境中研究语言的各个层面，聚焦意义。1949 年，美国语言学家马里奥・裴（Mario Pei）在其专著 *The Story of Language*（《语言故事》）中讨论了家庭、宗教、衣食住行、经济、政治体制、科学、文学、教育、地理等社会因素对语言的影响。不过，他并没有使用“社会语言学”这个概念。尤里埃尔・瓦恩里希（Uriel Weinreich，1954）从心理学、社会学和语言学等视角研究语言问题，他采集了大量的语言变体，分析了诸多社会文化来源，从而开启了语言接触（language contact）的系统研究，语言接触亦成为随后几十年社会语言学的重要关注点之一。

美国语言学家艾纳・豪根（Einar Haugen）在《美国的挪威语：双语行为研究》（*The Norwegian Language in America：A Study in Bilingual Behavior*）（1953）一书中研究了双语现象（bilingualism），从社会环境视角探讨了语言的其他问题，并提出了语言生态学（the ecology of language）的概念。

1.3.2 兴起阶段

1952 年，美国学者哈弗・寇利（Haver Currie）首次使用了 sociolinguistics 这个术语，遗憾的是，并未引起学界重视。直到 1964 年，美国学者海姆斯（Hymes）在其著作 *Language in Culture and Society：A Reader in Linguistics and Anthropology* 中将 sociolinguistics 称为独立的学科，并得到了拉波夫、布朗等学者的认同支持，从而正式开启了社会语言学这一边缘性独立学科的发展历程。越来越多的语言学家开始意识到，孤立地研究语言有很大的局限性，只有将语言置于所发生的语境中才能更充分地阐释语言现象。哈德森（2000）指出，要更好地了解语言的本质就需研究语言变体。该阶段的研究多偏重宏观社会语言学。

1959 年，查尔斯・弗格森（Charles Ferguson）在 *Diglossia*（《双言》）一书中讨论了他的研究发现。他认为，一些国家并存两种功能迥然不同的语言变体（language variety），即在方言（标准方言和地域方言）之外还存在一种上置变体（superposed variety）。他认为方言是社会普遍存在的语言，人人都会说方言，故为低级变体，而只有通过正规教育才能习得上置变体，故将其称为高级变体，如文学作品等。大多数普通民众缺少受教育的机会，而法律保护统治者的语言优势，这就意味着高级变体优于低级变体。因而，双言成为一种稳定的语言状态，除非通过社会变革或政治斗争才能打破这种稳定。

1960 年，美国语言学家肯尼斯・派克（Kenneth Pike）发表了 *Language in Relation to a Unified Theory of the Structure of Human Behavior* 一文，讨论了人类行为结构与语言之间的关系，阐释了社会和语言之间的关系。

20 世纪 60 年代中期，社会语言学吸引了大量语言学家、社会学家、心理学家、人类学家、人种志学家、教育学家、历史学家以及制定语言政策的政治学家等多学科学者的兴趣。研究语言不能忽视社会因素，如语言使用者、使用情况、使用语境等，仅语言使用者就存在诸多社会变量，如阶级出身、家庭背景、教育程度、社会地位、年龄、性别、生长环境、生活地域等。而当时盛行的结构主义语言学主要研究语言的结构（the structure of language），将语言习得和使用的社会因素摒弃在外，这就无法解释社会交往中所出现的语言现象。而语言是一种社会现象或社会行为。社会是为了某个或某些目的聚集在一起的人的群体，语言则是某一社会成员所说的话。因而，语言和社会密切相关、相互影响，社会语言学旨在描述语言和社会结构的共变（Bright & Ramanujan，1964），这无疑弥补了结构主义语言学的局限性，同时也拓宽了语言学研究领域。这一时期的研究主题主要是语言应用于社会结构之间的关系，即宏观社会语言学，包括语言变异（language varieties）、变体和双言现象，以及造成这种变异、变体及差异的社会文化因素。例如，社会语言学变异学派的创始人拉波夫运用社会学的研究方法（抽样调查法和统计法）研究了语音变异。他量化语言变量（variable）——辅音［r］和社会变量——阶层、性别、种族等社会属性，通过定量分析发现，语言变量和社会变量之间存在相关性（correlation），即：当社会变量发生变化时，语言变量随之发生变化。他最后指出，语言变异是纽约市居民经济地位最准确的标志。美国语言学家布朗（1973）则用社会因素解释了这种变异现象。巴兹尔·伯恩斯坦（Basil Bernstein）建构了语码与社会关系的理论；米尔罗伊（Milroy，1992）提出了社会网络理论，并开展了语码转换研究（code shifting）和认同行为（acts of identity）研究；费尔多特（Verdoodt，1988）分析了语言普及及其与社会语言学的关系。

1.3.3　多元发展阶段

自20世纪80年代到90年代中期，随着语言学的发展以及与其他学科的不断融合，社会语言学也迎来了新的发展，研究方法趋于多元化，研究领域得以拓展，如面子（face）、礼貌（politeness）、语言与性别、语言与思维、文化与思维、洋泾浜语、克里奥尔语、语篇分析等研究。社会语言学也发展出了更多分支领域，如话语文化学、社会认知语言学、社会地理语言学、社会心理语言学、语言社会心理学、互动社会语言学等，主要运用语言学以及社会学、民族学、文化人类学、社会心理学等学科的理论和方法，从不同学科的角度研究语言的社会本质和差异，探究语言和社会的相互关系。

系统功能语言学的创建者韩礼德（Halliday）把语言看作社会符号，“在社会文化语境内解释语言，而文化本身是以符号学的词语作解释。语言既强调社会结构和系统，也使其符号化”（Halliday，1985：74）。他指出，语言是人们有目的地用来在语境中表达意义的资源，并把语境分解为语场（Field）、语旨（Tenor）和语式（Mode）（Halliday，1985）。语场指语言使用时所要表达的话题内容和活动，具体说，即话语参与者正在从事的活动。语旨是语言使用者的社会角色和相互关系及交际意图。语式指进行交际所采用的媒介、语篇的符号构成和修辞方式。意义的识解是社会的主体间相互作用的过程。语言识解人的经验和语言实施社会过程、社会交往，两者是互补的（胡壮麟，2008）。

1.4 语言起源与语言的社会属性

关于语言起源的假说分为两大阵营，一派是所谓的特创论（creationism），另一派是所谓的进化论（evolutionism）。

特创论，亦称“神赋论”，认为语言由某种外在神力创造并赋予人类（蓝纯，2007：61－65）。例如《圣经》中有关语言起源的描述说明人类的语言源于上帝赋予的力量：

And out of the ground the Lord God formed every beast of the field，and every fowl of the air，and brought them unto Adam to see what he would call them；and whatsoever Adam called every creature，that was the name there of. And Adam gave names to all cattle，and to the fowl of the air，and to every beast of the field...

（Genesis 2：19，20，*The Old Testament*）

（上帝用泥土创造了荒野上的走兽、天空上的飞鸟，并把它们带到亚当面前，让亚当为它们起名。亚当怎么称呼那些生物，那就成为它们的名字。亚当便给所有的走兽飞鸟都起了名……）

其他国家的神话也有提及语言是诸神所创。例如，埃及神话提及知识、博学与魔法之神托特（Thoth）创造了语言；巴比伦神话里，人类语言的创造者是众神之神马杜克（Marduk）的儿子、众神的文书和使者纳布（Nabu）；印度神话中，给予人类语言的是宇宙的缔造者梵天（Brahma）的妻子、女神萨拉斯瓦蒂（Sarasvati）（Fromkin & Rodman，1983：19）。从特创论的描述来看，语言显然不存在社会性。

进化论者认为语言是人类进化过程中自然进化的结果（蓝纯，2007：61－65）。例如弗里德里希·恩格斯（Friedrich Engels）认为语言产生于劳动：人类祖先在觅食、制造工具、搭建棚屋等劳动合作过程中逐渐创造了语言，提出了 The“yo－he－ho” Theory（哟嚯论）。他还推测原始人彼此之间最早使用的语言应该类似于某种有韵律的劳动号子，这也是该理论的名称由来：工人们在一起使劲拖拽重物时，为了协调步调和力量，通常会喊“yo－he－yo”（类似汉语的“嗨哟、嗨哟”）（蓝纯，2007：67）。该理论强调了语言起源过程中的社会性。人类选择语言作为一种思维工具，这一事实是与人类生活的社会化性质相联系的，是人类在劳动实践中意识到的共同协作的需求中自然诞生出来的。语言具有社会功能，即基本的传递信息功能和人际互动功能，让人类可以相互交往协作，团结起来劳动生产，能动地来改造自然界。这自然需要统一的语言，语言如果不统一，不产生公认的集合，交流就会出大乱子，不同民族之间语言交流时就常会产生误会。

里夫斯（Revesz）在他的著作 *The Origins and Prehistory of Language*（转引自 Hayes et al.，1987：13）中提出，人类语言的产生大致经历了三个阶段：最原始阶段，动物发出的只是接触声音（contact sound），其作用仅限于确认大家同属一个种群，并在彼此之间建立某种程度的集体归属感；随后阶段，动物开始发出与其某种内在状态相关的“喊声”（cry），同一种群的其他成员可以据此判断出发出喊声者当时的状态，如恐惧、愤怒、受伤、饥饿等，并据此迅速采取相应的行动；先语言（pre-speech）状态的最高阶段，动物能针对种群中的某一特殊个体发出“呼唤”（call）。里夫斯特别强调说，最后这个阶段仅限于高级哺乳动物，如猫、狗、猴子、大猩猩等。里夫斯推测，随着“呼唤”在交流过程中被赋予越来越特定和抽象的意义，词汇（word）最终产生了，而这至关重要的一步只有人类成功完成，正是这一步标志着人类的语言与其他动物的交流方式之间的本质区别（Hayes et al，1987：13）。里夫斯的语言起源观同样强调了语言的社会属性——因社会交流而出现，并服务于社会。

语言和人类的发展息息相关，自然界中没有“天然”的语言，只有人类拥有了语言，更有人认为自人类诞生起就有了语言，语言正是依存于人类、依存于人类社会的产物。斯大林认为：语言是属于社会现象之列的，从有社会存在的时候起，就有语言存在。语言随着社会的产生和发展而产生和发展，随着社会的消亡而消亡。中国古代典籍《穀梁传·僖公二十二年》记载：“人之所以为人者，言也。人而不能言，何以为人?”可以说正是语言区分了人类与动物，语言是人和动物的根本界限。而和人有关的事物，是离不开社会的。可见语言依存于社会，而最直接的证明就是语言具有任意性（arbitrariness）和规约性（conventionality），语言本身的含义和具体的事物没有本质关联，是由人任意将之关联的，正如莎士比亚所说的，玫瑰即使叫作别的名字，也依然会芳香。而人类的任意，是需要整个社会共同体的认可来使之实现“约定俗成”的。

1.5　语言与社会的关系

社会语言学的一个重要思想是语言与社会密切相关，用术语表述就是，语言与社会相互关联（inter-relationship），并存在互动性（interaction）。语言的本质属性是社会性。究其根源，语言就是一种特殊的社会现象，是人类最重要的交际工具和思维工具，是一种意音结合的符号系统。语言除了传递交际意义，还通常会承担社会功能。例如，英语国家的人常用“Good morning”相互问候，从语义上看，上午见面都可以使用Good morning这一问候语；从人际关系看，该短语用于陌生人之间的寒暄，可以打破交际僵局，确定新的社交关系；用于熟人之间则是日常生活中的常见问候，用于维护彼此之间的友好关系。中国人见面的常用语“吃了吗”，从语义上看，根据语境和交际双方的亲疏关系可以有多种解读。例如，如果是饭点期间拜访主人，受中国传统文化的影响，好客的主人会问“吃了吗”，这是其本义，言下之意是，如果没有吃，就在我家吃点；如果吃了，要不要再吃点，尝尝我的厨艺。期待的回答是“吃过了”或者“还没呢”。如果是饭点时间路遇朋友或熟人，“吃了吗”就作为寒暄语，说话者并不在意听话人是否吃过了，也未必期待“吃了”或者“没呢”这样的答复，只是想表达友好、礼貌而已，用于维持友好的社会关系。如果是陌生人之间的交际，则鲜有使用“吃了吗”作为寒暄语，极有可能出于关心或尝试打破社交僵局，建构社交关系而采用的语言策略。

罗纳德·沃德霍（Ronald Wardhaugh，2010：9—11）归纳了语言与社会之间的四种关系。

第一种关系，一些学者认为社会结构可能影响甚至决定语言结构和/或语言行为。一个人所处的阶层、受教育程度、种族身份等能够决定其语言特征。萨丕尔认为，语言的功能植根于整个人类行为之中，语言不仅是交流的工具更是社会化的方式，语言为人的社会化提供巨大能量。例如，年龄分层现象（the age-grading phenomenon），小孩子与大孩子交际时所说的语言不一样，大孩子与成年人交流时用的语言也不一样。一些研究表明，说话者所使用的语言变体能反映其地域性、社会阶层、种族或性别，如英式英语、美式英语、黑人英语等。还有一些研究发现，说话者采用的说话方式、选用的词汇和使用的会话规则受社会责任（social requirements）的制约。例如，一位语言学教授在课堂教学中使用的词汇、句式和会话规则与他/她在菜市场与商贩所使用的词汇、句式和会话规则并不相同。席费林和奥克斯（Schieffelin & Ochs，1986）将语言社会化（language socialization）定义为，儿童或初学者通过语言形式的学习实现社会化的过程，并接受相应的价值观、行为方式和社会习俗。语言社会化概念承袭了早期人类学家萨丕尔（1921）和沃尔夫（1956）等人对语言和文化关系的论述，认为儿童在获得语言的同时亦形成了自己观察世界的视角。语言社会化研究借鉴了社会语言学领域的研究成果，认为语言学习和文化适应属于同一个过程，儿童语言能力的发展不仅与语言学习活动本身有关，而且也是儿童参与社会交际的结果。因此，特定的社会、文化和政治环境会制约儿童所接触的语言形式，同时也对儿童如何使用语言产生影响（尹洪山、康宁，2009：87）。

第二种关系与第一种截然相反：语言结构和/或语言行为可能影响或决定社会结构。一个人的言语行为往往能揭示其社会阶层、教育程度、性别，甚至种族身份等。因此，语言可以反映一个人的社会群体属性。这样的社会群体，在作为社会语言学研究对象时，就成为语言集团。语言集团的成员不仅说同一种语言或某语言的同一种变体，而且还遵守同样一套语言使用习惯、规范，对语言使用怀有相同的期待。沃尔夫（1956）提出的语言决定论（linguistic determinism）指出，人们的“说话方式”（fashioning of speaking）及话语的“惯用结构”（frame of consistency）塑造语言使用者身处的文化进而决定整个社会关系。美国社会学家米德（Mead，1962）把语言视为社会现实建构的中介（social construction of reality），探究语言使用是如何建构社会结构、社会个体、角色与身份的。他认为，语言不是简单地用符号表征预先存在的语境和物体；相反，它使语境和物体的存在成为可能，因为它属于创造语境和物体的机制的一部分。米德从发生学和进化论的意义上研究了生物学个体在社会环境中的个体意识的社会化过程，个体正是通过语言意义的自我沟通来实现自我的社会化，思维才得以形成（胡安奇、王清霞，2018：16）。英国著名社会学家伯恩斯坦主要从事语言社会学研究，即宏观社会语言学。他提出并发展了语码理论（code），将语码定义为管理意义系统的准则（the principles regulating meaning systems），探究社会等级、家庭和意义系统生成之间的关系。在*Class*，*Codes and Control Volume* 1（《阶级、语码与控制》第一卷）（1971）中，通过对语言使用、语言变体、教育话语的考察，伯恩斯坦将家庭、学校视为个体社会化的重要机构（agent），分析它们背后隐匿的因阶级关系差异而导致的社会控制和权力关系。通过实证研究，伯恩斯坦发现，劳动阶层家庭的孩子与中产阶级家庭的孩子所使用的交际语码存在社会等级差异，这些差异反映了阶层和权力的关系（Bernstein，1971）。

第三种关系是语言与社会的影响是双向的（bi-directional），即语言与社会相互影响、相互制约。萨丕尔（1921）在其《语言论》中指出：“语言，像文化一样，很少是自给自足的，交际的需要使说一种语言的人和所邻近语言或文化上占优势的语言的人发生直接或间接的接触。”经贸往来、文化交流、战争征服、移民迁徙等都会对语言产生影响，同时，语言的变化又能反映当时的社会状态。底特马（Dittmar，1976：238）认为言语行为和社会行为处于一种长期的互动状态（Speech behavior and social behavior are in a state of constant interaction），而且物质生活条件是导致这种互动关系的重要因素（Material living conditions are an important factor in the relationship）。

例如，汉字“马”的本义为强武有力的家养马。古代中国是农耕社会，在农耕时代，马匹是重要的交通运输工具、战争坐骑和农业生产工具，在古人的社会生活中占有重要地位。因而，汉语中有很多以“马”为偏旁的汉字，如表1-1所示：

表1-1 以“马”为偏旁的汉字

项目	汉字	本义
齿龄	驹	不到两岁的马
	駣	三岁的马
	骥	老马
速度	驰	车马疾行
	驻	马暂时停立
	骤	马飞速奔驰
	骋	马奔跑
	驶	马快跑
	骎	马跑得很快
	骠	马快跑的样子
	骧	腾跃，昂首奔驰
	驱	奔驰，疾行
行为	骚	惊扰不安
	骇	马受到惊吓
颜色	驳	马的毛色不纯
	骠	黄色的马
	骝	黑鬃黑尾的红色马
	骃	浅黑带白色的马
	骅	枣红色的马
	骊	纯黑色的马
	闅	黑嘴的黄色马
	骐	青黑色的马
	骓	黑色白蹄的马
	骢	青白相间，类似蓝色的马
	[illegible]	面、额为白色的黑马
	骍	赤色的马
	骆	黑鬃的白马
	骧	后右蹄白色的马

续表1－1

项目	汉字	本义
外形品质	骄 驽 骁 驵 骀 骏 骙 骜 骥	雄壮的大马 跑不快的马，劣马 强壮的马，好马 好马，壮马 劣马 高大的良马 马强壮的样子 快马，马不驯良 好马
数量	驷 驸 骈 骉 骖	古代同驾一辆车的四匹马，或套着四匹马的车 几匹马共同拉车，在旁边的马 两马并驾一车 众马奔腾 驾三匹马，古代驾在车前两侧的马
性别	骒 骟 骘	雌马 被阉割后丧失生育能力的马 雄马
用途	驿	供传递公文用的马
人与马的互动	驱 骑 驭 驯 驾 骗 驺 骣 驶 驮	赶马 跨坐，乘坐；人坐的动物 指挥马 驯服 把车套等加在马身上使其拉动 人跃上马背并骑乘 古代养马的人（兼管驾车） 骑马不加鞍辔 控制马行进 让马载货物

汉语中还有很多含有“马”的成语，如铁马金戈、天马行空、千军万马、心猿意马、千军万马、犬马之劳、汗马功劳、老马识途、兵荒马乱、走马观花、车水马龙、招兵买马、指鹿为马、秣马厉兵、马革裹尸、马首是瞻、龙马精神、悬崖勒马、老骥伏枥、万马奔腾、一马当先等；还有许多含有“马”字的俗语和歇后语，如“人有错手，马有失蹄”（指人跟马一样，都有可能不小心跌倒，说明人难免有犯错误之时）、“人靠衣裳马靠鞍”（指衣服对人的装饰作用很重要，就像马鞍对马的装饰作用一样重要）、偷马贼挂佛珠——假正经、船上跑马——走投无路、路遥知马力，日久见人心（意思是路途遥远才能知道马的力气大小，日子长了才能看出人心的好坏）等等。在中国古代文学作品中同样可以发现“马”的踪迹，如：

乱花渐欲迷人眼，浅草才能没马蹄。（白居易《钱塘湖春行》）

夜阑卧听风吹雨，铁马冰河入梦来。（陆游《十一月四日风雨大作》）

草枯鹰眼疾，雪尽马蹄轻。（王维《观猎》）

枯藤老树昏鸦，小桥流水人家，古道西风瘦马。（马致远《天净沙·秋思》）

挥手自兹去，萧萧班马鸣。（李白《送友人》）

好山好水看不足，马蹄催趁月明归。（岳飞《池州翠微亭》）

山回路转不见君，雪上空留马行处。（《白雪歌送武判官归京》岑参）

葡萄美酒夜光杯，欲饮琵琶马上催。（王翰《凉州词》）

射人先射马，擒贼先擒王。（杜甫《前出塞》）

春风得意马蹄疾，一日看尽长安花。（孟郊《登科后》）

还似旧时游上苑，车如流水马如龙，花月正春风。（李煜《望江南》）

郎骑竹马来，绕床弄青梅。（李白《长干行》）

但使龙城飞将在，不教胡马度阴山。（王昌龄《出塞》）

马作的卢飞快，弓如霹雳弦惊。（辛弃疾《破阵子·为陈同甫赋壮词以寄之》）

九州生气恃风雷，万马齐喑究可哀。（龚自珍《己亥杂诗》）

黄牛峡静滩声转，白马江寒树影稀。（杜甫《送韩十四江东觐省》）

“马”已渗透在中国古代生活的方方面面。但随着生产力的发展、科技水平的提高以及动力机械的发明和广泛应用，马在现实生活中所起的作用越来越小，也逐渐从现代人的生活中淡出，一些以“马”为偏旁的汉字也较少再被当代人使用。由此可见，语言与社会相互影响，互动变化。

英语语言中也能找到语言与社会相互影响的证据。例如，1066年的诺曼人入侵在英国语言的发展史上是一个标志性的转折点，大量法语词汇融入英语语言，英语从屈折变化的语言发展成分析法语言，深深影响了英国人的政治、社会和生活。英语词汇中与政治、管理、社会上层、宗教、艺术、法律等有关的词语大多来自法语，如govern、government、realm、reign、court、council、treaty、tax、councilor、minister、mayor、noble、nobility、prince、princess、duke、religion、prayer、justice、judgment、bar、bill、condemn等。这些词语也反映了诺曼人在英国的地位以及当时的社会风貌。被誉为英国文学之父的杰弗雷·乔叟（Geoffrey Chaucer）写于14世纪末期的*Canterbury Tales*（《坎特伯雷故事集》）反映了政治、经济、社会等方面的变化对英语语言的影响。15世纪后，探险、殖民、贸易等各方面走向世界化，英语从世界多个国家引入了大量的外来词，而从英语的这些变化同样可以看出英国的社会变迁。

再如语言中的称谓词和表亲属关系词汇。汉语称谓词大概有57个，而英语称谓词有38个；汉语亲属词有33个，英语亲属词仅7个。这说明，中国社会重视人际关系和亲属关系，注重家庭观念，反映在亲属称呼上就出现了一个比较复杂的系统（蔡基刚，2008：279）。如：

辈分（上、中、平、下、孙）

性别（男、女）

父母亲属（父亲亲属、母亲亲属）

亲属关系　年龄（大、小）

缘类（姻缘、血缘）

系别（直系、旁系、三辈）

内外亲（内亲、外亲）

组合后构成的称呼有50多种，如爷爷、奶奶、外公、外婆、父亲、母亲、岳父、岳母、表姐、表妹、表哥、表弟、堂姐、堂妹、堂兄、堂弟、伯父、叔父、姑父、舅父、姨父、舅妈、婶婶、表姑、表婶、姐夫、妹夫等等。而英语国家更重视个体发展，这样在英语的亲属系统中就缺少了“父母亲属”“年龄”“缘类”和“内外亲”四个系统，只能在“辈分”“性别”和“系别”这三个系统中进行组合，所生成的称呼就只有13个（father、mother、brother、sister、son、daughter、uncle、aunt、cousin、nephew、niece、husband、wife），以及几个修饰词（great、grand、step、half、first、second、in-law等）。这些词汇特征与中英社会特征一致，反映了中英两国社会文化习俗，是语言与社会互动的结果。

社会变革和社会政治条件是影响语言发展、传播甚至消亡的因素，而语言的发展、融合和消亡同时也反映了特定的社会现实。语言与社会相互影响、互动变化。

第四种关系的观点认为语言结构与社会结构之间没有关系，彼此独立。换而言之，尽管这两者之间可能存在某种关系，但就目前我们对语言和社会的认识来看，现有的研究成果尚不完全成熟。结构主义学家艾弗拉姆·诺姆·乔姆斯基（Avram Noam Chomsky）更倾向于发展一种非社会的语言学作为其他语言学分支的前提，而且这种非社会的语言学应具有优先权。

1.6 语言的社会功能

人是生活在社会之中的，是“社会人”（Halliday，1985）。语言是人们建立社会接触、从事社会活动的重要手段。

社会人类学家马林诺夫斯基（1934）认为语言是一种活动方式，人类的各种生产和社会活动塑造了他们的语言，而他们所塑造的语言又服务于他们所要进行的各种活动（胡壮麟，2008）。

美国语言学家雅各布森（1960）认为语言跟其他符号系统一样，用于交际的目的，语言的功能与各种社会因素密切相关。他提出了语言六要素，即说话者（addresser）、听话者（addressee）、语境（context）、信息（message）、接触（contact）和语码（code），并将语言功能分为六种［情感功能（emotive）、意动功能（conative）、指称功能（referential）、诗意功能（poetic）、寒暄功能（phatic）和元语言功能（metalingual）］，从而将语言功能与言语行为的各种社会因素联系起来。其中的寒暄功能与马林诺夫斯基（1923）所提出的寒暄功能相同——人与人的交际可能不一定总是为了提供或获得某种信息，有时可能只是为了建立和保持社会接触。

约翰·莱昂斯（John Lyons，1977）将语言功能分为三种：描写功能（descriptive）、社会功能（social）和表达功能（expressive）。其中，社会功能指的是建立和维持社会关系的功能，涵盖了马林诺夫斯基（1923）和雅各布森（1960）提出的寒暄功能。

著名系统功能语言学家韩礼德将语言视为社会符号，语言既强调社会结构和系统，也使其符号化。他还提出了语言的三大元功能（meta-function），即概念功能（ideational function）、人际功能（interpersonal function）和语篇功能（textual function）。其中，人际功能强调语言的社会层面，语言是社会中人与人之间有意义的活动和做事的手段，必然反映人与人之间的关系。这一功能的范畴得以扩大，包含了马林诺夫斯基提出的寒暄功能，雅各布森提出的情感功能、意动功能和寒暄功能，也包括了莱昂斯提出的社会功能和表达功能。近年来，韩礼德还提出建立“适用语言学”（appliable linguistics），以“社会理据”（social accountability）来解释和描写语义发生的原因，从社会语言学的视角将语义系统定义为一种功能的或功能导向的意义潜势，是包括概念功能和人际功能的系统网络。

1.7 社会语言学的理论建设

相较于其他社会科学，社会学更强调抽象理论，社会学家并不满足于纯粹的描述研究。社会学和语言学开展实证研究的主要目的是验证理论。而社会语言学是一门实证学科，主要是描述研究，以充分的资料为基础，如文档、会话、调查、问卷、观察、访谈、人口普查等，理论建构方面明显不足。尽管霍尔姆斯（Holmes，1992：16）强调，社会语言学家的目的在于找到一种理论，使之对社区内语言使用方式和人们使用语言时的选择做出动机阐释（The sociolinguist's aim is to move towards a theory which provides a motivated account of the way language is used in a community, and of the choices people make when they use language），但大多数学者都承认，目前的社会语言学虽有诸多理论，但缺少具有普遍意义的、全方位指导的元理论。对于这种现象，学界持两种观点：缺陷观和常态观。

1.7.1 缺陷观

持缺陷观的学者主要是结构主义学者和一些社会语言学学者，如乔姆斯基、里克福特（Rickford）等。著名形式语言学家乔姆斯基（1979：57）将社会语言学的描写工作喻为蝴蝶标本的采集：“你也可以采集观察蝴蝶，如果你喜欢蝴蝶，那毫无问题；但是这样的工作不能与研究混为一谈。研究是为了发现有一定深度的解释性原则。如果没有发现这样的原则，研究就是失败的。”语言研究不能仅仅是“蝴蝶标本”的采集和描写分类，应该从经验和实例中概括出理论。

里克福特（1988：56）曾指出：

Sociolinguists have a tendency to be satisfied with observation and description, and are insufficiently imbued with the thirst for theoretical explanation and prediction which drives science onward.

（社会语言学家有一种倾向，即满足于观察和描写，缺乏足够的理论解释和预测的动力，而科学是由这种动力推动前进的。）

史密斯（Smith，1989：180）也批评社会语言学缺少语言学理论概括：

It is obvious that different communities exhibit variation in their speech：people in Paris speak French while those in Washington speak English and those in Montreal cope with both；it is equally clear that children don't speak the same way as their grandparents，that males and females are not necessarily identical in their linguistic abilities，and so on. In short，any social parameter whatsoever may be the locus of some linguistic difference. Unfortunately nothing of interest to linguistic theory follows from this.

（显然，不同群体表现出言语差异：巴黎人讲法语，华盛顿人讲英语，蒙特利尔人说英语和法语。同样显而易见的是，孩子与祖父母的讲话方式不一样，男性与女性的语言能力未必相同，等等。简而言之，任何一种社会变量都有可能与一些语言差异相关。不幸的是，这对概括语言学理论毫无意义。）

威廉姆斯（Williams，1992）从社会学角度严厉批评了社会语言学因没有建构自己的理论体系，而不得不依赖结构功能主义和其他相关社会理论。他呼吁建构社会语言学自己的理论，将言语社区内部和社区之间的社会等级关系和权势纳入考察范畴，分析社会力量对言语行为的支配情况。菲格罗亚（Figueroa，1994：179）认为："There is no unified theory of sociolinguistics，or even for that matter，a shared metatheory. There is a shared sociolinguistic subject matter—'utterance'—but this would not necessarily delimit sociolinguistics from other types of linguistics."（社会语言学没有统一理论或元理论，有着共同的社会语言学研究主题——话语，但这不足以将社会语言学与其他语言学分支区分开。）

1.7.2 常态观

与"缺陷观"相反的意见是，尽管社会语言学缺少统辖全局的、一元的理论体系，但有许多具体的、多元的理论（No Theory but Theories），这种理论多元化的现象是由研究对象的多元化和不稳定、不一致性决定的，是自然常态的——常态观。首先，无论是语言还是社会都是动态变化，这种内部多样性和动态性使得社会语言学不可能具有元理论。其次，社会语言学是一门学科交叉的边缘学科，有着不同学科背景的学者都尝试以各自特殊的视角来观察、解读语言与社会、文化和思维这些动态变化关系，这种交互性也导致了社会语言学很难在理论建构上达成完全统一。但这并不意味着社会语言学是非理论性的。正如库尔马斯（2004：3）所持观点"多理论但非一理论"（Theories but No Theory)："这里我们强调的是理论的复数形式，因为不可否认，囊括一切的社会语言学理论并不存在。"（The emphasis here is on the plural，because there can be no denying that a single all—embracing sociolinguistic theory does not exist.）沃德霍（2010：374）尽管对于社会语言学缺少元理论感到遗憾，但也认为这反而有助于社会语言学的多元快速发展：

There are numerous theories，vast amounts of data，and important findings，but there is no central doctrine a sociolinguist must adhere to. In no way do I regard the absence of such a doctrine as a fatal flaw; rather, it should serve to encourage us to try to make new discoveries and find new areas to explore in the hope of gaining a still better understanding of both language and society and of the many relationships between the two.

（社会语言学有着诸多理论、海量数据和重大发现，但却没有一个社会语言学家可以遵循的核心理论。不过没有统一的理论绝对不是什么致命弱点；相反，它能鞭策我们继续努力，获得新发现，开辟新领域，从而更深入地了解语言和社会，探究两者关系的复杂性。）

不过，有些学者还是尝试建构元理论。哈德森（2009：228）指出：

The strength of sociolinguistics is its firm foundation in concrete facts—facts about language use in particular communities, figures for linguistic variables and so on. This concreteness is one of its main appeals, but also a serious weakness because we badly need a general framework of ideas to integrate the facts into a whole that makes some kind of intellectual sense.

（社会语言学的优点在于其坚实的具体事实基础，如某一特定社区中语言的应用、语言变量等。这种具体的实证研究既是社会语言学的优点，也是一个严重的弱点，因为它缺少一个具有概括性的框架将零散的事实整合起来，以找出其理性意义。）

为此，哈德森（2009：230－257）尝试将语言的社会功能（the social functions of language）与语言结构（the structure of language）的理论联系起来，建立一种新的理论框架，夯实社会语言学的理论性和阐释力。罗曼（Romaine，1994）认为有必要建构一种元理论，以便全方位研究语言。不过，法索尔德（Fasold，1990）对建构社会语言学一元理论持消极态度。

课题研究

（1）请观察身边的老年人和儿童在词汇选择使用上存在什么样的差异，并从社会语言学视域予以解释。

（2）你认为语言与社会之间存在何种关系？为什么？

（3）你如何理解库尔马斯（2004：3）对社会语言学理论建设的评价“Theories but No Theory”？

（4）请从语言的社会功能视域解释“去哪儿啊”。

（5）语言的特征之一是语言处于不断发展变化中，请举例说明汉语和英语在语音、词汇和结构层面发生的变化。

（6）请举例说明语言的社会力量。

文献阅读

SPOLSKY B，2010. Sociolinguistics [M]. 上海：上海外语教育出版社.
胡壮麟，2008. 系统功能语言学的社会语言学渊源 [J]. 北京科技大学学报（社会科学版），24（2）：92-97.
张韧，2020. 寒暄语、当下话语空间与增容构式 [J]. 外语研究（3）：18-24.
朱永生，1989. PHATICCOMMUNION 四题 [J]. 山东外语教学（4）：16-19.

参考文献

一、外文文献

BERNSTEINB，1971. Class，codes and control，Vol. I：Theoretical studies towards a sociology of language [M]. London & New York：Routledge.
BOAS F，1911. Introduction：the handbook of American Indian languages [M]. Washington，DC：Smithsonian Institution.
BRIGHT W，RAMANUJAN A K，1964. Sociolinguistic variation and linguistic change [G]. Proceedings of ninth international congress of linguists. Cambridge：Cambridge University Press.
BROWN R，1973. A first language：the first stages [M]. Cambridge：Harvard University Press.
CHOMSKY N，1979. Language and mind [M]. New York：Harcourt Brace Jovanovich.
COULMAS F，1997. The handbook of sociolinguistics [M]. Oxford：Basil Blackwell.
TITTMAR N，1976. Sociolinguistics：a critical survey of theory and application [M]. London：Arnold.
DOWNES W，1984. Language and society [M]. London：Fontana.
FAIRCLOUGH N，2001. Language and power [M]. London：Longman.
FIGUEROA E，1994. Sociolinguistic metatheory [M]. Oxford：Pergamon.
FIRTH J R，1957. Papers in linguistics 1934 - 1951 [M]. London：Oxford University Press.
FIRTH J R，2005. Key thinkers in linguistics and the philosophy of language [M]. Edinburgh：Edinburgh University Press.
FISHERMAN J A，1972. Advances in the sociology of language [M]. The Hague and Paris：Mouton.

FROMKIN V, RADMAN R, 1983. An introduction to language [M]. New York: Holt, Rinehart and Winston.

FASOLD R, 1990. The sociolinguistics of language: introduction to sociolinguistics, II [M]. Oxford: Blackwell.

FERGUSON C A, 1959. Diglossia [J]. Word (15): 325—340.

HALLIDAY M A K, 1985. Systemic background [C] //BENSON J D, GREAVES W S (eds.). Systemic perspectives on discourse. Volume 1: selected theoretical papers from the 9th International Systemic Workshop, Norwood N J: Ablex Publishing Corporation, 1—15.

HALLIDAY M A K, 1978. Meaning and the construction of reality in early childhood [M] //WEBSTER D (ed.). Continuum (4): 113—143.

HALLIDAY M A K, 1985. An introduction to functional grammar [M]. London: Edward Arnold.

HALLIDAY M A K, HASAN R, 1985. Language, context, and text: aspects of language in a social-semiotic perspective [M]. Oxford: Oxford University Press.

HAUGEN E, 1953. The Norwegian language in America: a study in bilingual behavior [M]. Bloomington and London: Indiana University Press.

HAYES C W, ORNSTEIN J, GAGE W. E. 1987. The ABC's of languages and linguistics: a practical primer to language science [M]. Lincolnwood: National Textbook Co.

HOLMES J, 1992. An introduction to sociolinguistics [M]. London: Longman, 1992.

HUDSON R A, 1996. Inherent variability and linguistic theory [M] //JACOBS JACOBS B, STECHOW A, STERNEFEID W, and VENNEMANN T. (eds.). Syntax, an international handbook of contemporary research, Volume II, Berlin: De Gruyter, 1514—1528.

HUDSONR A, 2000. Sociolinguistics [M]. Cambridge: Cambridge University Press.

HUDSONR A, 2009. Sociolinguistics [M]. Beijing: Foreign Language Teaching and Research Press.

HUMBOLDT von W, 1925. Uber das Entstehen der grammatikalischen Formen und ihren Einfluss auf die Ideenentwicklung [J]. Abhandlungen der Koniglichen Akademie der Wissenschaften zu Berlin, 401—430.

HYMESD, 1964. Language in culture and society [M]. New York: Harper and Row.

JAKOBSONR, 1960. Linguistics and poetry [M] //SEBEOK T A (ed.) Style and language, Cambridge Mass: MIT Press.

LABOVW, 1970. The study of language in its social context [J]. Studium generale

(23)：30—87.

LYONS J，1977. Semantics [M]. Cambridge：Cambridge University Press.

MALINOWSKIB，1923. The problem of meaning in primitive languages [M] // Supplement to OGDEN C K，RICHARDS I A (eds.). The meaning of meaning：a study of the influence of language upon thought and the science of symbolism. London：Routledge & Kegan Paul.

MALINOWSKIB，1934. Coral gardens and their magic，Vol. 1 & 2 [M]. London：Allen & Unwin.

MEADG H，1934. Mind，self and society [M]. Chicago & London：University of Chicago Press.

MILROYJ，1992. Social network and prestige arguments in sociolinguistics [M] // BOLTON K，KWOK H (eds.). Sociolinguistics today. Cambridge：Cambridge University Press，146—162.

PIKE K L，1960. Language in relation to a unified theory of the structure of human behavior [M]. The Hague：Mouton.

RICKFORD J，1988. Connections between sociolinguistics and pidgin-creole studies [J]. International journal of the sociology of language (10)：51—57.

ROMANINE S，1994. Language standardization and linguistic fragmentation in Tok Pisin [M] //MORGAN M (ed.). The social construction of identity in creole situations. Los Angeles：Center for Afro-American Studies，UCLA，19—42.

SAPIR E，1921. Language：an introduction to the study of speech [M]. New York：Harcourt，Brace & World.

SCHIEFFELIN B，OCHS E，1986. Language socialization [J]. Annual review of anthropology (15)：163—191.

SMITH N，1989. The twitter machine [M]. Oxford：Blackwell.

VERDOODT A，1988. Organisation of the discipline of sociolinguistics [M] // AMMON U，MATTHEIER K J (eds.). Sociolinguistics，Vol. II Section 191. Berlin：Walter de Gruyter.

WARDHAUGH R，2010. An introduction to sociolinguistics [M]. 3rd. Beijing：Foreign Language Teaching and Research Press.

WEINREICH U，1954. Is a structural dialectology possible? [J]. Word (14)：388—400.

WILLIAM G，1992. Sociolinguistics：a sociological critique [M]. London：Routledge.

WHORFB L，1956. Language，thought，and reality [M]. Cambridge，MA：MIT Press.

二、中文文献

波格达诺夫，1929. 社会意识学大纲 [M]. 陈望道，施存统，译. 上海：大江书铺.

蔡基刚，2008. 英汉词汇对比研究 [M]. 上海：复旦大学出版社.

费尔迪南·德·索绪尔，1999. 普通语言学教程［M］. 高名凯，译. 北京：商务印书馆.

胡安奇，王清霞，2018. 伯恩斯坦语言社会学思想渊源及其理论意义研究［J］. 北京科技大学学报（社会科学版），34（5）：14－19.

胡壮麟，2008. 系统功能语言学的社会语言学渊源［J］. 北京科技大学学报（社会科学版），24（2）：92－97.

蓝纯，2007. 语言导论［M］. 北京：外语教学与研究出版社.

尹洪山，康宁，2009. 语言社会化研究述评［J］. 语言教学与研究（5）：87－93.

第 2 章　语言变体

萨丕尔（1921：147）认为，语言是变化的（Language is variable)。每个人使用的语言都在动态变化中，而且每个人所说的语言都不完全一样。此外，所有的语言都存在内部变异，或者说，每一种语言都存在许多变体。在某种意义上，语言是所有变体的总和（All languages exhibit internal variation. Another way of stating this is to say that each language exists in a number of varieties and is in one sense the sum of those varieties)（Wardhaugh，2010：21)。然而，索绪尔理论、结构主义学派和乔姆斯基的生成语法理论主要关注语言的标准形式（standardized forms of languages）——同质语言观，即语言是一个同质的成分，一个言语社团中不同的人之间没有语言差异。但这种语言观存在一个悖论，尽管索绪尔和乔姆斯基都承认语言是社会现象，但他们所展开的语言调查只以个人为准，且忽视了自然言语中的各种变化形式。社会语言学认为语言与社会是互动变化的，语言内部经常存在变异，其核心观点就是语言变异（linguistic variation)。语言变异主要指某个或某些语言变体（如语音、词汇、句法等）随社会因素或社会变体（如阶层、阶级、年龄、性别、文化程度、个人交际范围等）或其他语言因素（如语境、语域）的变化而变化。也就是说，不同社会群体的人，其言语特征各异，即“什么样的人说什么样的话”。语言是一个有序异质的客体。“有序”指的是言语社团之间的差异是有规律的，而不是随机的。每个人的言语不同亦是有规律可循的。社会语言学的任务就是描述语言和社会结构的共变（Bright，1964)。

2.1　言语社团

社会语言学研究的是不同说话人群体内部或群体之间的语言使用状况。群体是一个很难界定的概念，不过，一个群体必须有至少两个成员，但成员数量没有上限。每个人至少属于一个言语社团。人们可能为一种或多种原因聚集成群，如社会等级、宗教、政治、文化、家庭、职业、教育程度、爱好、年龄、种族、民族、地域、经济状况等，例如语言学博士群、语言技术群、Cosplay 群、足球群、××大学群、抽象派绘画群、莎士比亚作品翻译群、跨文化交际群、社会语言学群、烘焙群、王者荣耀群、汉服群、蚁族群、外卖群等。群体成员的数量可能改变，成员的目的可能会改变，可能新加入某个群体，也可能退出某个群体，或可以同时加入多个不同的群体。群体可以是暂时的，也可以是长期的。

言语社团（speech community），也被称为语言社团（linguistic community），是社会语言学广泛使用的一个术语，指基于语言的社团（a community based on language）。简单来说，可以定义为构成一个社区的一群人，他们使用相同的语言或同一语言中某一特定的变体，在交际过程中遵守相同言语规则。该社团成员在不同的社会情境中，灵活使用其所掌握的言语变体与其他成员进行交流，以便得到他们的认同。如大学生群体就可以构成一个言语社区。

美国著名语言学家莱纳德·布龙菲尔德（Leonard Bloomfield）是首位讨论言语社团的学者，他在1933年出版的语言学专著*Language*（《语言论》）中提出了言语社团的概念：A speech community is a group of people who interact by means of speech.（1933：42）（言语社团是以言语形式互动的一群人。）换言之，依靠言语交往的一群人，就是一个言语社团。言语社团的边界比较模糊，一个言语社团的规模大小不定，可大（没有上限）可小（至少两个成员），这就意味着，要准确确定哪些人属于同一个言语社团是非常困难，甚至是不可能的。在一个社团中，言语最重要的差别是由于交际密度不同而产生的。交际密度比较大的人逐渐形成言语社团，交际密度比较小的人则逐渐远离言语社团。查尔斯·霍凯特（Charles Hockett，1958：8）认为言语社团由语言决定，是人们用共同语（common language）直接或间接交流的体系。如果两个社团说同样的语言但彼此没有任何接触，那就属于不同的言语社团。这与布龙菲尔德以交际密度确定言语社团的观点一致。

约翰·甘柏兹（John Gumperz，1962：193）将语言社团界定为：We will define linguistic community as a social group which may be either monolingual or multilingual, held together by frequency of social interaction patterns and set off from the surrounding areas by weaknesses in the lines of communication.（语言社团是一个社会群体，可以是单语的，也可以是多语的，该社会群体因为频繁的社会交往模式而聚集在一起，并因交际不充分而与周围地区分割开来。）该定义并不要求每个语言社团只使用同一种语言，语言并不是划分语言社团的标准。例如，如果坐火车沿京广线从北京一路向南到达广州，我们会发现，尽管我们中国人都使用相同的书面文字体系，但由北向南，北京话与石家庄话存在一定差异，石家庄话与郑州话存在差异，郑州话与武汉话有所不同，武汉话与长沙话存在差异，长沙话与广州话有差异。不过，地理越近，语言越相似；距离越远，语言差异就越大，交际的充分性也会大打折扣，属于同一语言社团的可能性就越小。

1968年，约翰·甘柏兹（Gumperz，1968：228）又提出了言语社团的概念：any human aggregate characterized by regular and frequent interaction by means of a shared body of verbal signs and set off from similar aggregates by significant differences in language use.（任何通过共同的言语符号进行频繁互动的人类聚集，又因语言使用时存在的巨大差异而被相似的聚集排除在外。）该定义强调言语社团成员所用语言的相似性以及交往的频繁度。不过，1971年，甘柏兹经过深入探讨，更倾向于使用语言社团这个术语，他认为，Linguistic communities may consist of small groups bound together by face-to-face contact or may cover large regions，depending on the level of abstraction we wish to achieve.（Gumperz，1971：101）（语言社团可由通过面对面交往聚合在一起的若干小群体组成，或可包括范围广阔的地区，这取决于我们希望在什么层面上定义这个抽象概念。）在该定义中，社团是通过与其他社区的关系予以界定的。就社会群体内部而言，一个群体必须有一定的社会内聚性；就外部而言，其成员必须认为自己与其他社团在某些方面是隔绝的。该定义进一步延展了布龙菲尔德（1933：42）所给出言语社团的定义：A speech community is a group of people who interact by means of speech.（言语社区是一群以言语方式互动的人群。）甘柏兹认为有些互动是借助某一语言完成的，而有些互动则可能借助其他方式。

约翰·莱昂斯（John Lyons，1970：326）将言语社团界定为：All the people who use a given language（or dialect）[所有使用某一特定语言（或方言）的人] 不过，这个定义将言语社团等同于语言或方言，言语社团可能与社会群体或文化群体重叠。虽然世界上很多地方的人都说英语，但却属于几乎完全彼此独立的言语社团，如南非、新西兰、印度、新加坡等国家使用不同的英语，亦属于不同的言语社团；另外，单一言语社团地方的人也会使用不止一种语言，如加拿大使用英语和法语，巴布亚新几内亚的官方语言是英语和巴布亚皮钦语。

威廉·拉波夫（William Labov 1972：120－121）指出：The speech community is not defined by any marked agreement in the use of language elements，so much as by participation in a set of shared norms；these norms may be observed in overt types of evaluative behavior，and by the uniformity of abstract patterns of variation which are invariant in respect to particular levels of usage.（对言语社团的界定，与其说是根据某些语言成分使用上的明显一致，不若说是根据共同规范的参与；这些规范可以在显性的评价行为中得到观察，也可以根据变异的种种抽象模式所具有的一致性来观察。）这个定义强调“共同规范”（shared norms），可以是共同态度（shared attitudes）和共享知识（shared knowledge），而非共同的语言行为（shared linguistic behavior）或具体的语言表现。共同规范说明一个言语社团的成员所说的话不一定必须一致，而是允许有变异。但是社团成员要遵循约定成俗的、不成文的言语规范，并主动遵守这一规范。拉波夫对于言语社团的定义使语言学的研究中心从单纯关注语言标准转向了寻求个体感受归属于相同社区的特征（This definition shifts the emphasis away from an exclusive use of linguistic criteria to a search for the various characteristics which make individuals feel that they are members of the same community）。他强调划分言语社团的标准不仅在于说话人有没有同样的言语特征，而且还要看说话人对于变异体（variant）的态度和评价是否相同。海姆斯（Hymes，1972）和韩礼德（Halliday，1972）也认同言语社团并不是以相同的言语行为来界定的，而是借助共同规范和抽象变异形式形成的。海姆斯（1972）认为在交际行为的深层存在着潜在的谈话规则和社会文化规范，这是用以构成群体文化所不可分割的部分。也就是说，言语社团的成员从情感或心理上将自己在某种程度上归属于某一个人群——归属感。例如，某些学生群体会使用一些“异类”语言以表明自己的群体属性，如晕菜、特困生、银（=人）、偶（=我）、稀饭（=喜欢）、死党等，如果不是“圈内人”，则不会理解这些词语的真正意义，从而确定了社团范围。如果一个人发现自己被某个言语社团排除在外，他就可能调整自己的言语以适应该社团，以期被该社团接纳。

2.2 语言变体的定义

在社会语言学中，语言是一个抽象的概念，是由语言变体（也叫作言语变体）来实现的。社会语言学研究的一个重要课题就是语言变异及其与社会力量之间无法割裂的关系。费什曼（Fishman，1980）指出，社会语言学研究语言各种变体的特点以及控制语言变异的社会因素。我们日常生活中所使用的语言变化多端。可以说，所有的语言都存在内部变异（internal variation）；或者说，每一种语言都存在许多变体，从某种意义上，语言就是这些变体的总和。当我们研究某一种语言时，总会发现语言的内部发生了一些变异，与“标准规范”相比，说话人所使用的语言规范总会存在一些变异或不一致。甚至可以说，尽管某一语言的词汇是有限的，语法是固定的，但没有一个人的说话方式是一模一样的。即使是同一个人，也不可能始终说一模一样的话，人们总是利用语言中的各种细微差别达成各种各样的目的。许多研究者认为，正是语言的诸多变体构成了巨大的障碍，妨碍了一切证明语言同质性的研究，使我们很难用范畴规则（即详细说明什么可能、什么不可能在语言中出现的规则）确定某一语言的非常完整的语法体系。

语言变体（language variety/a variety of language），也称言语变体（speech variety）。弗格森（Ferguson，1971：30）将变体定义为：Any body of human speech patterns which is sufficiently homogeneous to be analyzed by available techniques of synchronic description and which has a sufficiently large repertory of elements and their arrangements or processes with broad enough semantic scope to function in all formal contexts of communication.（具有足够的同质性可以按照共时描述的方法分析的任何一种人类的言语模式，并且该模式应有充足的元素，而且这些元素的排列或组合过程有足够充分的语义空间，可用于所有正式的交际语境。）“足够的同质性”说明没有必要是“完全的同质性”，因为无论是一种语言，还有语言中的某一种方言、方言中某一群体的言语、甚至某一群体中的个体，都存在变异。可以说，变异是语言的一部分。

哈德森（Hudson，2009：22）认为变体是一系列有着相似社会分布的语言项目（a set of linguistic items with similar social distribution）。也就是说，具有相同社会特征的人在相同的社会环境中所使用的具有一定区别性特征的某种语言表现形式，这些区别性特征主要反映在发音、词汇或句法上。这就意味着，英语、汉语、日语、华盛顿英语、新加坡英语、粤语、学术英语、新闻英语、论辩英语、儿童语言、书面语、口语、方言等都可以被称为变体。我们可以把多语者或多语社区使用的所有语言都视为一种单独的变体，因为所有的语言项目都有着某种相似的社会分布（to treat all the languages of some multilingual speaker，or community，as a single variety，since all the linguistic items concerned have a similar social distribution）（Hudson，2009：22）。这就意味着，变体可能比“语言”的范畴大，包括许多不同的语言。但如果从说话者或相关的环境进行界定的话，某一个变体可能含有很多项目或者只有一个项目，那么，变体可能比“语言”的范畴小，甚至小于“方言”。例如，某个家庭内部、某个单位或某个村寨所用到的项目也是一个变体。

例如，潘家懿先生在谈到隐语与群体文化时曾举一例。山西夏县有几个村庄广泛流传着一种隐语，如管苇子叫“蛇”，簸箕叫“本”，买叫“乃”，价钱叫“同”，一叫“一溜”，二叫“大番”，三叫“居沉”，四叫“套手”……据说这种隐语在明朝中叶就产生了。原来，这一带到处长满茂密的芦苇和藤条，村民世世代代编织席子和簸箕，然后到集市上去卖，同时又从外边购进原料，村民为了维护本行业的经济利益，在公开交易的场合下，对卖与不卖以及价格多少需要商量对策、统一口径。这种“隐语”是人与人交流的另外一种方式，是个别社会集团或秘密组织内部人懂得并使用的特殊用语。另外，不同的地域商贩会使用不同的隐语代替数字，从而将局外人排除在行市以外，例如，把一叫“平头”，二叫“空工”，三叫“横川”，四叫“侧目”，五叫“缺丑”，六叫“断大”，七叫“皂底”，八叫“分头”，九叫“未丸”，十叫“田心”。这些市井隐语，又叫江湖行话，古时叫葫芦语、锁子语、练语，是一种某个地方或行业内特殊的流行语言。隐语一般是用赋予现有普通词语以特殊含义的办法实现的，使用范围相当广泛，只要两个以上的人为了保守秘密就可以约定一些隐语。不过，隐语因人而设、因事而设，内容有非常强的针对性和时间性，动态变化性也就比较大了。

弗格森（1971）和哈德森（2009）所给出的变体定义表明，变体是一种可以与某种外部因素（如地理区域、社会团体、语域等）互动构成特殊联系的“语言项目”（linguistic items）或“人类说话方式”（human speech patterns）（如声音、词语、语法等）体系。因此，如果我们能够识别出所谈论的每个群体独特的语言项目或说话方式，就可以说存在标准英语、伦敦土话、下层阶级纽约话、法律术语、足球解说、学术交流等变体。另外，变体与变体之间并没有严格的界限，它们可能彼此重叠，也可能彼此包含。

然而，海姆斯（1974：123）认为群体间的语言界限不仅仅由语项决定，与之相关的态度和社会意义也会起作用。他说：

Any enduring social relationship or group may come to define itself by selection and/or creation of linguistic features，and a difference of accent may be as important at one boundary as a difference of grammar at another. Part of the creativity of users of language lies in the freedom to determine what and how much linguistic difference matters.

（任何长期存在的社会关系或群体都会通过选择和/或创造语言特征来界定自己，口音的差别在划定一种界限时的作用可能和语法在划定另一种界限时同样重要。语言使用者的创造性部分在于能否自由地决定语言差异有何意义，有多大意义。）

这说明，某个言语共同体或社会群体中出现的变体可能会扩展到其他群体中，由此产生语言的变化。例如，随着东北小品在全国范围的流行，“东北话”这一变体会被语言使用者用于标准变体——普通话中，目的可能是生成幽默，或语言使用者觉得好玩，或是为了融入某一言语社团，但在正式场合却不会选择使用。不过，尽管每个人的言语都有很大的变异，但这种变异是有限的，每个语言使用者的创造力都有界限，不可能随心所欲。例如，你不能随便念单词，随意改变名词或动词的形式，或胡乱调整句子的词序。语言使用者所做的变异是有界限的，这种界限在理论语言学，如语义学、词汇学、句法学等语言学中都有精确描写。另外，人类的认知能力也使得母语使用者能够清楚且几乎完全无意识地认识这些不同的界限或规范，在“共同规范”内有限地、创造性地使用变体。许多社会语言学家认为只有把语言使用和变异作为语言学的综合理论中的一部分，才可能获得对语言有意义的认识，而且全面的语言理论必须讨论语言的使用问题。

2.3　语言变体的表现形式

语言随着社会的变化而变化，随着地域的变化而变化，随着社会群体的变化而变化，随着个体的变化而变化。这种变化的产物就是语言变体。因此，语言变体与地域、社会等级、教育背景、语言使用场合的正式程度等相关。社会语言学家不仅研究单一语言系统内的语言变体，还研究双语或多语社会的语言变体问题。

2.3.1　单一语言系统内的语言变体

语言变体分为两大类：一是方言，跟语言使用者有关；二是语域，跟语言使用有关。

2.3.1.1　**方言**（dialect）

我们首先看看方言与 dialect 是否等同。

“方言”一词最早出自汉代扬雄的《輶轩使者绝代语释别国方言》（简称《方言》）一书。后在古汉语中经常出现，如：“古书之多隐，未必昔人故欲难晓，或世异语变，或方言不同。”（晋·葛洪《抱朴子·钧世》）“移家南渡久，童稚解方言。”（唐·皇甫冉《同诸公有怀绝句》）“五更市买何曾绝？四远方言总不同。”（明·唐寅《阊门即事》）现代著名作家冰心在其《再寄小读者》中写道：“他的诗是用方言写的，富于人民性、正义感，淳朴、美丽。”汉语“方言”实际上是“地方语言”，又称“白话（Vernacular：refers to the informal or colloquial variety of a language as distinguished from the formal or literary variety）”、“地方话”或“土话”，指的是区别于标准语的某一特定地区的语言，是语言的地方或地域变体，本身有完整的语音、词汇和语法体系，能够满足当地社会交际的需要，但并不是独立于民族语之外的另一种语言。

英语中的 dialect 的语义不完全等同于汉语。例如 *Cambridge Advanced Learner's Dictionary* 将 dialect 定义为：a form of language that people speak in a particular part of a country，containing some different words and grammar，etc. dialect 是一种语言形

式，以口语形式存在于同一国家某一区域，有特定的词汇和语法。

而 *Longman Dictionary of Contemporary English* 将 dialect 解读为：a variety of a language，spoken in one part of a country，which is different in some words or grammar from other forms of the same language. 与 *Cambridge Advanced Learner's Dictionary* 的定义有相同之处——以口语形式存在于同一个国家，在词汇或语法上不同于同一语言的其他形式，但却将 dialect 定义为语言变体，而非语言形式。

Collins Online Dictionary 给出的定义则是：a form of a language spoken in a particular geographical area or by members of a particular social class or occupational group，distinguished by its vocabulary，grammar，and pronunciation. 这将 dialect 的定义范畴扩展了：除了强调地理区域和口语形式为界定标准之外，还提出了特定的社会群体成员或职业群体成员这一社会领域。例如工人、农民、知识分子使用同一种语言时具有不同特征而形成职业语或行话。

Collins Online Dictionary 还提供了 dialect 在语言学领域的定义：a variety of a language that is distinguished from other varieties of the same language by features of phonology，grammar，and vocabulary，and by its use by a group of speakers who are set off from others geographically or socially. 该定义赋予 dialect 以下特征：语言变体，与同一语言的其他变体在语音、语法和词汇上有差异，使用群体在地域或社会层面存在差异。

概而言之，从词典提供的定义上看，汉语的"方言"主要是地域性的，如果翻译成英文则是 varieties of Chinese，并不等同于 dialect；而英语 dialect 义项大于汉语的"方言"，包括地域属性和社会属性，是语言（language）的次级。不同阶层、不同社会地位、不同职业、不同性别的人所说的语言为社会方言。研究方言的学科叫方言学（dialectology）。

一些语言学家从语言（language）与方言（dialect）之间的关系来厘清方言的定义。如弗朗西斯（Francis，1983：1）认为方言是"为小于某个语言群体的团体所使用的该语言的变体"（varieties of a language used by groups smaller than the total community of speakers of the language）。这一定义强调方言是隶属于语言的，为语言的次级。维多利亚·弗罗姆金（Victoria Fromkin）和罗伯特·罗德曼（Robert Rodman）（1983：245）认为方言是"可以彼此交流，但又存在系统性差异的一种语言的不同变体"（mutually intelligible forms of that language which offer in systematic ways from each other）。该定义强调只有同时满足两个条件的语言变体才是方言——交流和系统性差异。例如，英国英语和美国英语是英语的两种地域方言，因为两国人可以彼此交流，但同时又在发音、词汇和少数句型上存在一些系统性差异。然而，汉语和英语属于不同的语系，在语音、词汇、语法等方面差异巨大，说汉语的中国人和说英语的英国人之间无法展开语言交流，因此，英语和汉语是两种不同的语言，而非同一种语言的两种方言。

不过，豪根（Haugen，1996）指出"语言"（language）和"方言"（dialect）是两个带有歧义的术语。这种歧义是因为 dialect 一词借自希腊语 dialektos，该词在希腊语中存在歧义现象。另外，language 和 dialect 在语义范畴大小上存在歧义，language 一词的语义范畴大于 dialect，被称作语言的变体所含有的语项多于方言的变体。例如，我们将“英语”视为语言是涵盖了其方言的总和，其中的标准英语跟英语的其他变体一样，都是一种方言。由此可见，“英语”作为语言的范畴更大。另外，语言和方言的另一个矛盾是威望问题，语言的威望大于方言。如果从这一视角观察的话，标准英语根本就不是方言，而是语言，而在正式书写系统中不使用的变体才是方言。这就意味着，有时我们很难判断语言和方言。

弗罗姆金和罗德曼（1983：245）将方言定义为“一种语言或其他交际系统的一种独特形式，在特定语言特征（如发音、词汇与或语法）方面与该语言的其他形式有所不同，可能与某些地域群体、社会群体或种族群体相关，但可为不同群体所相互理解”。但是用能否“相互理解”来区分语言和方言容易产生歧义。例如，北欧地区说丹麦语（Danish）的丹麦人、说挪威语（Norwegian）的挪威人和说瑞典语（Swedish）的瑞典人可以相互交流，而且在句法上存在系统性差异，但我们将丹麦语、挪威语和瑞典语视为三种不同的语言，而不是北欧语言的三种地域方言。这是因为丹麦、挪威和瑞典是三个独立的主权国家，他们分别使用的共同语应该被视为语言而非方言。

类似的还有印度人使用的印地语（Hindi）和巴基斯坦人使用的乌尔都语（Urdu），这两种语言之间的差别不大，是同一种语言，但是由于政治和宗教的原因，这两种语言的某些区别被日益扩大，印地语在梵文字母抄本中是从左向右写的，而乌尔都语在阿拉伯和波斯抄本中是从右向左写的。印地语借用了梵文，而乌尔都语有阿拉伯语和波斯语来源。宗教上的巨大差别在语言上只产生了很小的差别。这两种变体的书写形式，特别是那些精英们偏爱的形式，也强调这些差别。印度人和巴基斯坦人能够顺畅交流，但印地语和乌尔都语被视为两种独立的语言，而非两种地域方言。这是因为还有语言以外的因素发挥了更重要的作用（Fromkin & Rodman，1983：245－246）。

但印度和巴基斯坦的情况与中国存在的情况完全相反。中国汉语七大方言区（即北方方言、湘方言、粤方言、赣方言、吴方言、闽方言和客家方言）的人很难用口语沟通交流，如说普通话的人也许听不懂粤语，而且方言之间存在语音、词汇和部分语法层面的差异，但这些方言仍被视为汉语的方言，而不是独立的语言。这是因为，这些方言区都内属于中国的某个地域，主要被生活在不同地区的中国人所使用，而且这七种方言都共享了同一个文字书写体系和社会、政治、文化传统，汉语成为民族认同感的重要符号之一。因此，说粤语的人和说普通话的人都认为他们说的是同一种语言，只不过是不同的方言而已。

概而言之，一种变体是方言还是语言，这不仅仅是语言学问题，而是涉及社会、政治、文化、宗教等诸多因素。

2.3.1.2 方言的类型

根据正式程度，方言分为标准变体和地域变体。根据性质，方言可分为地域方言（regional dialect）和社会方言（social dialect）。

1. 标准变体（standard variety）

标准变体，也被称为标准语（standard language）或标准方言（standard dialect），

是一个社会通用的语言变体。这种变体在社团或国家有最高的社会地位，通常是基于受过教育的本族语者的口语和书面语，被认定为标准母语教育本国学生或外国人。例如，汉语的标准变体是普通话，用于政府、司法机关、国家新闻、主要媒体、新闻发布会、正式的公开演讲、教育教学等。英国的标准语是标准英语（standard British English），常常与较高的社会和教育背景、专门职业，以及以英语作为外语教学等联系在一起（Wakelin，1977：5）；美国英语的标准语是标准美国英语（standard American English），同样用于国家新闻、媒体和教育教学等。不过有些语言没有单一的国家标准。例如，德语有很多种口音，但没有一种被认为高于其他变体。

彼得·特鲁吉尔（Peter Trudgill，1983：17）对标准英语作了如下定义：

Standard English is that variety of English which is usually used in print，and which is normally taught in schools and to non-native speakers learning the language. It is also the verity which is normally spoken by educated people and used in news broadcasts and other similar situations. The difference between standard and non-standard，it should be noted，has nothing in principle to do with differences between formal and colloquial language，or with concepts such as "bad language". Standard English has colloquial as well as formal variants，and standard English speakers swear as much as others.

（标准英语是通常用于印刷、学校教学和教非本族语说话人学习这种语言。它也是正常情况下受过良好教育的人所说的变体，在新闻广播和其他类似情况下也使用。应该指出的是，原则上标准和非标准之间的差别与正式语言与俚语的差别以及“低劣的语言”这样的概念毫无关系。标准语有正式变体和俚俗变体，说标准英语的人和说其他变体的人同样说粗话。）

标准语通常以该语言的某种现存方言为基础。例如，普通话以北京方言为基础，英国的标准英语以伦敦周边的方言为基础，法国的标准法语以巴黎方言为基础。标准变体这种语言变体是自上而下推行的，有较高的社会、政治地位。豪根（1966）提出确定标准变体通常经历四个阶段（转引自 Hudson，1976：33）：

The establishment of a standard dialect usually goes through four stages：selection，codification，elaboration and acceptance. The speech variety used in London and its vicinity，for example，was selected as the variety on which the standard dialect of Britain was to be based. Dictionaries and grammar books were compiled to stabilize the variety and promote a common understanding of what is correct in the use of English. Then the government made it a rule that the selected variety be used on all formal occasions，in schools，in official documents，in literature of science and education and in the news media. Gradually the selected and elaborated variety came to be accepted by all as the standard dialect of the country.

（确立标准语通常经历四个阶段：挑选、整理、加工、承认。以英国标准语为例：首先选择伦敦地区的方言为基础，然后编纂字典、语法书，使该变体固定下来，而且促使国人对何为正确用法达成一致；政府随即规定，所有正式场合、学校、公文、科学著作、教育著作、新闻媒体等都必须使用选定的语言变体。这样，选定的语言变体就得到不断加工扩充，逐渐为国人接受，成为标准语。）

2. 语言的地域变体——地域方言（regional dialect）

社会语言学认为语言及方言的形成与地理关系密切。在古代社会，人群的居住相对固定，生活空间相对密闭，交流不是很频繁，某种语言与地域和族群相对应。也就是说，某一种语言使用于某一个民族、种群或某一个地区，地理距离越近，语言差异就越小；反之，则差异就越大。如前文所述，沿京广线由北京一直向南到广州，北京人说的汉语与石家庄人说的汉语不一样，但差异较小；广州人说的汉语与北京话的差距就非常大，甚至存在交际障碍。可以说，语言的差异就是地域的差异。地域变体即语言的地域差异，由说话人的地域差异产生的变体，如汉语中的粤语、闽南语、东北话、陕西话等；英语也有地域方言，从全球范围看，有英国英语、美国英语、澳大利亚英语、新加坡英语、加拿大英语、新西兰英语、印度英语等。英国内部也存在地域方言，如北方方言和南方方言。

地域方言是同一种语言因地理区域不同而表现出不同的语音、词汇和语法形式，是一种语言变体，是全民语言的不同地域上的分支，是语言发展不平衡性在地域上的反映。现代汉语有各种不同的方言，且分布区域很广。当前我国语言学界对现代汉语方言划分的意见还未完全一致，大多数人认为现代汉语有七大方言，即北方方言（也被称为官话方言或北京话，是涵盖地域最广的方言，主要分布于长江以北、长江下游、湖北大部分地域、广西北部、云贵川少数民族地区以外的区域等）、湘方言（以长沙话为代表，主要分布在湖南及其周边地区）、粤方言（以广州话为代表，主要分布在广东）、赣方言（以南昌话为代表，主要分布于江西中部、北部、西部，湖南东部，湖北东南部，安徽南部部分地区，福建西北部等区域）、吴方言（以苏州话或上海话为代表，主要分布在江苏、浙江、上海以及安徽、江西、福建的部分地区）、闽方言（以福建厦门话为代表，又可分为闽南方言和闽北方言。闽北方言以福州话为代表，是七大方言中语言现象最复杂，内部分歧最大的一种方言，主要流行于福建、台湾、广东的东部、浙江南部以及海南、广西部分地区。还有南洋群岛的华侨和华裔，如马来西亚、新加坡、菲律宾、印度尼西亚、缅甸、泰国等国的华人社区中都以闽方言为母语和主要交际语言之一）、客家方言（以广东梅县话为代表，使用人群主要集中在广东东部、福建西部、江西南部交界的赣闽粤交界地区，以及南洋群岛的华人社区）。除了客家方言，其余六个方言区都是以地域来命名的。由此可见，方言的形成与地域紧密联系在一起。另外，在复杂的方言区内，有的还可以再分列为若干个次方言，如四川话还可以再次分类为更次级方言，如成都话、广安话、自贡话、绵阳话等。

现代汉语各方言之间的差异表现在语音、词汇、语法各个方面，语音方面尤为突出。一些国内学者认为多数方言和共同语（标准变体，例如汉民族的共同语是普通话，是不同地域人的通用语言）之间在语音上都有一定的对应规律，词汇、语法方面也有许多相同之处，因此，它们不是独立的语言。

地域方言在语音方面的差异：

爱尔兰著名剧作家乔治·伯纳德·萧（George Bernard Shaw，即萧伯纳）在其代表作《皮格马利翁》(*Pygmalion*)(1916)(后被好莱坞翻拍为电影，译名为《窈窕淑女》)中，借助男主人公语音学家希金斯（Higgins）之口说了一段话：“Phonetics... the science of speech. That's my profession... I can spot an Irishman or a Yorkshireman by his brogue. I can place any man within six miles. I can place him within two miles in London. Sometimes within two streets.”(brogue 的语义是 Brogue is a regional dialect or pronunciation, especially an Irish accent，即方言）这段话很好地概括反映了地域方言在语音方面的差异。汉语也有类似的一句俗语——五里不同音，十里不同调。例如，标准变体中的“鞋子”(xié zi）在四川方言中读作“hái zi”，“戈”(gē）和“棵”(kē）在河南方言分别读作“guo”和“kuo”，“我”(wǒ）在陕西方言的发音类似于“é”等。英式英语和美式英语也存在语音差异，如 banana 英式英语读作［bəˈnɑːnə］，而美式英语为［bəˈnænə］；leisure 的英式读音是［ˈlɛʒə］，而美式读音则是［ˈliʒər］。

地域方言在词汇方面的差异：

方言的词汇差异主要表现在两个方面：同词异义和同义异词。同词异义指的是同一个词或短语的标准变体语义与地域方言语义不同。例如，mean 做形容词表达人的品性时，英国英语的语义为 ungenerous，而美国和加拿大英语中的语义是 bad-tempered 和 stingy；“落水”在汉语标准变体中的语义是“掉到水里去了”，而在一些方言中则表示“下雨”“太阳下山了”；“贼”多指“偷东西的人”，在北方方言中多作程度副词，表示“非常”，如“贼多”＝非常多、“贼亮”＝非常亮。

同义异词指不同的地域方言用不同的词汇指相同的事物或现象，或表达相同的意思。美国著名方言学家汉斯·库拉斯（Hans Kurath）在一篇题为 *What Do you Call It*？的文章中列举了一些例子：

“Do you call it a *pail* or a *bucket*? Do you draw water from a *faucet* or from a *spigot*? Do you pull down the *blinds*, the *shades*, or the *curtains* when it gets dark? Do you *wheel* the baby, or do you *ride* it or *roll* it? In a *baby carriage*, a *buggy*, a *coach*, or a *cab*?”(转引自 Fromkin & Rodman，1983：249）

例子中斜体单词反映了美国各地的方言在词汇上的差异。

英式英语和美式英语在表达同一事物时通常会使用不同的词汇（见表 2—1)。

表 2—1　英式英语与美式英语的词汇差异

汉译	英式英语	美式英语
人行道	pavement	sidewalk
电梯	lift	elevator
糖果	sweets	candy
垃圾	rubbish	trash
足球	football	soccer
秋天	autumn	fall

汉语中的同义异词就更多了，同一事物在不同方言中的表达方式迥异。例如，“花

生”在吴方言中是“长生果”、闽方言叫“地豆”或“土豆”，北京话的“馒头”在西北方言中叫“馍”，北方方言中的“冰箱”是粤语中的“雪柜”；再如普通话与中国台湾地区方言之间的一些词汇语义差异（见表2—2）。

表2—2　普通话与中国台湾地区方言的词汇语义差异

词汇	普通话语义	中国台湾地区方言语义
爱人	丈夫、妻子，情人	只指情人
草地	长草的地方	乡下（草地人即指乡下人）
晚婚	达到结婚年龄以后再推迟若干年结婚	再嫁女
检讨	检查	总结研讨
客座教授	某校教授同时受聘为另一学校教授，不定期去讲学	在国外学有专长后被聘请回台湾地区在大专院校任课的人
小妹	小妹妹，服务行业的年轻女性	指机关学校打工的年轻女工
出租车	名词，供人临时雇用的汽车，多按里程或时间收费。	动词，把车租出去

汉语各地方言中对“妻子”的不同称谓可以高达100多种，如烧锅的（安庆话）、家主婆（上海）、婆子（南昌话）、衰婆（广东话）、婆娘（四川话、陕西话）、婆姨（陕西话）、老马（mo）（绍兴话、杭州话）、老拧（浙江话）、老板子（内蒙古乌盟方言）、娘们儿（北方方言）、女客（苍溪话）、屋里头的（河南话）、厝里（闽南话）、家里的（河北话）、媳妇（北方方言）、媳妇子（宁夏话）、堂客（湖南话、重庆话）、捞佛（海南话）、细妹姆（客家方言）、公喇子（江西话）等。

有时城乡之间也有词汇层面的差异。例如，鲁迅先生的作品《阿Q正传》中这样写道：

> 加以进了几回城，阿Q自然更自负，然而他又很鄙薄城里人，譬如用三尺长三寸宽的木板做成的凳子，未庄叫“长凳”，他也叫“长凳”，城里人却叫“条凳”，他想：这是错的，可笑！

地域方言的语法差异：

其主要表现构词法和句法两个层面。英式英语和美式英语在构词上存在一些差异，如英语中的以-our结尾的单词，在美语中删去了不发音的字母u：colour和color，behaviour和behavior，favourite和favorite等；汉语普通话中的“攻击”是偏正结构，“攻”为偏，“击”为正，而南方方言是“击攻”，改成了前正后偏结构；再如“公鸡”在河南信阳以南地区说“鸡公”，川菜中有“烧鸡公”；“客人”在赣方言中是“人客”，“热闹”在四川部分地区方言中是“闹热”。还有一些字多用于方言中，如“覅”（fiào）用于吴方言，意思是“不要”。英语和美语在句法层面上也存在差异，如英语使用“Have you got a pen?”而美语则是“Do you have a pen?”。普通话说“我先走”，“先”是状语，置于动词“走”之前；而粤方言则说“我走先”或“我行先”，修饰语“先”置于动词之后。

地域方言的文化价值和学术价值：

从文化价值看，地域方言与普通话（标准变体）是平等的。方言是地域文化的载体，一些地方剧种就依托地域方言发展而来，如河北梆子、河南豫剧、四川川剧、湖南花鼓戏、浙江婺剧、广东粤剧、浙江越剧等。如果将方言从中剥离出来，改为普通话，我们会发现戏剧的表现力、魅力、趣味性等都会大打折扣，有些仅存在于方言中的词汇无法用普通话表达，其意义只可意会不可言传。很多文学作品中都会掺杂方言，表现地方色彩、风土人情和当地的文化意蕴。例如，鲁迅先生的作品《呐喊·风波》用绍兴方言描写了江南水乡农家晚餐时的情景："嗡嗡的一阵乱嚷，蚊子都撞过赤膊身子，闯到乌桕树下去做市。""做市"是当地方言，意思是像赶集市一样，指夏日黄昏时分蚊子密集，熙熙攘攘地赶热闹似的，生动地体现了地域特色。

从学术视域看，地域方言是重要的研究资源，为共同语提供更多的语言资源，丰富和促进共同语；另外，方言是研究语言的重要来源，被称为语言化石，一些方言中仍然保留着古音古意，对于我们研究语言的演变发展，甚至社会、历史等有着重要的学术价值。

3. 语言的社会变体——社会方言（social dialect/sociolect）

语言是人类社会的产物，没有人类社会的出现，就不会有语言的产生。除了地域原因造成的方言差异之外，我们每个人说话的时候还会携带一些非地域特征（Yule，2000：239）。地域方言以地理为基础，而同一地域的社会成员因为在职业、阶层、年龄、性别、文化教养、家庭背景、种群、宗教等方面的社会差异而形成不同的语言变体，就是社会方言（social dialect/sociolect）。这就意味着，不同社会群体的人，其言语特征有所不同——什么样的人说什么样的话。简单地说，社会方言就是指受一个或多个社会变量（social variables）控制的言语变体，相关学科被称为社会方言学（social dialectology）。

社会方言源于社会群体并且与多种因素相关，最主要的显然是社会阶层、教育程度、宗教和族群。例如，在印度，种姓是最明显的社会阶层指标，通常决定说话人使用什么样的语言变体。在巴格达，基督教教徒、犹太教教徒和穆斯林教徒使用不同的阿拉伯语变体。美国则存在种族变体，如美国非裔英语方言（African American Vernacular English）、黑人英语（Black English）。甘柏兹（1968）认为不同的语言在封闭的部落组织中最为稳定，因为血缘关系支配一切社会活动；另外在高度分化的社会中会产生不同的变体。他指出，如果生活变化导致传统社会结构的崩溃以及新关系的形成，变体间的语言屏障也会随之消失。

（1）社会阶层和教育程度。

语音、词汇和语法不仅能反映出语言的地域差异，更能反映出语言使用者的社会和教育差异。拉波夫（1972）曾经做过一个著名的研究，调查了纽约市三家大型百货公司的销售人员在元音后［r］发音上的异同，以探究职业和社会经济地位对语言的影响。这三家百货公司分别是供上流社会群体消费的萨克斯（Saks）、供中产阶层消费的梅西百货（Macy's）和平民阶层消费的克莱百货（Klein's）。在调查中，拉波夫询问了相同的问题，问题的答案都是 fourth floor。在 20 世纪 70 年代的美国，通常情况是一个人的社会经济地位越高，他/她的口语中［r］音就越多；一个人的社会经济地位越低，他/她的口语中［r］音就越少。拉波夫的发现证实了这个规律：萨克斯的销售人员比克莱百货的销售人员更喜欢发［r］音。拉波夫认为这是萨克斯的销售人员在尽力模仿他们所服务的上层阶层消费者的发音方式。可是到了英国雷丁市（Reading），情况恰恰相反，中产阶级和上流社会的人发［r］音比较少，下层社会的人或工人阶级发［r］音较多。在标准英国英语中，像 car、mark、marvelous 这些词里的字母 r 都是不发音的。

乔治·尤尔（George Yule，2000：241）的调查发现，社会中下层人群的语音特点是通常将单词末尾音［ŋ］都发作［n］，例如将 taking 说成 takin'，coming 说成 comin'。

很多文学作品也借助社会方言描绘人物的社会等级和教育程度，使得人物更加灵动有趣。例如，英国著名小说家威廉·梅克匹斯·萨克雷（William Makepeace Thackeray）的作品《名利场》（*Vanity Fair*）中有这样一段对话：

"The girls were up at four this morning，packing her trunks，sister，" replied Miss Jemima，"We have made her a bow-pot."

"Say a bouquet，sister Jemima，it's more genteel."

"Well，a booky as big almost as a hay-stack…"

（"姑娘们一大早四点钟就起来了，帮她收拾行李，姐姐。我们给她扎了一大捆花呢。"

"妹妹，用词文雅些，一束花。"

"哦，一簇花，有草堆那么大……"）

对话中的"bow-pot"和"bouquet"并没有地域方言的差别，只是姐姐芭芭拉（Barbara）让妹妹杰迈玛（Jemima）使用"bouquet"是因为这个词"more genteel"，代表更高的社会地位。不过芭芭拉将"gentle"发成了"genteel"，说明她自己想学说文雅词也没有学好，反而暴露自己出身寒微；而杰迈玛更加无法模仿驾驭社会地位高的词汇，她换成了非正式用语"booky"。由此可见，词汇选择能够反映一个人的社会地位。

发音特征也可以反映一个人的社会地位和教育程度。19 世纪英国伟大作家查尔斯·约翰·赫法姆·狄更斯（Charles John Huffam Dickens）的半自传体小说《大卫·科波菲尔》（*David Copperfield*）中，人物尤拉·希普（Uriah Heep）将"humble"说成"umble"，显示了他的社会地位低下，没有受过良好的教育。

萧伯纳的戏剧《皮格马利翁》（1916）中的卖花姑娘伊利莎（Eliza）对希金斯教授说的话：

"Oh，you've no feeling heart in you：you don't care for nothing but yourself."（伊利莎误用双重否定来表达否定意思。）

"I don't want no gold and no diamonds."（伊利莎误用双重否定来表达否定意思。）

"I ain't done nothin'wrong by speakin' to the gentleman."（伊利莎想表达的是否定意义，即自己同那位绅士说话并没有错，但她却用了双重否定句；另外，她将单词末尾音［ŋ］都发作［n］，例如 nothing 说成 nothin'，speaking 说成 speakin'；第三，语法错误，将 haven't 说成 ain't 产生的时态结构错误。）

"That ain't proper writin'. I can't read it."（ain't 与主语 that 不一致，将 writing 说成 writin'。）

"It weren't fit for pigs to live. I had to pay four and six a week."（主谓不一致）

"He's no gentleman, he ain't, to interfere with a poor girl!"（主谓不一致）

"Anybody'd think you was my father!"（主谓不一致）

（第二幕，《皮格马利翁》）

伊利莎的发音不标准，所使用的句子基本上都是不符合语法规范的，表明她没有接受过良好的正规教育，是来自社会底层的人。

在希金斯教授看来，卖花女说的话简直是糟蹋了英语：

A woman who utters such depressing and disgusting sounds has no right to be anywhere—no right to live. Remember that you are a human being with a soul and the divine gift of articulate speech: that your native language is the language of Shakespeare and Milton and *The Bible*; and don't sit there crooning like a bilious pigeon.

（上帝让你会说人话，你的母语是莎士比亚、米尔顿还有《圣经》使用的语言，别坐在那儿咕咕哝哝的，像只气鼓鼓的鸽子似的。）

不过经过希金斯教授为时六个月的语言行为训练后，伊利莎的语音、词汇和语法都有了很大的改善，成为语音纯正、谈吐优雅、仪态端庄的上流淑女：

It's not because you paid for my dresses. I know you are generous to everybody with money. But it was from you that I learnt really nice manners; and that is what makes one a lady, isn't it? You see it was so very difficult for me with the example of Professor Higgins always before me. I was brought up to be just like him, unable to control myself, and using bad language on the slightest provocation. And I should never have known that ladies and gentlemen didn't behave like that if you hadn't been there.

（第四幕，《皮格马利翁》）

由此可见，每个人的言语都标示了一种社会身份，人们在自己的言语中，有意识或无意识地透露了关于自己所隶属的社会群体以及相应的语言社团的信息（Yule，2000：39)。同一个语言社团的成员在语言使用中通常会遵循相同的语言规则，持有相同的期待。

英国女作家南希·米特福德（Nancy Mitford）的文学作品《贵族义务》（*Noblesse Oblige*）（1956）描述了英国贵族标明身份的方式，记录以语言判断上层阶级的方式，并戏谑地介绍了上层阶级（upper-class，简称 U）和非上层阶级（not upper-class，简称 non-U）的言语差异。书中主人公罗斯（Ross）说：

Many (but not all) U-speakers make *get* rhyme with *bit*, *just* (adverb) with *best*, *catch* with *fetch*... U-speakers do not sound the *l* in *golf*, *Ralph* (which rhymes with *safe*), *solder*; some old-fashioned U-speakers do not sound it in *falcon*, *Malvern*, either, but it is doubtful how far this last survives...

Real, *ideal* have two, respectively, three syllables in U speech, one, respectively, two in non-U speech (not, especially, non-U *really*, rhyming with *mealie*)... Some U-speakers pronounce *tyre* and *tar* identically (and so for many other words, such as *fire*—even going to the length of making *lion* rhyme with *barn*).

(《贵族义务》，1956：75—76)

[许多（不是全部）上层阶级的人将 get 和 bit，just 和 best，catch 和 fetch 等押韵……读 golf、Ralph（与 safe 押韵）、solder 等词时，l 不发音；有些老派上层阶级的人发 falcon 和 Malvern 中的 l 音，但是很难说这种情况还能持续多久……]

[在上层阶级言语中，real 有两个音节，ideal 有三个音节，而在非上层阶级言语中，这两个词都是两个音节（非上层阶级尤其将 really 和 mealie 押韵）……有些上层阶级的人对 tyre 和 tar 的发音相同（许多其他词语也是如此，如有人甚至将 fire 与 lion 和 barn 押韵）。]

在很多文学作品中，作者还会通过单词的拼写方式来描述人物因社会等级和教育程度的不同而呈现出的不同口音，如将“them”写成“'em”、将“house”写成“'ouse”、将“the”写成“th”等。例如，美国著名作家马克·吐温（Mark Twain）的小说《哈克贝利·费恩历险记》（*The Adventures of Huckleberry Finn*）中哈克（Huck）向汤姆（Tom）抱怨寡妇道格拉斯（Douglas）：

I've tried it, and it don't work; it don't work, Tom. It ain't for me... The wider eats by a bell; she goes to bed by a bell; she gits up by a bell—everything is so awful reg'lar a body can't stand it.（那寡妇吃饭要打铃，上床睡觉要打铃，起床要打铃，什么事都搞得规规矩矩的，谁受得了啊。）

画线部分的词汇显示了哈克没有受过良好的教育，在语音、词汇、句法等方面都有错误。

鲁迅先生的《阿Q正传》中有这样一段描述：

> “忘八蛋！”秀才在后面用了官话这样骂。
>
> 阿Q奔入舂米场，一个人站着，还觉得指头痛，还记得“忘八蛋”，因为这话是未庄的乡下人从来不用，专是见过官府的阔人用的，所以格外怕，而印象也格外深。

“忘八蛋”是官话，是社会等级较高的人使用的话语，乡下人指社会地位较低的人，这也是为什么阿Q格外害怕。

鲁迅先生对于孔乙己的描述反映了孔乙己受过一些教育：

> 他们又故意的高声嚷道，“你一定又偷了人家的东西了！”孔乙己睁大眼睛说，“你怎么这样凭空污人清白……”“什么清白？我前天亲眼见你偷了何家的书，吊着打。”孔乙己便涨红了脸，额上的青筋条条绽出，争辩道，“窃书不能算偷……窃书！……读书人的事，能算偷么？”接连便是难懂的话，什么“君子固穷”，什么“者乎”之类，引得众人都哄笑起来：店内外充满了快活的空气。
>
> ……

孔乙己着了慌，伸开五指将碟子罩住，弯腰下去说道，“不多了，我已经不多了。”直起身又看一看豆，自己摇头说，“不多不多！多乎哉？不多也。”

孔乙己满口之乎者也反映了他曾经受过教育，如用“窃”替换“偷”，“君子固穷”“者乎”“多乎哉？不多也”，这些都反映出他与那些穿“短衫”的人格格不入，也成为众人的嘲笑对象。

（2）种族背景。

社会语言学家把一个种族群体使用的语言变体称为种族方言（ethnic dialect），例如美国的黑人英语（Black English），术语叫作黑人英语方言（Black English Vernacular），使用这种语言变体的人是黑人社团的成员。

拉波夫（1972）在纽约的调查表明还存在种族方言差异：犹太人和意大利人区分了自己所说的英语变体与标准变体和非裔英语方言。意大利人在说 bad 和 bag 等词时，倾向于把元音［æ］读作类似于 beard 中的元音［iə］，而犹太人发 dog 的元音［ɔ］时，元音像是 book 中的［u］。这种发音特征就带有明显的族群标记。

种族方言的形成原因多种多样。讲种族方言的人可能是新移民及其子女，或者是对自己的母语特别忠诚的人。

（3）年龄差异。

不同年龄段的人在说话方式上会表现得很不一样，在语音、词汇、句式的选择方面都会表现出差异。例如，我国 20 世纪 60 年代的人将“钢笔”称为“自来水笔”，“90 后”和“00 后”常用修饰语“巨”、把“帅哥”读作“甩锅”、“881”表示“抱抱你”、“治愈一切小确丧”（“小确丧”指微小而确切的颓丧）、“我不认识旁边那个沙雕”（“沙雕”的本意是用沙土做堆积材料的造型艺术，也指这样的雕塑作品。年轻人多用于指那些由于当事人愚蠢、天然呆、恶意卖萌、刻意卖蠢而引发的搞笑言行，词义中性略带贬义）等，英国老人将“radio”称为“wireless”、将“fridge”称为“icebox”。这些都反映了年龄差异所产生的社会方言。从语言学角度看，年龄差距主要表现为词汇差异，少数表现在句式选择方面，语音变化较少。

（4）性别差异。

性别与语言的关系是社会语言学的一个重要研究主题。大量研究表明男性和女性在用词、句法、句式和对话中均存在一定的差异性。丹麦语言学家奥托·叶斯柏森（Otto Jespersen）是较早探讨语言与性别关系的学者，他在 1922 年出版的语言学著作 *Language: Its Nature, Development and Origin*（《语言本质、发展及起源》）中，用一个章节的篇幅阐释了女性语言的特点。根据传教士和旅行家的记载，叶斯柏森列举了居住在加勒比海群岛上印第安男女语言使用的特点：当地的女性与男性使用不同的语言。男性可以理解女性的语言，而他们自己说的是另一种语言，即运用其他的语言结构。叶斯柏森还注意到，女性所使用的词汇与男性相比有很大的不同，女性更倾向使用委婉语，较少使用咒骂语。尽管叶斯柏森较全面地阐释了性别因素对语言的影响，但由于他所得出的结论均基于个人的观察，没有得到科学认证，后来的学者否定了他的一些观点。1929 年，美国语言学家萨丕尔在《亚纳语中的男人和女人的言语形式》一文中进一步肯定了语言中存在性别差异。此后，有关语言与性别的研究逐渐成为人类学和社会学普遍关注的一个话题。

道格拉斯·泰勒（Douglas Taylor，1951）调查发现多米尼克（Dominica，位于东加勒比海小安的列斯群岛东北部）的男人多使用具有女性特征的名词，而女人则使用具有男性特征的名词，例如在表达“那天”时，女人说 *ligira buga*，而男人则说 *tugura buga*。玛丽·哈斯（Mary Haas，1964）经过调查发现，在美国路易斯安那州西部地区的一种土著语科瓦萨提语（Koasati）中，男性和女性使用直陈动词和祈使动词存在系统差异。乔治·莱考夫（George Lakoff，1973）指出，女性不能使用诸如 damn（该死）、shit（胡说）之类太过分的咒骂语（expletives），只能使用相对柔和的 *oh dear*（哎呀）或 *fudge*（瞎说）。这反映出社会对男性和女性言语行为的不同宽容程度。社会背景大致相同的女性和男性，女性说话时更多使用社会地位较高的变体形式。在语言使用方面，女性的地位意识高于男性，在发音和语法方面比男性的正确率更高，例如，女性使用非标准形式“*ain't*”和“*I done it*”的频率低于男性，将［ŋ］发作［n］的频率远低于男性。

直到20世纪60年代，随着女权运动和社会语言学的兴起，西方语言学家才对语言与性别的研究产生了兴趣。但是语言学界对语言与性别研究的真正重视始于20世纪70年代。罗宾·洛克夫（Robin Lakoff）在1973年出版了《语言与女性地位》（*Language and Woman's Place*），并提出了“女性语言”这一术语，被认为是社会语言学研究的一个转折点，对今后的研究奠定了基调，即探究和证实男性和女性在语言方面的差异。1979年，美国召开了“社会语言学讨论会”，其中不少论文探讨了性别差异在语言中的种种表现。会后出版了论文集《语言、性和性别：语言的差别会有影响吗?》（*Language*，*Sex and Gender*：*Does Language Difference Make a Difference*?），在论文集的序言部分提出要建立“性别语言学”。1999年4月，在美国纽约大学举行的第44届国际语言学会将“语言与性别”作为大会的中心议题展开了全面讨论，性别差异成为当代语言学的一个重要研究领域。社会语言学考察语言中的性别差异现象，并探究因社会结构、文化传统、语用心理等因素引发的“社会性别”现象。研究者从多元的社会视角，建立了不同的理论学说来阐述语言与性别的关系，如缺陷论（deficit theory/deficiency theory，代表人物是拉波夫）、支配论［dominance theory/power approach，代表人物是齐默尔曼（Zimmerman）、韦斯特（West）、费什曼、斯彭德（Spender）等］、差异论［difference theory，由马尔萨斯（Maltzand）和布罗克（Borker）提出］、社会实践论［the community of practice，由威戈（Wenger）提出］和表现论［theory of performance，由巴特勒（Butler）提出］等，研究范畴和研究深度不断扩展。

詹尼弗·柯茨（Jennifer Coates，1998：15）描述了澳大利亚学者约翰·布拉德利（John Bradley）对达尔文东南部土著部落延羽瓦（Yanyuwa）的男性和女性的语言差异的调查：

Look at you，you're different you don't have na-wunhan［breasts］and you are a man，well same way you can't have woman's parts［vagina］so you see we're different，different body，different job，different language，that's why I can't talk like a man and you can't talk like us ladies.

breasts 和 vagina 都是女性的身体部分，是女性的生理特征，男性和女性从事着不同的社会分工，因此，男性和女性的言语不同。

还有一位延羽瓦部落的中年男性回忆了他小时候的一段经历：

I was only a newly initiated man，and I asked my mother where Douglas [male cousin] was. I spoke like a woman and she yelled at me，"Hey! You are a man，you have no foreskin，why do you talk like a woman? Speak like man，you are not a small child!" I was shamed，it was not easy to get the men's words right straight away.（Coates，1998：16）

这说明延羽瓦部落的男孩子小的时候可以使用女性语言，但成年后必须使用男性特有的语言。

拉波夫（2001：281－282）在讨论费城出现的语言变化时强调：与男性相比，女性与公开规定的社会语言标准更一致，但与不公开的标准一致性较低。这说明，与女性相比，男性与稳定的语言变项一致性较低，而在语言系统发生变化时，一致性较高。

一些研究发现，男性和女性在语音、词汇、语法和交际层面都存在差异。

在美国东北部一种美洲印第安语格罗斯文特（Gros Ventre）语中，男性发腭化齿塞音，女性发腭化软腭塞音，如男性读 djasta，而女性读 kjasta。在孟加拉国，男性经常用 [l] 代替 [n]，而女性和没有受过教育的人不会这样发音。一种西伯利亚语言楚克其语（Chukchi）中，男性经常省略元音之间的 [n] 和 [t]，如女性说 nitvaqenat，而男性说 nitvaqaat。哈斯（Hass，1994）调查发现，美国路易斯安那州西南地区有一种美洲印第安语的土著语科瓦萨提语，男性经常在动词的后面发 s 音，而女性不发这个音，如男性说 lakaws 而女性则说 lakaw。

男性和女性在词汇选择上存在性别差异。莱考夫（1973）的研究发现，女性会使用紫红、米色、碧绿、浅紫、洋红等颜色词，而大多数男性不使用这些词汇；另外，女性常使用 adorable、charming、divine、lovely 和 sweet 之类的形容词，男性很少用。高原直泰（Takahara，1991）报告，日本女性在说话的时候，常使用句末小品词れ或わ，日本男性自指为ぼく或おれ，而女性自指则说わたし或あたし；日本男性说"我会回来"时用ぼく归る，而女性则说わたし归るわ。不过，这种性别差异也在缩小。雷诺兹（Reynolds，1990：306）的调查发现，近年来，东京初中女生越来越多地使用ぼく。在一个电视节目中，接受采访的女孩说她们在上课、打游戏、打架的时候不能用わたし跟男生竞争……年轻女性越来越普遍地使用男性的语言，而且一些年龄较大的女性群体也开始使用男性语言。

布伦德（Brend，1975）发现男性和女性所用的句式存在差异，女性通常选择惊讶、礼貌等用语，频率高于男性。莱考夫（1973）认为，女性用陈述句回答问题的时候，通常使用的是表示疑问的升调，而不是传递确信的降调。而且女性经常使用反义疑问句，如：They caught the robber last week，didn't they? 她认为这是因为女性在表达观念时缺乏自信。她认为可以明显看出下面哪一句话是女性说的（Lakoff，1973：50－52）：

1a. Oh dear，you've put the peanut butter in the refrigerator again.

1b. Shit, you've put the peanut butter in the refrigerator again.

2a. What a terrific idea!

2b. What a divine idea!

女性使用情态结构更为频繁，即用情态动词 can、could、may、might、will、would、shall、should、must 与其他动词，如 have、be 等连用，这种结构反映出女性对周围发生的事情没有把握或有怀疑，用间接、委婉的方式表达思想见解。而男性多使用表肯定或具有权威、命令式的情态动词，如 must、should 等，常用陈述句甚至祈使句，直接表明对事情的看法。拉波夫（1975）在纽约的研究也显示了语言存在性别差异。

霍尔姆斯（1998）认为，女性和男性使用不同的语言模式，女性比男性更关注互动的情感功能，女性比男性在语体上更加灵活多变。

男性和女性的言语交际存在性别差异。两性交际就像黛博拉·坦纳（Deborah Tannen）在 1990 年出版的《你只是不明白：交流中的女人与男人》（*You Just Don't Understand*：*Women and Men in Conversation*）一书中，通过分析大量的来自日常生活的真实对话，指出同一文化的男人和女人虽然说的都是同一种语言，但在语言使用习惯上存在很多差异，跨性别交际的差异与跨文化交际的差异一样大。简单点说就是，即使男人和女人都用英语交流，但交流未必畅通。心理学博士约翰·格雷（John Gray）于 1992 年出版《男人来自火星，女人来自金星》（*Men Are from Mars*，*Women Are from Venus*）一书。他认为男人和女人无论是在生理上还是心理上，无论是在语言上还是在情感上，都大不相同。

例如这样一段对话：

男：那干脆回家好了。

女：看你。

男：坐公交车吧，我送你。

女：公交车又脏又挤，还是算了。

男：那打的。

女：这么近的路不划算。

男：那走路好了，散散步。

女：空着肚子散哪门子步呀？

男：那你想怎么样？

女：看你。

男：那就先吃饭。

女：随便。

男：吃什么？

女：随便。

男：吃火锅，好不好？

女：不行，吃火锅脸会长痘痘。

男：那去吃川菜？

女：昨天刚吃的川菜，今天又吃……

男：那你说吃什么？

女：随便。

男：那咱们现在到底干什么？

女：都行。

男：看电影怎么样？好久没有看电影了。

女：你怎么像六十年代的人，那么老土？

男：那打保龄球，又时尚又可以锻炼身体。

女：大热天的运什么动啊？不嫌累啊，你？

男：那找个咖啡店坐坐，喝点东西。

女：喝咖啡影响睡眠。

男：那你说干什么？

女：都行。

还有一些学者就男女交际展开了实证研究。例如，韦斯特和齐默尔曼（1983）的研究发现，在跨性别交际中，在 48 次谈话中断中，男说话人占 46 次之多。费什曼（1980，1983）发现，在跨性别交流中，女性对话题的控制力远低于男性。

史密斯（1979：138）在探讨语言与性别的关系时指出：

We must beware of relating speech to the role of the "symptom" of social relations. Speech and language use itself may play an active role in the development of the subjective aspects of gender identity and hence in the development and use of language itself.

（我们必须明白语言具有"象征"社会关系的作用。言语和语言使用本身可能促进了性别认同的主观要素发展，进而促进了语言本身的发展和使用。）

霍尔姆斯（1992：330）指出：

The differences between women and men in ways of interacting may be the result of different socialization and acculturation patterns. If we learn the ways of talking mainly in single-sex peer groups, then the patterns we learn are likely to be sex-specific. And the kind of miscommunication which undoubtedly occurs between women and men will be attributable to the different expectations each sex has of the function of the interaction, and the ways it is appropriately conducted.

（女性和男性在互动方式上的差异可能是不同的社会化模式及文化适应模式所致。如果我们只学习某单一性别群体的说话方式，那么所学到的模式就可能是属于那个特定性别的。男女之间之所以必然会产生交际错误，其原因是不同性别对互动功能以及如何恰当实施这些功能有着不同的期望。）

弗里德（Freed）和格林伍德（Greenwood）（1996）也认为，毋庸置疑，男性和女性日常言语的差异源自小时候的社会化实践以及与性别有关的特定活动。例如，即使是成年女性像幼儿那样说"喝水水""吃饭饭""讨厌厌"这样的叠字，也会给人以娇憨可爱的印象，但成年男性那样说显然会受到鄙视，不被社会接纳。男孩子多喜欢玩枪、车等玩具，喜欢战争游戏；而女孩子的玩具多是布娃娃之类的，喜欢玩过家家游戏。莱考夫（1975）在《语言与女性地位》（*Language and Woman's Place*）一书中探讨了男孩和女孩在成长过程中被教以不同的言语方式，女孩被教导多用被动语态，而男孩则使用更强势的主动语态。沃德霍（2010：322）也认同莱考夫的观点，男性和女性的言语差别是因为男孩和女孩的养育方式不同，男性和女性扮演的社会角色不同。而且男性和女性都深谙此道，并能恰当地身体力行。因此，语言的性别差异源于社会而不是语言。沃德霍（2010：322）提出，如果要减少语言性别歧视，就应该首先减少孩子成长过程中以及性别角色分配过程中的性别歧视。

然而，语言中确实存在性别歧视现象。一些学者认为性别歧视是语言本身所特有的，语言中的性别歧视导致了社会生活中存在的性别歧视。另一些学者认为语言中的性别歧视是受社会生活中的性别歧视的影响。实际上，语言与社会是互动影响的，语言具有社会性，语言使用者同样具有社会性，社会现象在语言中得到蕴含和反映。

英语中有些词汇兼指雄性或男性以及整个群体，既是上义词又是下义词，而雌性或女性词汇仅为下义词（见表 2—3）。

表 2—3　语言与性别歧视

表示整个群体	雄性/男性	雌性/女性
actor	actor	actress
chairman	chairman	chairwoman
doctor	doctor	woman doctor
god	god	goddess
hero	hero	heroine
host	host	hostess
lawyer	lawyer	female lawyer
lion	lion	lioness
manager	manager	manageress
waiter	waiter	waitress

我们能够发现这些词汇在构词上反映了女性的从属地位，女性词都是在男性词的基础上加后缀-ess 构成或使用表述女性性别的前置修饰语 female、woman 等构成，这实际上表现为一种阳性包含阴性的非互换性权势关系，具有凸显男性性别的倾向性，是典型的性别歧视。英语中有一些单词本身并无感情色彩，但因与不同的性别连用，指代的意义不同，展现出了截然相反的感情色彩。例如，舒尔茨（Schulz，1975）以“tramp”一词为例，指出：

If you call a man a “tramp”, you simply communicate he is a “drifter”.

If you call a woman a “tramp”, you imply she is a prostitute.

tramp 一词在 *Collins Cobuild English Language Dictionary*（2002）中被定义为

“a person who has no home or permanent job and very little money”。客观上，尽管男女都可能沦为穷困潦倒、无家可归、无业可就的人，但是人们习惯上却把 a male tramp 理解为“a man having no job or no home”；而把 a female tramp 理解为“a loose woman”，即行为放荡的女人（immoral woman）。与之相对应的 a loose man 则指“a causal person”，即一个生活随便，对一切都抱无所谓态度的男人。其他一些词像 public、fast、professional 也具有相似的用法。例如：a public man = a person who has a job in the government，指政府或机构的公职人员；而 a public woman= a prostitute，指娼妓、淫妇（王学信，2005：36）。再如：

He's a professional. 他是位专业人士。

She's a professional. 她是个妓女。

professional 做名词，本义是 a person who engages in an activity with great competence，指受过良好教育和训练的专业人员，如医生、律师等。用于描述男性，意味着该男性从事专业性较强的工作，且颇具专业能力，受人爱戴；而用于描述女性时，则被视为专门从事特殊行业的女子。类似的还有：

He is fast. （他动作敏捷。）

She is fast. （她放荡不羁。）

He is easy. （他平易近人。）

She is easy. （她水性杨花。）

斯坦利（Stanley）统计了北美英语中与“性生活放荡”有关的词，发现有 220 个用于女性，而用于男性的只有 20 个（转引自 Muckay & Hornberger，1996：226）。

在短语中也能发现“男先女后”的语序，如 man and woman、husband and wife、prince and princess。还有一些反映性别歧视的谚语、俚语，如：Women are the devil's nets.（女人是万恶之源。）Many women，many words；many geese，many turds.（鹅的屎多，女人的话多。）

法语中也存在性别歧视，例如，homme 既指广义的人、人类，包含女人，也指狭义的，专指男人；而 femme 只指女人。法语中大量的名词阴阳性成对出现，许多阴性的形式是在阳性基础上加后缀而来的，如 acteur→actrice（演员）、chanteur→chanteuse（歌手）。这种构词法表明了女性在地位上的从属性，由此不难看出女性在法国传统文化中的地位。德语的 mann 也是既指“人”又指“男人”，俄语中的“人”与“男人”的概念等同。西欧语言中普遍存在这种现象：阴性名词由阳性名词派生而来，并常常伴随有负面的意味。如果用阳性名词指代女性，有提升其地位之意。如果用男性的名称来指代女性则具有贬低的意味。

在中国“男尊女卑”的传统文化中，古代女子的身份地位十分卑微低下。汉语词汇中同样存在性别歧视现象。如《康熙字典》收录了 796 个“女”部字，其中带有贬义色彩的大概占 17%左右，如奴、嫉、妒、娼、妓、婊、娭、婪等。《新华字典》（1998 年修订本）收录了 149 个（不含繁体字）带“女”字旁的字，按照褒贬性可作如下分类统计（见表 2-4）：

表 2-4 《新华字典》(1998 年修订本)中"女"字旁汉字及其情感意义

属性	数量	字例
性别	45	妈、奶、妇、她、姐、妹、姑、娘
褒义	28	娇、妩、姣、娟、好、婕、妙、媚、嫩、婷、娴
中性	47	妆、妊、姓、姜、娜、娩
贬义	29	奸、娼、妓、婊、妖、奴、嫌、妨、嫉、妒

47个中性词中，大部分是表示人名、地名的；29个含明显贬义的词，主要与两性关系有牵连，将女性放在极其低下、受男人玩弄的位置上，如奸、娼、妓、婊、妖、奴、妖、姘、嫉、妒……28个褒义词中，大多是形容女性容貌、姿态、举止的，虽表美好，但却是女人地位低下的另一种表现，它展示的是女人只是取悦男人，是供男人玩弄、享乐的对象。这些字都是常用字，它们充分反映出中国妇女在过去的传统社会中被压迫、被蹂躏的悲惨境遇（潘建，2001：15）。

汉语中还有一些短语通常也是"男先女后"：父母、祖父母、爷爷奶奶、大爷大妈、兄弟姐妹、夫妻、儿女（"女儿"仅指一人）、郎才女貌、才子佳人、男尊女卑、龙飞凤舞、男耕女织、男婚女嫁等。这些都表明了男性处于统治、支配地位，女性处于依附性地位。我国学者周民权教授（2014）在《俄汉社会性别语言的语用对比研究》一书中用一个章节从称谓形式不对等、词义褒贬上的差异、词序所反映的尊卑观念、汉语中的"女"部旁四个方面对比分析俄汉语言中的社会歧视现象，分析了语言中社会性别歧视产生的原因，并阐述了社会性别研究中存在的问题。

英国语言学家塞拉·米尔斯（Sara Mills，2008：52）的《语言与性别歧视》（*Language and Sexism*）一书里举了一个非常典型的例子，说明性别歧视在语言中的普遍性：

Let me show you the restrictions that would be placed on my daughter... Among the peculiar restrictions placed on her would be that could never really participate in the brotherhood of mankind. And regardless of what her forefathers were, she couldn't have been born an Irishman, a Frenchman, or a Dutchman... At school she would have to learn early that she could serve on committees but never be the spokesman or chairman. She could participate in sports, but she could not practice sportsmanship. In baseball she could be a pitcher or a catcher but not the ballboy or the first baseman.... Even if she rose to real power in the world and became a queen, she couldn't rule because there are only kingdoms—no queendoms... But if by some happenstance, she did succeed in gaining power in government, the real tragedy is that she could never be a statesman—only a politician.

弗罗姆金和罗德曼（1983：269）也从词汇选择视角描述了社会对女性的歧视：

A businessman is aggressive, a businesswoman is pushy.

A businessman is good on details, she's picky.

He follows through, she doesn't know when to quit.

He stands firm, she's hard.

His judgments are her prejudices.

He is a man of the world, she's been around...

He isn't afraid to say what is on his mind, she's mouthy.

He exercises authority diligently, she's power mad.

He's closemouthed, she's secretive.

He climbed the ladder to success, she slept her way to the top.

近年来，语言和性别研究还关注了非主流群体的语言——同性恋语言或薰衣草语言，如男同性恋、女同性恋、双性恋、变性人等。

4. 个人方言（Idiolect）

我们在接听电话时，能通过对方的一个“喂”或者是咳嗽声判断打电话的人是谁。这说明，尽管表现出共同言语特征的人可以归入一个言语社团，但每个人都有各自的说话方式。所以，每个人都有独特的语言变体，即个人方言（idiolect），也被称为 dialect of individual，没有人的说话方式是一模一样的。个人方言组成成分繁多，包括说话的声调、音质、词汇选择、语法结构的规律以及成长的地域，但社会因素往往在很大程度上决定一个人的个人方言。从社会语言学角度看：You are, in many respects, what you say.

2.3.2 双语或多语社会的语言变体

双语社会指在一个国家或地区同时使用两种官方语言，这两种语言具有平等地位。

2.3.2.1 双语与多语（bilingualism and multilingualism）

单语（monolingualism）指只能使用一种语言的现象。双语（bilingualism）指由于民族、社会、历史等原因，在一个国家或地区同时使用两种官方语言，这两种语言理论上在社会生活中享有平等的官方文化和家庭生活等地位，这种双语现象也被称为平行双语现象（horizontal bilingualism）。例如，加拿大是典型的双语区，英语和法语都是其官方语言，产品使用说明、公共场所的标志等都是用英语和法语两种文字书写的。类似的平行双语国家还有比利时，官方语言为法语和佛兰芒语；瑞士，其官方语言为德语和法语；巴基斯坦，官方语言为乌尔都语和英语。还有一种倾斜性双语现象（diagonal bilingualism），即在双语国家中，只有一种语言是官方语言。鲁宾（Rubin，1968）调查发现，巴拉圭（Paraguay）存在一种与众不同的双语现象。巴拉圭由于与西班牙长期隔绝，会说西班牙语的当地人很少，因此，巴拉圭盛行一种美洲印第安语（American Indian language）瓜拉尼语（Guarani），并成为大约 90%的巴拉圭人的母语，另外大约 10%的人的第二语言，但西班牙语仍然是国家的官方语言和教育用语。然而，巴拉圭首都亚松森（Asuncion）几乎是完全双语，不过，离城市越远的乡村，只说瓜拉尼语的单语人数就越多。此外，双语现象也可能会出现在一个家庭中。例如一个家庭中，父母说不同的语言，那么孩子有可能成为双语者——个人双语现象（individual bilingualism）。

多语（multilingualism）指某个特定区域或国家的个体或群体同时使用三种及以上的语言。例如，新加坡有四种官方语言：英语、汉语的官话变体、泰米尔语和马来语。索尔兹伯里（Salisbury，1962）发现新几内亚的夏昂（Siane）人能说好几种语言。他们根据不同的情景选择最适合的一种语言。另外，夏昂人还鼓励语言学习，如果一个人来到一个社区，说一种不同的语言，社区的人就会尽可能学习这种语言并找机会使用。夏昂人的这种多语现象是生活所需，语言学习是自然的、实用的、工具性的。索伦森（Sorensen，1971）调查发现，在哥伦比亚和巴西交界的亚马孙西北地区的图卡诺人是多语民族。男性必须与语族之外的人通婚。也就是说，没有哪个男人的妻子会说他的语言，因为这是婚姻关系不允许的，会被认为是乱伦。男人从附近说其他语言的部落中挑选自己要娶的女人。结婚后，女人就搬到男人家里。因此，所有部落都使用好几种语言：男人的语言、来自不同相邻部落的女人所说的各种语言。孩子们则生活在多语环境中：爸爸说一种语言，妈妈说另一种语言，与孩子们日常接触的女人们可能说其他语言。在这种语言社区生活的大部分人基本上都会说大多数不同的语言。图卡诺人的这种多语现象是婚姻模式的结果。甘柏兹和威尔森（Wilson）（1971）报告说，印度马哈拉施特拉邦（Maharashtra）的一个小村庄库普瓦（Kupwar）的居民会说四种语言：马拉地语（Marathi）和乌尔都语（Urdu）（都是印欧语）以及埃纳德语（Kannada）（非印欧语），少数人说泰卢固语（Telugu）（非印欧语）。这些语言主要按种姓分布：最高种姓的耆那人（Jains）说埃纳德语，最低种姓的贱民说马拉地语。不同种姓的男人之间交流用马拉地语。

斯里达尔（Sridhar，1996：50）认为：

Multilingualism involving balanced，nativelike command of all the languages in the repertoire is rather uncommon. Typically，multilinguals have varying degrees of command of the different repertories. The differences in competence in the various languages might range from command of a few lexical items，formulaic expressions such as greetings，and rudimentary conversational skills all the way to excellent command of the grammar and vocabulary and specialized register and styles... Multilinguals develop competence in each of the codes to the extent that they need it and for the contexts in which each of the languages is used.

由此可见，多语者的多语语言能力并非均衡的，而是存在一定的差异，语境决定了语言选择，在多语社会，说话者需明白“who uses what，when，and for what purpose”（Wardhaugh，2010：95），因为语言选择就是自己社会认同的一部分。

2.3.2.2 **双言**（diglossia）

“双言”（diglossia）是弗格森在1959年提出的概念：

DIGLOSSIA is a relatively stable language situation in which，in addition to the primary dialects of the language（which may include a standard or regional standards），there is a very divergent，highly codified（often grammatically more complex）superposed variety，the vehicle of a large and respected body of written literature， either of an earlier period or in another speech community, which is learned largely by formal education and is used for most written and formal spoken purposes but is not used by any sector of the community for ordinary conversation.

(Ferguson, 1959: 336)

[双言是一种相对稳定的语言情景，除了一种语言的基本方言（可能包括一种标准语或一些地域标准语），还有一个差异巨大、高度规范化的（语法通常更复杂）的上置变体。这种变体在较早时期或另一言语社团中用于书面文学，通常要通过正式教育才能习得，多用于书面语和正式谈话，但很少用于该社团的日常会话。]

简单地说，双言是同一言语社团使用同一语言的不同变体。

费什曼（1980：3）扩展了双言的概念：

[Diglossia is] an enduring societal arrangement, extending at least beyond a three-generation period, such that two " languages " each have their secure, phenomenologically legitimate and widely implemented functions.

（双言是一种持久的社会安排，至少延续了三代人以上，两种“语言”都有其各自稳定的、现象合法的、广泛实现的功能。）

费什曼的定义将不同语言功能差别很大的双语和多语情况纳入其中。

弗格森（1959）将双言分为高级变体（high variety）和低级变体（low variety）。两种变体具有不同的社会功能，用于不同的交际场合。例如，阿拉伯语有标准阿拉伯语（高级变体）和阿拉伯语土语（低级变体）之分，标准阿拉伯语在学校习得，用于布道、政治演讲、媒体、教育教学、新闻广播等正式场合，享有更高的社会权利（social prestige），而阿拉伯土语用于与家人和朋友之间的闲谈、民间诗歌会等非正式场合。在某种意义上，高级变体有语法、词典、标准化文本等，是教会的；而低级变体没有相应的语法、词典和标准化文本，是学会的。费什曼（1980：4）认为同一语言的两种变体应该“彼此有足够的差别，说地方语的人如果不接受教育的话，无法理解高级变体”（sufficiently different from one another that, without schooling, the elevated variety cannot be understood by speakers of the vernacular）。

双言现象是全世界普遍存在的一种情况。弗格森（1959：338）认为，出现双言现象的条件是：

(1) there is a sizable body of literature in a language closely related to (or even identical with) the natural language of the community... (2) literacy in the community is limited to a small elite... a suitable period of time, of the order of several centuries, passes from the establishment of (1) and (2).

[（1）某种语言有大量的文学作品与言语社团中的自然语言密切相关（甚至完全相同）……（2）言语社团中只有少数精英识字……经过一段适切的时期或几个世纪，（1）和（2）两种情况得以稳定并流传后世。]

因此，双言现象虽然存在动态变化，但基本上是稳定的。

2.3.3　通用语、皮钦语和克里奥尔语

通用语、皮钦语和克里奥尔语是处于较边缘位置的语言。从语言学角度来看，通用语可能是自然语言，也可能是混合语。皮钦语是由一个上层语言（superstrate）和一个或多个下层语言（substrates）混合而成的混杂语言，它不够完善，功能有限，不是任何一个语言社区的母语。克里奥尔语是在皮钦语基础上发展起来的较完备的语言，它能覆盖一切生活中需要表达的现象，是皮钦语使用者后代的母语（张有，2001：81）。

2.3.3.1　**通用语**（lingua franca）

通用语（也被译为“交际语”）是一种多语接触区中，各语种社区通用的语言，它可能是一种自然语言，也可能是一种混合语。联合国教科文组织将通用语界定为：一种不同母语的人习惯用于交流的语言（A language which is used habitually by people whose mother tongues are different in order to facilitate communication between them）。意即在语言频繁接触的地区使用不同语言的人们用来互相交际的语言，以达到一定的交际目的（戴炜华，2019：241）。该术语是法兰克语（Frankish language），来源于中世纪阿拉伯人和穆斯林对欧洲人的统称——法兰克人（Franks）（即古代的日耳曼人）。原指夹杂了法语、西班牙语、希腊语和阿拉伯语的意大利语。这种语言是一种在地中海沿岸使用的贸易语言。后来这个词被引申用来指任何一种通用语，如中世纪的粗俗拉丁语（Vulgar Latin）曾被用作通用语流行于地中海区域和欧洲大部分地区，起源于中世纪的萨比尔语（Sabir）也曾经是流行于地中海地区的通用语，近东的阿拉伯语（Arabic）一直是伊斯兰的通用语，西非和印度等地的英语是该地域的通用语。中非的斯瓦希里语（Swahili）以及东南亚的马来语（Malay）等都属于这种语言。第二次世界大战后，英语替代法语成为全球经贸、外交领域的通用语。

萨马林（Samarin，1968：661）将自然语言形式的通用语分为四种：贸易语（a trade language）[如西非的豪萨语（Hausa）、东非的斯瓦希里语]、接触语（a contact language）[如以阿提喀方言为主的希腊共通语（koine）]、国际语（an international language）（如通行于当今世界大部分地区的英语）和辅助语（an auxiliary language）（如世界语、基本英语）。巴克（Bakker，1992）发现米其芙语（Michif）是加拿大印第安克里语（Cree）与法语的混合语，是混合了克里族和法裔两种社团的语言后形成的一种新的语言（Bakker & Papen，1997：355）。萨比尔语是法语、西班牙语、希腊语、意大利语、阿拉伯语的混合语，在地中海各港口使用。

人们对“通用语”这一概念的认识经历了一个历史发展过程。在殖民地时期，它指的是英、法、西班牙等欧洲语言以外的一些非洲主要通用语言。这种划分法的前提是把殖民者的语言与殖民地居民的语言区别开来，认为前者比后者优越。这种含有种族歧视的划分法后来受到了许多主张民主平等的社会语言学家的批驳。现在的辞典给通用语下的定义是：在多种语言混杂区进行贸易和其他交流时被不同语言集团的人当作共同交际工具的语言，无论这种语言是一种纯正的某民族语言还是一种由多民族语言词汇交织而

成的混杂语，无论这种语言是在某一地区流行的还是一种全球性的语言（张有，2001：81）。

通用语这种混合交际语的特点是句子结构简单，词汇量少。例如，美国夏威夷地区一个日本老移民说的一段话：

Samtaim gud rod get，samtaim，olsem ben get，enguru get，no? enikain Seim Olsem hyuman laif，obsem. Sometimes good road get，sometimes like bend get，no? everything same. Like human life，all-same.

Gud rodu get，enguru get，mountain get，no? awl，enikain，Stawmu get，nais dey get-olsem.

Good road get，angle get，mountain get，no? all，any kind Storm get nice day get-all-same.

Enibadi，mi olsem，smawl taim.

Anybody，me too，small time.

"Sometimes there's a good road，sometimes there's，like，bends，corners，right? Everything's like that. Human life's just like that. There's good roads，there's sharp corners，there's mountains，right? All sorts of things，there's storms，nice days—it's like that for everybody，it was for me too，when I was young."（Bickrton，1981：13）

这段话语中的句子用词简单，没有屈折形态变化，也没有词态和体的变化（戴炜华，2019：241）。

2.3.3.2 皮钦语（pidgin）

由于贸易、战争、殖民运动等原因，各种语言之间不断进行交流碰撞，当各种语言相互接触时会发生混合的现象，从而产生混合语，皮钦语（pidgin）和克里奥尔语（creoles）就是两种主要的形式。混合语通常以一种语言的语法为基础，用另一种语言的词汇来表达事物。

Pidgin 一词是我国广东人将 business English 中的"business"一词读错而产生的，原指在华人中流行的不规范的英语，后来词义被引申，用来指任何一种通用的混杂语言。皮钦语于 1715—1748 年诞生于我国广州和澳门，是来到此地的英国商人同中国人进行贸易时使用的工作语言，词汇以英语为主，夹杂来自广东话、葡萄牙语、马来语和印地语的少量词语，而语法结构则基本上是广东话。广东人说皮钦语时基本上按照广东话的语音和音系规则，把源自其他语言的词汇加以改造。在 1842—1890 年，皮钦语被广泛用于中国香港和各通商口岸。在当时的对外贸易中心上海，英语又与上海话混杂，以汉语语法为主，使用英语的简单词汇进行表达，成为贸易交流的通用语。例如"man-mountain-man-sea"（人山人海）、"tomorrow-see，same-see"（明天看，一样看）。由于洋泾浜（靠近现在的外滩）是旧上海涉外贸易的一个中心，皮钦语又被称为洋泾浜语，因主要用于贸易，洋泾浜语也被称为"贸易语"（trade language）。但是，并非所有的洋泾浜语都只限于贸易的用途，也并非所有的贸易用语都是洋泾浜语，是使用不同语言的人为了方便交流产生的一种在词汇上和语法上都简化了的接触语

（contact language）。

皮钦语（pidgin）又被称为“混合语”（mixed language）、“边缘语”（marginal language）、“重组语”（restructured language）。霍尔姆（Holm，1988：4—5）把皮钦语定义为：

a reduced language that results from extended contact between groups of people with no language in common；it evolves when they need some means of verbal communication，perhaps for trade，but no group learns the native language of any other group for social reasons that may include lack of trust or of close contact.

[一种简化语言，由无共同语言的群体经广泛接触后生成；当人们需要进行言语交际（可能为了贸易）时，皮钦语就会得以发展，但由于缺少彼此信任或密切接触等社会原因，没有任何群体会学习其他群体的母语。]

也就是说，皮钦语产生于双语或多语环境下，在这些语言频繁接触的地区，来自不同语言社团的人把两种或多种语言中的有用成分混合在一起，简化语法并掺杂各自的母语成分，重组后生成一种混合语，用以彼此沟通，以达到语言交际的目的。没有人以皮钦语作为本民族的语言，它不是任何人的第一语言，而只是一种接触语言。

皮钦语是伴随着经济发展，尤其是殖民拓展和战争而产生的，由一种被称为上层语言的通用语和许多下层语言的特点混合而成的语言。上层语言常常是以经济比较发达的欧洲某种语言为基础，如英语、法语、葡萄牙语等，也可能是某些当地语言，而下层语言多为殖民地时期的当地语言。使用者通过简化上层语言的语法规则，取消性、数、格等形态变化和曲折、派生等词形，与当地的下层语言进行混合，生成皮钦语，用以贸易沟通或交涉问题。因此，皮钦语的实用性较强，但缺少逻辑和严谨的语法规则，语法结构被简化，词汇不丰富，表达内容有限。使用者只是借助于有限的词语和简单的语序来指称事物或传递指令，实现有限的交流沟通。皮钦语在过去普遍使用于欧、美大陆之外的欧洲各国在世界各地的殖民地地区，一般应用于商人或种植园中不同语言文化背景的奴隶之间，在欧洲殖民全盛时期更多地应用于欧洲殖民者与亚洲、非洲、美洲的当地人之间。例如，西非尼日利亚境内语种很多，各语种群体之间不得不用英语来交流，久而久之，当地各语言的语法特点和英语的词汇夹杂在一起就形成了西非皮钦英语。还有一些皮钦语是短暂使用的，如皮钦德语，在 20 世纪七八十年代产生于柏林、法兰克福等城市来自土耳其、希腊、意大利、西班牙、葡萄牙等国的德国外来工人之间。

2.3.3.3　**克里奥尔语**（creoles）

克里奥尔语也是一种边缘语和混合语。当皮钦语进一步发展，超越了贸易语言中扮演的角色，增加了更多的语法特征和新词汇，句法规则更加系统化，成为某一个社区的第一语言，并作为母语被儿童习得，皮钦语就成了克里奥尔语（Aitchison，1994：177）。因此，克里奥尔语几乎是一种“正常的”语言。皮钦语发展成为克里奥尔语的过程被称为克里奥尔语化（creolization）。霍尔姆斯（1992：95）认为：“A creole is a pidgin which has expanded in structure and vocabulary to express the range of meanings and serve the range of functions required of a first language.”（克里奥尔语是在结构和词汇层面均得以扩展的皮钦语，能够表达第一语言所要求的意义和功能。）也就是说，相较于皮钦语，克里奥尔语的词汇量更丰富，语法更规范，但又不同于其主体来源的上层语言。现存的克里奥尔语主要以上层语言英语和法语为基础，例如夏威夷克里奥尔语（Hawaiian Creole）、牙买加克里奥尔语（Jamaican Creole）、圭亚那克里奥尔语（Guyanese Creole）等，都以英语为基础。海地克里奥尔语（Haitian Creole）、毛里求斯克里奥尔语（Mauritian Creole）和留尼汪克里奥尔语（Reunion Creole）等以法语为基础。还有一些是以西班牙语为上层语言的，如帕伦奎罗语（Palenquero）和赞博安盖诺语（Zamboangueno）等；以葡萄牙语为上层语言的有萨拉马坎语（Saramaccan）和佛得角克里奥尔语（Cape Verdean Crioulo）等；以荷兰语为上层语言的有维京群岛克里奥尔语（Negerhollands），但这种语言现已经绝迹；以德语为上层语言有巴布亚新几内亚克里奥尔语（Unserdeutch）。世界上最大的克里奥尔语区是加勒比海地区，其次是东南亚和南非。

当克里奥尔语与作为其主体来源的上层语言失去联系时，就进入了相对稳定的发展时期，如海地克里奥尔语。也可能消失，如维京群岛的克里奥尔语。还可能进一步进化为正常语言（normal language），如南非荷兰语和斯瓦希里语、印度尼西亚语和马耳他语。或与其主体来源的上层语言频繁接触，从而向上层语言转化融合，通过去克里奥尔语化（decreolization），更接近其上层语言，如牙买加克里奥尔语；还有荷属西印度群岛，荷兰语实际上已经消灭了黑人荷兰语（Negerhollands）；而英语也融入美国东南海岸各岛的各类语言中。如果克里奥尔语长期与其主体来源的上层语言接触，就可能基本上规范化，从而发展成为这一上层语言的一个亚种，即一种被认可的方言。一些语言学家认为美国黑人方言就是这样的一个例子：它从加勒比海的克里奥尔语发展而来，逐步演化成美国英语的一种方言。然而，还有一些学者则认为美国黑人方言是从黑人所在地的英语方言衍生出来的。

然而，说克里奥尔语的人就像说皮钦语的人一样，在将其语言与上层语言英语、法语、西班牙语等进行比较的时候，他们会觉得自己所说的话比不上那些上层语言，因而会对说克里奥尔语感到强烈的自卑。

霍尔（Hall，1972：151）评价皮钦语和克里奥尔语时说：

Correlation between political factors and status-achievement, for pidgins and creoles, is so close that we may expect to see other such languages rise to the status of standards only where the areas where they are spoken gain political independence or autonomy, and use the local tongue as a symbol of nationality.

（对皮钦语和克里奥尔语而言，政治因素和获取地位之间的关系非常密切，只有说这些语言的地区获得政治独立或自治，并将地方语言作为一种国家象征时，此类语言才能上升到标准语的地位。）

随着受教育人群的迅速增长以及交通通信技术的迅猛发展，皮钦语失去了生成的环境，当然也很难再出现新的克里奥尔语。

2.4　语码

2.4.1　语码的定义

语码这个概念最初是由伯恩斯坦（Berstein，1971）提出的，泛指任何信号系统，如数字、词汇、信号之类的一些抽象概念。社会语言学家斯科顿（Scotton，1983）认为语码包括语言、方言、同一语言的不同风格以及在一次交际中使用的各种语言系统等。沃德霍（2000：86）认为："我们可以把一种语言或语言变体称为语码，这个术语之所以有用是因为它是中性的。"他指出语码没有确切的性质，可以指人们在交际过程中的任何一种符号系统，如语言、方言、标准语、皮钦语和克里奥尔语等都是语码。维索尔伦（Verschueren，2000：118）将语码定义为某种语言可以辨别的变体，涉及具体语域、社会阶层、功能分配或特定语境的系列选择。该定义反映了语码的社会性质。祝畹瑾（2013：255）将语码概括为人们在言语交际中使用的任何一种符号系统，或语言、或方言或一种语体。语码还可以指个人使用的符号系统，例如，某人设计了个人语码以保护自己的秘密不被他人所知。概而言之，语码是一个中性术语，涵盖了所有的交际符号。

2.4.2　语码转换

语码转换研究从20世纪20年代开始引起学者的注意，但直到1956年，豪根才提出了"语码转换"（code-switching）的概念，指出语码转换是语言接触中的一个普遍现象，指在双语或多语交际环境中，在不同场合，或交际过程中，说话人在两种或两种以上的语言或语言变体之间转换，从而将语码转换作为一种语言现象引入语言学研究领域。20世纪六七十年代，语码转换研究得到迅速发展，成为语言学研究的核心之一，研究者从社会语言学、句法学、心理语言学、语篇分析、语用学等学科领域，探讨语码转换的社会心理机制、语用功能、句法结构、心理过程、语篇模式等。

由于研究方法、研究目的和研究视角的不同，目前学界对于语码转换的定义并不统一。例如，金格拉斯（Gingras，1974）将语码转换简单界定为不同语码的交替使用。迪皮弗罗（DiPiefro，1976）认为语码转换指在语言交际行为过程中两种或两种以上语言的使用。甘柏兹（1982）认为语码转换是分属两个不同语法系统或次级语法系统的语言交替使用的现象。库克（Cook，1971）提出，语码转换是熟悉同一语言的交际双方在会话中从一种语言转换到另一种语言的过程。麦考密克（McCormick，2001：447）提出语码转换是两种或多种语言或方言成分的并置。

从研究范围来说，语码转换的概念有狭义和广义之分：狭义语码转换指作为个人言语行为的语言或方言的选择和转换应用，通常以一个言语交际过程为观察和研究对象，

20 世纪 70 年代的语码转换现象研究多为狭义范畴。广义语码转换指作为社会语言行为的语言或方言的选择和转换应用，研究双语或多语社会中的语言规约和应用，例如，阿派尔（Appel）和穆伊斯肯（Muysken）（1987）、柴郡（Cheshire）和加德纳-克劳罗斯（Gardner-Chloros）（1998）、卢克（Luke，1998）、迈尔斯-斯科顿（Myers-Scotton，1993、1998）等人的研究，通过相关社会变量考察语码转换宏观层面上的社会心理，关注语言与权利之间的关系，涉及语言政策、语言规划和社会规约等方面，成为社会语言学的重要研究课题。

语码转换涉及交际过程中的某种语言或语言变体的选择和转换应用的现象，反映了语言应用的政策、策略和功能。因此，语码转换既是语言现象，也是社会现象。甘柏兹和埃尔南德斯-查韦斯（Hernandez-Chavez）（1975）认为语码转换是表明交际双方关系改变的信号，彼此之间更为热情融洽、不拘礼节。盖尔（Gal，1988：247）也认为："Code-switching is a conversational strategy used to establish，cross or destroy group boundaries；to create，evoke or change interpersonal relations with their rights and obligations."（语码转换是一种会话策略，用于建构、跨越或摧毁群体边界，用于创造、唤起或改变人们之间的权利和义务关系。）例如，受过教育的美国黑人在与白人交流时会尽量使用标准变体语码，以便在经济和社会竞争中取得优势；而在与黑人交流时则会选择黑人英语变体语码，以表明黑人社会内部的团结以及同质性。然而，普法夫（Pfaff，1979）认为，语码转换是一种中立策略（strategy of neutrality）。

语码转换既是语言现象，也是社会现象。因此，目前对于语码转换的研究视域更加广泛，包括语言学、心理学、社会学、教育学、人类学、神经学和认知学等。

布洛姆和甘柏兹（1972）观察分析了说话人如何依据语言和社会制约选择不同言语行为模式。他们在挪威北部的赫姆内贝吉特（Hemnesberget）小镇开展了大概两个月的实地考察，发现当地居民在标准语博克马尔语（Bokmal）和方言拉纳马尔语（Ranamal）之间的转换有着固定的结构模式，而且还可以根据当地社会结构特点进行调整。他们发现，这些居民选择使用哪种语言进行交际并非取决于其语言能力，而是取决于各种社会因素，如种族、性别、年龄、社会经济地位等。在此基础上，布洛姆和甘柏兹区分了两种语码转换形式：情景语码转换（situational code-switching）和隐喻语码转换（metaphorical code-switching）。前者指因交际者权利和义务的不同而采取的语码转换，后者指交际过程中因主题（topic）变化而采取的语码转换。例如，一位老师在课堂面对学生时使用一种语码，而去菜市场买菜则使用另一种语码，交际情景发生了改变，这就是情景语码转换。如果一个说斯瓦希里语和英语的双语者，在与人讨论教育时用斯瓦希里语，而讨论种族歧视（racial prejudice）时则使用英语，这就是隐喻语码转换。

蒂姆（Timm，1975）把语码转换分为两种类型：隐喻转换（metaphorical switching）和情境转换（situational switching）。前者指语码转换行为受到个人的感情、文化和言语社团生活诸因素的影响，后者指语码转换是由说话者对相互间受社会情境所支配的权利和责任的理解上的变化而引发的。吉尼希（Genishi，1976）也把语码转换分为两种形式：情境语码转换（situational code-switching）和会话语码转换

（conversational code-switching）。前者涉及言语环境、话题和会话者对所谈论事件的感受等方面的某种变化，而后者则产生于单一言语活动中，两种语言可能混合在同一语句中传递单一信息——这种语码转换形式有点近似于语码混合。另外，吉尼希还注意到，成人和儿童言语模式的主要区别在于儿童会话语码转换的频率低于情境语码转换。

不过，麦克梅纳明（McMenamin，1973）却持有不同观点。他认为，双语者对语言的选择和转换是任意的，不受某种情景的限制。对于能够熟练使用两种语言的人而言，语码转换现象十分普遍。他观察了美国加利福尼亚的奇卡诺人（Chicanos）的语码转换现象，发现奇卡诺人在大多数情况下是频繁快速地从西班牙语转换到英语，而不是从英语转换到西班牙语。不过，麦克梅纳明只是关注了语码转换的物理行为（physical act），而忽略了所用语言的内部结构以及该双语社团成员的心理因素、社会规范因素等对于语码转换的影响。然而，麦克卢尔（McClure）和温茨（Wentz）（1975）对奇卡诺人的观察发现，话题对语言的选择具有很大的影响。比如，在谈论与家庭（如照看孩子、亲属相处、饮食准备等）有关的话题时多用西班牙语，而谈论体育、教育和美国节假日等话题时则多用英语，语码随话题的改变而改变。此外，社会环境（social setting）也可影响语言的选择，如在教室里主要讲英语，在体育场主要讲西班牙语，而在家中，由于家庭情况不同，或多讲英语，或多讲西班牙语。他们的这一研究成果为吉尼希（1976）语码转换形式的分类提供了佐证。

随着学科融合的发展，语码转换领域的研究吸引了社会学、人类学、心理学、认知学、神经学、语言学等多学科的加入，实现了跨学科研究。

2.4.3　语码混合

语码混合现象是指交际过程中使用两种及以上的语码。沃德霍（2000：103）提出："语码混合发生于精通使用两种语言并在一句话中从一种语码转换至另一种语码。"哈德森（2009：53）认为："语码混合指两个流利的双语使用者交谈时不需要任何形式的变化转换语言。"然而他们提出的概念界定与语码转换之间的界限并不清晰。

蒂姆（1975）指出了"语码转换"和"语码混合"之间的不同之处。他认为，前者在转换过程中存在着某些句法规则。换句话说，语码转换涉及一些模式化行为，但后者只是一个相对非正式的过程。人们习惯于把它同混合语（hybrid）和混杂语（pidgin）联系起来。也就是说，语码混合通常以一种语码为主，杂以其他语码，从而形成两种或多种语码的混合使用。例如，我今天早上吃了一个 apple、这里的 spa 不错的、你今天穿得好 cool 啊、整个场面我要 hold 住、我为××打 call 等。这些句子中混合了汉语和英语两种语言，其中，汉语为主要语言，辅以英语单词，有时会辅以英语短语。不过，语码混合现象是在交际双方共知的基础上产生的，如果听话者不知道 apple、spa、cool、hold 和 call 是什么意思，那么这些句子就毫无意义，交际双方就会出现交流失败。

学界对语码转换和语码混合有两种不同的观点。一些学者（如 Auer，1995，1998；Bokamba，1988；Hamers & Blanc，1982；Haust & Dittmar，1998；Kachru，1983；

Kamwangamalu，1989；Li，1996；Luke，1984；Morrow，1987；Sridhar & Sridhar，1980）认为语码转换与语码混合之间存在区别，他们的认知基础在于对被转换的语码的语言单位（linguistic units）或者说语言结构（linguistic structure）的理解。通常他们用语码转换来指称句间的转换（inter-sentential switching），用语码混合来指称句内的转换（intra-sentential switching）。也就是，说两种语言的人交流时，在同一话语中同时出现两种语言形式。所以语码转换发生在句子分界处（clause boundary），而语码混合发生在句子内部。这种区分无疑揭示了语码转换和语码混合在句子结构方面的差异，但是这种仅仅从结构和转换发生的位置来界定术语的做法往往无法面对所有的反例。正如李大卫所讲，“在（句间）语码转换和（句内）语码混用之间存在一个灰色区域”（1996：17）。所以说，这种区分在某些特殊的研究情景下（比如在寻求转换的语法限制方面）是有一定的意义的，但在研究转换的功能或心理动机时就没有必要了。正如迈尔斯-斯科顿（1995：36）所讲，“句间语码转换和句内语码混合的确牵涉到不同的语法限制，但是它们却有着相似的社会功能，所以它们属于同一框架”。

也有一些学者（如 Appel & Muysken，1987；Beardsomore，1986；Bhatia，1989；Clyne，1991；Grosjean，1988；Gumperz，1982；Lederberg & Morales，1985；McCormick，1998；Muysken，1995；Myres-Scotton，1998；Romaine，1988，1994；Verschueren，1999.）放弃了句间语码转换和句内语码混合的区别，这些学者也可以分成两类：一类用语码转换来概括句间语码转换和句内语码混合，大多数学者都属于这一类。比如维索尔伦（1999：119）认为语码转换表示语言或语码变化，是一个非常普通和受人青睐的策略。另一类用语码混合来囊括句间语码转换和句内语码混用（Grosjean，1995）。

上述这些学者对句间语码转换和句内语码混用不加区别，原因有二：首先他们认为没有必要做这样的区分，以免引起术语方面的混乱；其次是在研究这种语言现象的功能时就更不必要了。比如迈尔斯-斯科顿（1998：107）就不区分语码转换和语码混合，因为语码混合这个术语本身会引起迷惑，而且他认为没有必要再引入一个新的术语。另外还有一些学者对于语码转换和语码混合之间的区别不置可否，比如泰（Tay，1989）就似乎一方面承认句间语码转换和句内语码混合在理论上的区别，另一方面又认为它们之间没有明确的界限。

麦克卢尔和温茨（1975）则把语码转换进一步分为两类：“语码混合”（code-mixing）和“语码变化”（code-changing）。也就是说，他们认为语码混合是语码转换的子类，指的是通常发生在说话人一时难以用 language 1 的词语来表达某一概念，但用 language 2 的词语可以轻易做到时，也可指说话人所使用的 language 1 中缺乏表达某一概念的语汇，而在 language 2 中用以表达完全等同概念的语汇可信手拈来。比如在“语码混合”的句子“No van a aceptar a una mujer que can't talk business”中，由于西班牙语没有表达和英语在文化意义上相对应的语汇，“can't talk business”就自然插入，产生了语码混合现象。从上例也可看出，语码转换发生在 language 1 的语言基本框架中结构成分的交界处。而“语码变化”是指两种语言在主要的结构成分平面上交替使用，如名词短语、动词短语、从句等，而且所有的功能词，甚至形态、句法都完全随之而变。

课题研究

（1）新闻报道中的语言性别歧视现象
（2）网络语中的语码混用及其修辞价值
（3）××方言语法研究/韵律特征研究
（4）××方言中介词的语义演变研究
（5）语言接触视角下的××方言研究
（6）语言接触与××少数民族语言的汉借词研究
（7）方言接触下的××方言词汇研究
（8）地理语言学视角下××方言接触研究
（9）“一带一路”倡议下东南亚/中东/中亚国家语言政策与规划研究
（10）汉语问候语演变研究

文献阅读

一、外文文献

AUER P，1998. Code-switching in conversation：language，interaction and identity [M]. London and New York：Routledge.

COATES J，1998. Women，men and language [M]. London and New York：Longman.

HERNANDEZ A，2009. Language switching in the bilingual brain：What's next? [J]. Brain and language（2—3）：133—140.

WEINREICH U，1953. Languages in contact：findings and problems [M]. New York：Linguistic Circle of New York.

二、中文文献

高军，戴炜华，2000. 语码转换和社会语言学因素 [J]. 外国语（上海外国语大学学报）（6）：16—21.

何自然，于国栋，2001. 语码转换研究述评 [J]. 现代外语（1）：85—95.

刘雪芹，2013. 译本中的语码转换：一种语境化信号——以《论语》英译为例 [J]. 中国外语（4）：99—107.

于国栋，2000. 语码转换的语用学研究 [J]. 外国语（上海外国语大学学报）（6）：22—27.

周民权，2013. 国内俄汉语界社会性别歧视研究探微 [J]. 西安外国语大学学报（3）：1—9.

参考文献

一、外文文献

AITCHISON J，1994. Words in the mind：an introduction to the mental lexicon [M]. Oxford：Basil Blackwell.

APPEL R，MUYSKEN P，1987. Bilingualism and language contact [M]. London：Edward Arnold.

AUER P，1995. The pragmatics of code-switching：a sequential approach [M] // MILROY L，MUYSKEN P (eds.). One speaker，two languages：cross disciplinary perspective on code-switching. Cambridge：Cambridge University Press.

AUER P (ed.)，1998. Code-switching in conversation：language，interaction and identity [M]. London：Routledge.

BAKKER P，1992. A language of our own：the genesis of Michif，the mixed Cree-French language of the Canadian Métis [D]. Amsterdam：University of Amsterdam.

BERSTEIN B，1971. Class，codes and control，Volume 1 [M]. London：Routledge & Kegan Paul.

BHATIA T K，1989. Bilinguals' creativity and syntactic theory：evidence for emerging grammar [J]. World Englishes (8/3)：265－276.

BICKRTON D，1981. Roots of language [M]. Ann Arbor：Karoma Publishers.

BLOM J-P，GUMPERZ J J，1972. Social meaning in linguistic structure：code-switching in Norway [M]. London：Routledge & Kegan Paul.

BLOOMFIELD L，1933. Language [M]. New York：Henry Holt.

BOKAMBA E，1988. Code-mixing，language variation，and linguistic theory：evidence from Bantu languages [J]. Lingua (76)：21－62.

BREND R，1975. Male-female intonation patterns in American English [M] // THRONE P，HENLEY R (eds.). Language and sex：difference and dominance. Rowley，MA：Newbury House，33－37.

CHESHIRE J，GARDNER-CHLOROS P，1998. Code-switching and the sociolinguistic gender pattern [J]. International journal of the sociology of language (18)：69－81.

CLYNE M. 1991. Language and society in the German-speaking countries [M]. Cambridge：Cambridge University Press.

COATES J，1998. Women，men and language [M]. London：Longman.

COOK J A，1971. An inquiry into patterns of communication and control between mothers and their children in different social classes [D]. London：London University.

FERGUSON C A，1959. Diglossia [J]. Word (15)：325－340.

FERGUSON C A, 1971. Language structure and language use [M]. Stanford: Stanford University Press.

FISHMAN J A, 1981. Language policy: past, present, and future [M] // FERGUSON C A, HEATH S B (eds.). Language in the USA. Cambridge: Cambridge University Press.

FISHMAN J A, 1983. Advances in the Study of Societal Multilingualism [M]. The Hague: Mouton.

FRANCIS W N, 1983. Dialectology: an introduction [M]. London: Longman.

FREED A F, GREENWOOD A, 1996. Women, men, and type of talk: what makes the difference? [J]. Language in society (25): 1—26.

FROMKIN V, RODMAN R, 1983. An introduction to language [M]. New York: Holt, Rinehart and Winston.

GAL S, 1988. The political economy of code choice [M] //HELLER M (ed.). Codeswitching. Berlin: Mouton de Gruyter.

GENISHI C, 1976. Rules for code-switching in young Spanish-English speakers [D]. Berkeley: University of California.

GINGRAS R. 1976. Problems in the description of Spanish-English intrasentential code-switching [J]. Southwest areal linguistics (7): 92—115.

GROSJEAN F, 1988. Exploring the recognition of guest words in bilingual speech [J]. Language and cognitive processes (3): 233—274.

GROSJEAN F, 1995. A psycholinguistic approach to code-switching: the recognition of guest words by bilinguals [M] //MILROY L, MUYSKEN P (eds.). One speaker, two languages: cross-disciplinary perspectives on code-switching. New York: Cambridge University Press.

GROSJEAN F, 1997. The bilingual individual [J]. International journal of research and practice in interpreting (1): 163—187.

GUMPERZ J J, 1962. Types of linguistic communities [J]. Anthropological linguistics, 4 (1): 28—40.

GUMPERZ J J, 1968. The speech community: international encyclopedia of the social sciences [M]. London: Macmillan.

GUMPERZ J J, 1971. Language in social groups [M]. Stanford: Stanford University Press.

GUMPERZ J J, 1982. Language and social identity [M]. Cambridge: Cambridge University Press.

GUMPERZ J J, HERNANDEZ-CHAVEZ E, 1975. Cognitive aspects of bilingual communication [M] //HERNADEZ-CHAVEZ E, COHEN A, BERGAMO A (eds.). El lenguaje de los Chicanos. Arlington, VA: Center for Applied Linguistics.

GUMPERZ J J，WILSON R，1971. Convergence and creolization：a case from the Indo-Aryan/Dravidian border in India [M] //GUMPERZ J J (ed.). Language in social groups. Stanford：Stanford University Press.

HALL R A，1972. Pidgins and creoles as standard languages [M] //PRIDE J B，HOLMES J (eds.). Sociolinguistics：selected readings. Harmondsworth，England：Penguin Books.

HALLIDAY M A K，1972. Explorations in the functions of language [M]. London：Edward Arnold.

HALLIDAY M A K，1997. Language in a social perspective [M] //COUPLAND N，JAWORSK A (eds.). Sociolinguistics：a reader and coursebook. London：MacMillan Press Ltd..

HAMERS J，BLANC M，1989. Towards a social psychological model of bilingual development [M] //NELDE H G (ed.). Theorie，methoden und Modelle der Kontaktlinguistik. Bonn：Dummlers Verlag，131—144.

HAUGEN E，1956. Dialect，language，nation [J]. American anthropologist (68)：922—935.

HAUGEN E，1966. Language conflict and language planning：the case of modern Norwegian [M]. Cambridge，Mass：Harvard University Press.

HAUST D，DITTMAR N，1998. Taxonomic or functional models in the description of codeswitching? Evidence from mandinka and Wolof in African contact situations [M] //JACOBSON R (ed.). Codeswitching world (Trends in linguistics：studies and monographs). Berlin，New York：Mouton de Gruyter.

HOCKETT C，1958. A course in modern linguistics [M]. New York：Macmillan.

HOLMES J，1992. An introduction to sociolinguistics [M]. London：Longman.

HOLMES J，1998. Women，men and politeness [M]. London：Longman.

HOLM J，1988. Pidgins and creoles [M]. Cambridge：Cambridge University Press.

HUDSON A，1996. Sociolinguistics [M]. Cambridge：Cambridge University Press.

HUDSON R A，2009. Sociolinguistics [M]. Beijing：Foreign Language Teaching and Research Press.

HYMES D H，1972. On communicative competence [G]. PRIDE J B，HOLMES J (eds.). Sociolinguistics：selected readings. Harmondsworth，England：Penguin Books，269—293.

HYMES D H，1974. Foundations in sociolinguistics：an ethnographic approach [M]. Philadelphia：University of Pennsylvania Press.

JESPERSEN O，1922. Language：its nature，development and origin [M]. New York：W. W. Norton.

KACHRU B B，1983. The other tongue [M]. Oxford：Pergamon Press.

KAMWANGAMALU N，1989. Some morphosyntactic aspects of French/English-

Bantu code-mixing：evidence for universal constraints [C] //Parasession on language contact：regional meeting of the Chicago linguistic society. Chicago：Chicago Linguistic Society，157—170.

KAMWANGAMALU N，1992. "Mixer" and "mixing"：English across cultures [J]. World Englishes，11 (2)：173—154.

LABOV W，1972. Language in the inner city：Studies in the black English vernacular [M]. Philadelphia：University of Pennsylvania Press.

LABOV W，1975. What is a linguistic fact [M]. Lisse：The Peter de Ridder Press.

LAKOFF R，1973. Language and woman's place [J]. Language in society (2)：45—80.

LAKOFF R，1975. Language and woman's place [M]. London：Cambridge University Press.

LEDERBERG A R，MORALES C，1985. Codeswitching by bilinguals：evidence against a third grammar [J]. Journal of psycholinguistics，14 (2)：113—136.

LI D，1996. Issues in bilingualism and biculturalism：a Hong Kong case study [M]. New York：Peter Lang.

LUKE K，1984. Literacy，textbooks and ideology [M]. Brighton：Falmer Press.

LUKE K，1998. Why two languages might be better than one：motivations of language mixing in Hong Kong [M] //PENNINGTON M，(ed.). Language in Hong Kong at century's end. Hong Kong：Hong Kong University Press，145—159.

LYONS J，1970. New horizons in linguistics [M]. Harmondsworth，England：Penguin Books.

MCCLURE E，WENTZ J，1975. Code-switching in children's narratives [C]. Paper presented at the Mid-American Linguistics Conference.

MCCORMICK K M，1998. Code-switching and code-mixing [J]. Creative education，7 (7)：277-301.

MCMENAMIN J，1973. Rapid code-switching among Chicano bilinguals [J]. Orbis (22)：474—487.

MORROW P R，1987. The users and uses of English in Japan [J]. World Englishes，6 (1)：49—62.

MUYSKEN P，1995. Creole tense/mood/aspect systems：the unmarked case? [M] //MUYSKEN P (ed.). Generative studies on creole languages. Cinnaminson：Foris Publications.

MUCKAY S L，HORNBERGER H N，1996. Sociolinguistics and language teaching [M]. London：Cambridge University Press.

MYERS-SCOTTON C，1988. Code switching as indexical of social negotiations [M] //HELLER M (ed.). Code-switching. Berlin：Mouton De Gruyter，151—186.

MYERS-SCOTTON C，1993. Social motivations for code-switching：evidence from Africa [M]. New York：Oxford University Press.

MYERS-SCOTTON C，1993. Common and uncommon ground：social and structural factors in codeswitching [J]. Language in society (3)：475—503.

MYERS-SCOTTON C，1995. Social motivation for code-switching [M]. Oxford：Clarendon.

MYERS-SCOTTON C，1998. A way to dusty death：the matrix language turnover hypothesis [M] //GRENOBLE，A，WHALEY J (eds.).：Language loss and community response. Cambridge：Cambridge University Press，289—316.

PFAFF C，1979. Constraints on language mixing [J]. Language (55)：291—318.

REYNOLDS，K A，1990. Female speakers of Japanese in transition [M] //IDE S，MCGLOIN N (eds.). Aspects of Japanese women's language. Tokyo：Kuroshio Shuppan，1—17.

ROMAINE S，1988. Pidgin and creole languages [M]. London：Longman.

ROMAINES，1994. Language in society：an introduction to sociolinguistics [M]. Oxford：Oxford University Press.

RUBIN J，1968. National bilingualism in Paraguay [M]. The Hague：Mouton.

SALISBURY R F，1962. Notes on bilingualism and linguistic change in New Guinea [J]. Anthropological linguistics，4 (7)：1—13.

SAMARIN W J，1968. Lingua francas of the world [M] //FISHMAN J A (ed.). Readings in the sociology of language. The Hague：Mouton，660—672

SAPIR E，1921. Language：an introduction to the study of speech [M]. New York：Harcour Brace and Company Press.

SAPIR E，1929. The status of linguistics as a science [J]. Language (5)：207—214.

MILLS S，2008. Language and Sexism [M]. London：Cambridge University Press.

SCHULZ M，1975. The semantic derogation of woman [M]. New York：Thorne and Henley.

SCOTTON C M，1983. The negotiation of identities in conversation：a theory of markedness and code choice [J]. International journal of the sociology of language (44)：115—136.

SMITH P M，1979. Sex markers in speech [M] //SCHERER K R，GILES H (eds.). Social markers in speech. Cambridge：Cambridge University Press.

SORENSE A P，1971. Multilingualism in the northwest Amazon [J]. American anthropologist (69)：670—684.

SRIDHAR K K，1996. Societal multilingualism [M] //MCKAY S L，HORNBERGER N H (eds.). Sociolinguistics and language teaching. Cambridge：Cambridge University Press.

SRIDHAR S N, SRIDHAR K, 1980. The syntax and psycholinguistics of bilingual code-mixing [J]. Canadian journal of psychology (34): 407-416.

TAKAHARA K, 1991. Female speech patterns in Japanese [J]. International journal of the sociology of language (92): 61-85.

TANNEN D, 1990. You just don't understand: women and men in conversation [M]. New York: William Morrow.

TAYLOR D M, 1951. Structural outline of Caribbean creole [J]. Word (7): 43-59.

TIMM L, 1975. Spanish-English code-switching: EI porque y how-not-to [J]. Romance philology (28): 473-482.

TRUDGILL P, 1983. On dialect: social and geographical perspectives [M]. Oxford: Basil Blackwell.

TRUDGILL P, 1995. Sociolinguistics: an introduction to language and society (new edition) [M]. New York: The Penguin Group.

VERSCHUEREN J, 1999. Understanding pragmatics [M]. London and New York: Arnold.

WAKELIN M F, 1977. English dialects: an introduction [M]. London: The Athlone Press of the University of London.

WARDHAUGH R, 2000. Proper English: myths and misunderstanding about language [M]. Oxford: Blackwell.

WARDHAUGH R, 2010. An introduction to sociolinguistics [M]. Beijing: Foreign Language Teaching and Research Press.

WEINREICH U, 1953. Languages in contact: findings and problems [M]. New York: Linguistic Circle of New York.

WENTZ J, MCCLURE E, 1975. Aspects of the syntax of the code-switched discourse of bilingual children [C]. Paper presented at the Mid-American Linguistics Conference.

WEST C, ZIMMERMAN D H, 1991. Doing gender [M] //LORBER J, FARRELL S A (eds.). The social construction of gender. London: Sage, 13-37.

YULE G, 2000. The study of language [M]. Beijing: Foreign Language Teaching and Research Press.

二、中文文献

戴炜华，2019. 语言接触漫语 [J]. 上海理工大学学报（社会科学版），41（3）：235-242.

何自然，于国栋，2001. 语码转换研究述评 [J]. 现代外语（1）：85-95.

蓝纯，2007. 语言导论 [M]. 北京：外语教学与研究出版社.

李经纬，陈立平，2004. 多维视角中的语码转换研究 [J]. 外语教学与研究，36（5）：337-343.

潘建，2001. 英汉语言性别歧视的比较研究［J］. 外语与外语教学，143（3）：14－16.
王学信，2005. 性别歧视在英语使用中的反映［J］. 山东外语教学（4）：34－37.
张有，2001. 交际语、洋泾浜语和克里奥尔语［J］. 内蒙古师大学报（哲学社会科学版），30（6）：81－83.
周民权，2014. 俄汉社会性别语言的语用对比分析研究［M］. 北京：北京大学出版社.
祝畹瑾，2013. 新编社会语言学概论［M］. 北京：北京大学出版社.

第 3 章　语言、认知与文化

3.1　认知的概念

认知有广义和狭义之分。广义的认知是指人们获得知识或应用知识分析、解决问题的过程，即信息输入和输出之间发生的心理过程。它包括感觉、知觉、记忆、思维、想象和语言等。狭义的认知指人不仅能直接感知个别、具体的事物，认识事物的表面联系和关系，还能运用头脑中已有的知识和经验去间接概括地认识事物，揭露事物的本质及其内在的联系和规律，形成对事物的概念，进行推理和判断的高级思维能力。简单来说，认知就是我们的思维模式，即所有人类行为的内在逻辑。人的思维和认知能力与人的认识过程是密切相关的，可以说是人的认识过程的一种产物。人类的思维有 3 种基本过程：①问题解决：这是人类思维的最基本的形式，指采用启发式、手段－目的分析法和计划过程法等策略解决具体问题。②模式识别能力：人要建立事物的模式，就必须认识各元素之间的关系，如等同关系、连续关系等。根据元素之间的关系，就可构成特定模式。③学习：人在生活过程中，通过阅读、听讲、思考、研究、实践等途径获得经验，进而产生行为或行为潜能的相对持久方式（刘爱伦，2002）。人的认知能力在持续的学习和体验过程中反复锻炼和升级，认知能力会直接决定我们的日常选择、发展路径乃至人生高度。

认知问题关乎人类的思维过程和心智机制，是一个世界性的课题，也是哲学和语言学的重要研究内容。

从古至今，心智问题一直是困扰哲学家的一个根本问题，物质和心智的本质及其相互关系是哲学史上的一个中心问题。例如笛卡尔（Descartes）提出了“身心二元论”，他的著名命题“我思故我在”探索了人类心和身之间存在的因果关系。在心智问题的发展历程中，几乎每次关于其基本原理和研究进路的论战，都能看到哲学家的身影。哲学的专业训练和素养使得哲学家在概念和逻辑分析、论证和解析、理论整合等方面具有得天独厚的优势，因而能够在关于心智基础问题的讨论中大显身手，为其所青睐的学说或研究进路进行强有力的辩护。

20 世纪后半叶以来，心智哲学逐渐取代语言哲学而成为西方哲学的核心。20 世纪后期，分析哲学内部发生了鲜明的认知转向，哲学的研究范式、进路和视阈随之发生嬗变，这直接导致了分析哲学的重心由语言哲学转向了心灵哲学（朱宝荣，2004）。心智哲学是在认知科学发展的背景下重新建构的哲学理论，旨在探索人类心智的本质与其内在的工作原理、机制和心理过程。心智哲学和认知科学渐趋渗透并相互融合，二者紧密相关。前者将认知科学的研究范式作为自身着力的支撑点，追问探究人类的心智、意识之奥秘以及心智、意识同身体，尤其是同大脑之间的关系（徐盛桓，2010）。新的认知科学纲领的出现，以多种方式为哲学研究人类认知的整个领域敞开了大门。认知科学由那些包括反对在心理学上坚持行为主义的哲学家，连同心智认知心理学家、语言学家、人类学家和计算机科学家这一跨学科群体所创造。当今哲学研究中最活跃最富有成果的，大体上都属于认知科学的知识领域。

传统语言观认为自然语言具有独立于人的思维和运用之外的客观意义，词语也具有明确的、能客观描述现实的语义；物体有其独立于人之外的内在特性，语言就是表现其特性的外在符号；语言是封闭的、自足的体系。而当代语言学重点关注人类心智与语言之间的关系，认为语言是思维的物质外壳，是表达思想的工具，语言的最重要的性质是基于心智的。因此，意义和意向性是先于语言的心智能力，在能够阐明语言的性质之前，必须将先于语言的心智能力搞清楚。语言依赖于心智，甚于心智依赖于语言。其中，认知语言学是一门以身体经验和认知为出发点，以概念结构和意义研究为中心，寻求语言事实背后的认知方式，并通过认识方式和知识结构等对语言做出统一解释的新兴的、跨领域的学科。它力图通过认知和功能来解释语言现象。认知语言学认为人类的心智、思维和概念是通过自身作为认知主体的涉身体验固定下来的，其系统发展的结果是人的语言的形成。换言之，人的身体经验产生了心智，人的心智和认知反映了现实世界并体现在语言表征中，现实、认知、语言是依次决定的关系。同样地，解释语言意义必须参照人的认知过程和心理表征，只有将语言形式提供的线索与人的认知范畴和概念系统结合，才会建构出语言意义（语义）。因为语义是范畴化和概念化的结果，要对语义进行描写就离不开人的认知系统（文旭，2014）。概言之，语言学研究的目的是解释人类语言行为的心理结构和心理过程，揭示语言行为背后的认知规律。因此，语言学可被视为认识人类、认知奥秘的工具。

3.2 文化的概念

文化，从字面意思解读，“文”就是“记录、表达和评述”，“化”就是“分析、理解和包容”。广义的文化，是人类在社会历史实践过程中所创造的物质财富和精神财富的总和。狭义的文化就是在一定的物质、生产方式的基础上发生和发展的社会精神生活形式的总和。一般观念认为，文化本质上是一种社会现象，它是由人类长期创造形成的产物，同时又是一种历史现象，是人类社会与历史的积淀物。概括而言，文化包括一切能够被传承的民族、国家或一定社会群体的历史、地理、风土人情、传统习俗、生活方式、文学艺术、行为规范、思维方式、价值观念等。它无不蕴含某类特定社会群体深厚的认知心理沉淀，具有强烈的民族心理性和地域文化性特征（司马云杰，2011）。它是人类相互之间进行交流并普遍认可的一种能够传承的意识形态，是对客观世界感性上的知识与经验的升华。文化具有多重特性，如创造性、象征性、共享性、变迁性、复合性和多样性等。由于文化具有多样性和复合性，很难给文化下一个准确清晰的定义，文化研究时常结合很多其他学科的方法论，人类学、社会学和心理学都试图从各自学科的角度来阐释文化的内涵。

人类学旨在综合研究人类的生物特征和文化特征，并且特别强调文化与人类生活的密不可分性及人类的种族文化差异性。相关研究从人类生物性和种族性的视角出发，在三个层次上对其进行了界定：作为一种演化论的定义，文化指的是人与动物的区别以及人类史几百年来人类特征的演进过程；作为一种描述性概念，文化指的是一个人群所积累的思想、传统、风俗、习惯、技艺和工艺成果的总和，因而也指某一群体区别于其他群体的东西；作为一种生活方式，文化指的是人们的信仰、价值观念及规范及其所体现的社会行为的总和（林惠祥，2017）。人类学认为文化并不是孤立存在的，不同群体的地方文化所反映的是它们各自在更大体系中所占据的经济与政治地位。人类群体通过相互之间的互动来建构他们的文化。

人类学视角下的文化研究有以下三种基本观点：

（1）文化相对论。任何一种文化都必须依据它所依赖的文化结构以及它所属的价值系统的关系来判断和解释。由于每一种文化都是一个独立的体系，不同文化的价值体系是无法直接相比较的，每一种文化只能按照其自身的标准和价值观念进行判断。

（2）文化普同观。人类学的核心命题是人性一致及人性需求一致，但解决此需求的手段具有多样性，也称之为普同性。因此，文化内外环境相似的民族会产生或崇尚相似的文化反应，而文化的不同部分也同样具有所有文化的共性。

（3）文化自观/主位观。人类学强调考察文化研究应站在此文化持有者的角度，熟悉他们的知识体系和概念话语意义，通过深入参与观察去解释他们的文化。同时，也要求研究者以文化外来观察者的身份对其文化行为的原因和结果进行阐释。

作为人类学的一个重要分支，文化人类学将文化视为有意义的科学概念，探讨作为社会存在的人的文化行为模式和共同文化心理程序，而非通过遗传所传递下来的行为形式。在此基础上探究各民族和各地区、社区的文化，并比较其异同，分析这种异同的产生原因，认识这种异同存在的意义，并借此揭示人类文化的本质，探讨文化的起源和演变规律。文化人类学与社会学关系密切，但是文化人类学更注重研究各个民族之间不同文化的差异。由于文化人类学发源于西方，因此早期的文化人类学主要研究非西方社会和地区的文化。

文化是社会的产物，任何文化都不能脱离社会及社会化的人的存在。社会学是系统地研究社会行为与人类群体的学科。社会的文化结构主要指以社会意识形态为主要内容的观念体系，而社会文化是社会意识形态的外在表现，具有复杂性和多样性。社会学的研究目标包含了对这些表现的观察、解构、分析。美国著名文化社会学家崔文·克里斯坦森（Driven Kristiansen，2008）指出，文化的产生是社会功能的需要，文化的本质在于维护社会规范。文化是社会结构体系的价值工具，因此，文化功能的发挥受各种社会结构层次的制约，文化体系不仅决定人的价值观念，也构成人的行为准则。

社会学研究认为文化的演进始于以下几个社会阶段：300 万年前（早期工具）、100 万～300 万年前（社会组织）、1 万年前（农业生产）、5000 年前（国家体系）、17 世纪（工业文化）。文化由四项因素构成：符号（群体表达意义和交换储存信息的行为，如象征物、言语和文字）、规范（群引导或制约群体成员行动的规则，如习俗、民德和法律）、价值观（群体成员共有的价值判断的倾向和观念，影响着社会理想、目标和行动方式）、生计模式（群体成员维持生活的基本方式，由生产和生活方式决定）。文化的形式可分为以下几类：主流文化、亚文化与反文化（依据文化在社会中的地位、影响和作用），精英文化、大众文化与流行文化（依据文化创造者），高雅文化与民间文化（依据文化评价标准），传统文化与现代文化（依据时序性）。文化大体上具有四项功能：适应策略（人们创造的文化为社会成员适应社会环境和生存提供各种策略）、传承文明（人类创造的文明成果是以文化为载体而不断积累和传承的）、整合社会（文化为社会成员整合成一个提供了符号价值和规范认同基础的有机系统）、促动变迁（文化本身也是一种动态系统，文化的变迁也促进着社会的变迁和发展）。

文化社会学是社会学的一个重要分支学科，主要研究文化产生和发展的特殊规律与社会作用。它既以社会历史和现实中客观存在的文化现象为直接研究对象，同时也旨在加深对社会的系统认识。文化社会学认为，文化具有阶级属性。合群是人类的社会属性，人们依据不同的社会关系和文化模式结成了不同的社会群体和阶层。一般来说，社会群体越小，其封闭性越强，文化的共同意识也就越容易产生。研究一个社会的文化，只有深刻了解不同的制度性群体阶层，才能认识整个社会文化的性质和特征［英格利斯(Inglis，2003)］。文化社会学与文化人类学既有联系，又有区别。文化人类学也研究现代社会文化，但着重研究文化对人类自身发展的影响，不像文化社会学着重研究文化本身的发展规律及其社会功能。换言之，文化人类学侧重于描述不同文化情境中人的行为，而文化社会学侧重从不同社会文化结构中对人的文化行为给予阐释。

20 世纪 60 年代以来，文化受到了心理学研究的广泛关注。文化既是一种复杂化的存在，同时也是一种多元化的存在。文化的多元化和心理的多样化已经成为心理学界的共识，也成为文化心理学研究的前提。心理学家承认文化活动和心理现象彼此依存，两者相互建构。心理生活具有文化的性质，而文化又是心理生活的体现。文化活动是心理现象实践的客观基础，而心理现象在实践中被构筑，具有相应的意义、结构和功能。心理现象不是封闭的、自足的，而是开放的、建构的。心理内容的开放性决定了人类心理必然是社会文化中的存在，而心理活动的建构性则决定了人们能够体验并改造自己的心理生活。因此，人类的心理生活表现为人与文化的互相创生过程。

现实文化的形成是长期以来人与环境互动以及时空上的差异的结果，它代表人类适应周围环境的一种生存样态和可能性。从地域上看，无论其范围是一个民族、一个地域或是一个社区，文化的序列颇为繁多。文化的多样性揭示了文化以其一定范围内的文化性质和文化生态特征而有别于该文化界限以外的世界。人的心理与文化历史背景的创造性生成决定了人的心理不能脱离文化，而只能与文化相生相伴。换言之，每一种文化，都观照着特定的心理样式。文化的多样性，决定了人的心理样式的多样性与差异性。

近年来，文化心理学是心理学的最新研究领域之一，它是研究文化传统与社会活动的调整、表达、传递以及渗透与影响人类心理生活方式的学科，涉及主观与客观、自我与他人、心理和文化、个人与生活环境等诸多领域的内容，其目的在于揭示文化和心理之间的相互整合机制。文化心理学有两个最基本的前提：人类的生活受制于自身所生活的社会文化情境，文化本身又是人类创造性活动的结果。文化心理学主张把人类心理置于具体的文化、历史、实践框架中加以理解，反对研究对象的孤立化、客观化，强调心理的文化历史性。也就是说，对人类心理与行为研究不能脱离具体社会文化去理解。一方面，社会文化是历史文化传统的表现，具有历史传承性与被给予性；另一方面，个人文化是个体生活历程的表现，具有主观建构性与可理解性。因此，研究者应重视对于社会文化历史线索的关注，重视心理现象发生的背景与环境。

文化心理学主张采用解释学方法、民族学方法等多元研究方法，从与主流心理学对比的角度来看，文化心理学的突出特点是广泛地采用了质性研究方法。文化心理学家甚至于力图建立质化的文化心理学研究方法。文化心理学家拉波夫（1992）认为，基于对心理学研究对象之特殊性的分析，传统的实证方法无力支持心理学研究体系，实证方法应该从属于质的研究方法。具体来说，质化文化心理学研究方法与传统实证方法的不同之处主要在于：关注社会文化历史线索，重视心理现象发生的背景与环境；研究者的价值涉入与文化显现的关涉较多，重视研究者的立场体现与角色反思；侧重对被试反应的意义解释与文化挖掘，重视被试对文化的主观建构与个人理解。总体而言，文化心理学强调在现实生活中和自然情境下研究个体与自然、社会环境中各种因素的相互作用，从而揭示心理发展和变化的规律。由于是在真实的文化语境中进行研究，可以保证研究结果具有相对较高的生态效度。

3.3　Sapir-Whorf 假说

20世纪初美国语言学家沃尔夫（1949）在其著作《论语言》中论述了语言与思维的关系。他提出人类的每一种语言都有独特的模式和形式，不同的语言结构会影响该语言使用者的思维习惯，导致他们用不同的方法去观察世界，从而对世界产生不同的认识。因此，语言不但是思维的工具，而且也强烈地影响和制约着思维。其学生萨丕尔进一步详细论证了他的观点，认为每个语言的背景体系（即语法）不仅仅是概念的加工工具。其实，语法本身的形态就规范了概念的形成，使用不同语言的人们在头脑中形成的关于客观世界的图像是各异的。两者的语言理论后来被合称为“萨丕尔-沃尔夫假说”(Sapir-Whorf Hypothesis)。

这一假说的实质是对语言反映现实还是创造现实这一问题的解释，其观点归结起来有两点：语言因其自我成形的能力而能决定人们对世界的认识，是形成人们世界意象的积极因素，这叫语言决定论；不同的语言不能完全描述同一个社会的现实，世界意象因人们赖以思维的语言体系的差异而有所不同，这是语言相对论（陈光明，2011）。

语言决定论认为，由于人们观察和感知世界的过程是通过语言来实现的，人们观察和感知客观世界的方式取决于语言的词汇结构，人们的思想在很大程度上是由语言决定的。因为一个人只能根据其母语中编码设定的范畴和区别定义来认识世界，一个人的思维完全由母语决定。语言相对论则表明，语言结构有无限的多样性，因此，一种语言系统中所编定的范畴类别和区分定义为该语言系统所独有，与其他语言系统中所编定的范畴类别和区分定义不同。语言相对论实际有两层引申含义：一层意思是，一种文化中的内容只能用该文化中的语言才能得到充分表达；另一层意思是，发源于某一文化中的概念，如果用另一种文化中的语言去阐释，意思就会有所不同，至少在人们心目中唤起的意象各异。

萨丕尔－沃尔夫假说描述了两种类别：强假说与弱假说。强假说认为语言决定思维、信念、态度等，语言限制并决定了认知的全部范畴；而弱假说相对更为灵活，弱假说认为，语言中的结构和我们平时习以为常的语言用法，可能会对我们的一些思维方式和日常行为产生一定程度的影响。语言会因其语法结构以及词汇上的特点，潜移默化地影响到其使用者，一定程度上会改变其思维方式或行为模式。强假说指的是这一理论的初始假说，即强调语言在塑造我们的思维方式过程中起到了决定性作用。弱假说则是初始假说的修正形式，即认为语言、文化和思维之间有相关性，但是产生不同思维方式的跨文化差异只是相对的，而不是绝对的，即思维相对于语言而存在。目前学界普遍认为强假说过于偏激，而弱假说则越来越被语言心理学家认可。“语言结构决定人类思维”的相关理论是萨丕尔－沃尔夫假说的强假设的延续，已经基本被否定掉了。例如，名词的性别并不决定着名词所代表的事物真的拥有性别，语言里缺失“左”和“右”的词汇也并不代表着以此为母语者就无法在现实生活中区分左右。语言一定会影响人的思维，但人类思维具有一种被社会环境赋予的特定逻辑方式，社会环境才是决定思维方式的关键，语言只是其中之一。但是，对于萨丕尔－沃尔夫假说的弱假设，也就是“语言使用影响人类行为”这一点，一系列意图验证这一假设的实验都有了支持它的结果，最经典的实验当属相对位置的表述和颜色的辨认：母语中强调“东西南北”的人更倾向于使用绝对方向进行描述，而母语里经常使用相对方向的人则会以“前后左右”作为描述的基准；人们在为颜色命名的时候，往往会对母语里有相应单词的颜色做出更快的判断，而蓝和绿的界限是最难判断的，因为在很多语言里，它们会用同一个单词泛指这两种颜色。这么看来，母语在词汇上、结构上出现的区别，的确会在某些方面影响到人类的行为。

萨丕尔－沃尔夫假说的核心，在于探讨语言对思维和文化所具有的决定性作用。这使得它不仅在语言学领域（包括人类语言学、社会语言学、认知语言学、人类文化语言学，甚至于神经语言学），而且在人类学、心理学、民族学、社会学、哲学以及一些自然科学学科领域都产生了深远的影响。换言之，假说中的语言与文化、语言与认知的关系是许多学科研究无法回避的问题。人们对此假说进行不同侧面、不同视角、不同学科的研究，得出的结论不尽相同。有的相互抵触，有的相互联系，互相支持，但总的来说，这些研究和跨学科性研究有助于探索假说的纵横发展（刘润清，2013）。

萨丕尔－沃尔夫假说也促进了新型的研究视角和研究方法的产生。兴起于英国的批评语言学和在我国发展起来的文化语言学是较为显著的实例。批评语言学旨在通过对各种文本特别是大众文本的分析，揭示语言、权利和意识之间的关系，从而提高人们的语言意识。沃尔夫假说也是批评语言学的重要理论支柱之一。在接受语言制约并影响思维的基础上，学者们又对这一论点进行了实用性的解释，认为思维是通过语言来感知外部世界的，而语言并非一个透明的中介，它可以歪曲现实，从而影响并控制思维，控制人们对世界的主观体验。

20世纪80年代中期在我国兴起的文化语言学也把萨丕尔-沃尔夫假说的论点作为自己的理论基础之一。在对自《马氏文通》以来中国现代语言学的传统和发展反思之后，一些学者认为，我们对语言的看法和研究都存在着严重的片面性，把语言单纯看作工具或形式系统，专注于结构描写和形式化的研究，忽略了语言属性中人文性的一面。他们主张语言研究，特别是汉语研究必须与相关的文化相结合（顾嘉祖，2002）。文化语言学在其发展过程中形成了几个流派。其中影响最大的“文化认同派”持与萨丕尔-沃尔夫假说极为接近的观点，即语言结构制约着民族的集体无意识，语法和语言表达方式体现一个民族的世界观、思维样式及文化心理。萨丕尔-沃尔夫假说启示我们，关于语言、思维、认知之间的研究成果不一定具有普遍性，需要结合特定的语言事实来看待。

3.4　认知社会语言学

认知社会语言学兴起于20世纪90年代末，侧重于研究认知的社会文化语境制约性，主要关注特定社会文化语境中的语言变异，并在该文化的认知模式中探讨语言变异的理据。认知社会语言学就是在传统认知语言学上加了社会语码这个维度，社会语码涉及语言核心地位方面的内容。我们在什么场合、以什么样的方式说话都会受到各自文化的牵引和对传统方式认知的固有概念的影响。认知社会语言学是认知语言学和社会语言学的结合，它是把认知语言学中的涉身体验性与社会语言学中社会文化制约下的语言变异性相融合的交叉研究，是一个较为新兴的领域。一方面，涉身假设一直是认知语言学的核心命题，认知语言学家认为语言意义源自人类对客观世界的涉身体验，是人类认知的产物，并受到社会和文化认知发展的制约。换言之，任何语言符号所表征的意义都是源于人类的各种物理和社会涉身体验。一直以来，认知语言学家都把发现语言事实背后系统性、普遍性的人类认知路径规律作为自己的历史使命。另一方面，社会语言学认为人类对经验现实的识解受到了特定的社会文化环境的影响，认知研究应该被置于社会文化语境中。不同文化群体的成员在不同的时间和空间中进行互动而产生的群体宏观文化认知系统具有差异性、动态性和开放性。文化认知的开放性决定了语言也是一个动态开放的适应系统：人类语言的某些特征可以被调整以表达新的概念化方式，而一门在新环境中发展出的语言变体也可用来表达新的文化内涵。认知社会语言学的诸多学者主张把认知语言学的不同理论和概念范畴，如认知语法、理想认知模型、概念隐喻及原型理论等应用于语言变异研究。

认知社会语言学主要有三方面的研究内容：言语变异研究和语义变异、语言及语言政策的文化模式研究、社会政治和社会经济体制的意识形态研究。

3.4.1 言语变异研究和语义变异

言语变异是指随着交际要求和结构功能的变动，语言现象和语言系统的结构要素及其关系出现变化，展示了语言动态性这一本质特点。同样的一种语言，由于语言使用者、语言使用场合、语言交际对象以及语言发生的背景不同，就会发生语言形式和语言结构上的变化。这种因为人们在不同的社会环境中使用的同一语言所发生的语言差异形式可以分为 8 个层面：①语音变异，指人们在口语交际过程中表现出来的语音差异或口音差异。②词法变异，指在使用语言的过程中词汇的书写形式或拼写方式出现差异。③句法变异，指语言使用中出现句子结构与正规语法要求之间的差异。④语义变异，指语言使用过程中对表述某一事物所采用的多种不同的表达方法。⑤话语变异，指语言使用中言语使用者采纳的话语内容表达方式的差异。⑥语体变异，指由于语言使用场合或说话对象不同造成言语使用者使用了不同的语体。⑦历时变异，指处于不同历史时期的语言使用者，在其使用的语言中反映出来的某一特定时期社会特点的语言变体。⑧语际变异，指语言使用者处于双语或多语环境中，通过语言借用或混用而发生的语言差异（Boroditsky，2011）。

彼得·博世（Peter Bosch，2013）从社会语义与认知、社会语法与认知、社会音系与认知三个维度出发，探讨了言语变异问题。在语义层面，意义是认知社会语言学研究的基本问题之一，传统的语言变异研究要求变体要对应其相应的意义；词语原型意义总是被特定言语使用者所控制，即词汇语义知识存在不平衡地分布在一个社区内的情况；词汇语义特征受变异过程和意义协商的影响，并与特定的社会群体和文体变体相联系。在语法层面，认知社会语言学强调社会、情景和语境因素对语法形式的影响，认为社会互动、交际动力和说话人感知对理解语法是非常重要的。在音系层面，认为音系变体是复杂音系实体是通过范畴化过程形成的，认知社会语言学能够从图式、原型和实际发出的语音三个层面对语言变异现象的概念化过程进行区分。总之，语言变异研究的认知维度和社会维度是密不可分的。

认知社会语言学与言语变体研究的结合进一步表明了语言扩张产生的本土化变体能承载本土化的隐（转）喻认知方式。这不仅论证了认知语言学关于对语言的浮现性、动态性和开放性论断，还有助于深化对认知和文化及其关系的研究。

3.4.2 语言及语言政策的文化模式研究

文化本质上是人类群体知识、能力和感知的总和，文化与行为和事件有直接关系，文化还依赖于人类对社会行为和语言使用的期待和规范。认知社会语言学认为语言本身由构成相关社会知识的心智结构组成。对整个文化系统而言，文化是这种知识的总和，对个人而言，文化特征是识别他的文化归属和文化身份的重要方式。从社会认知上看，语言和文化存在于人的心智之中，文化可被视为一种社会认知模式，语言和文化具有共同的社会认知基础，因此学习语言也就是学习社会文化。基于此，如果把认知语言学的“现实—认知—语言”概括成“社会现实—社会认知—文化”也是成立的。因此，研究语言，就要研究其背后的文化模式及文化现象背后的认知模型，因为文化模式在很大程度上会影响人们对世界的认知以及他们的社会行为。

吉拉兹·克里斯蒂安森（Geeraerts Kristiansen，2009）认为，理性实用主义和理想泛化主义是言语变异和语言标准化的两种基本文化模型，这两种模型是多语言社区规划和语言政策的基本决定因素。在语言使用的文化和意识形态方面，认知社会语言学研究一贯主张采纳认知语言范畴和实证研究方法，如运用语料库语言学的研究范式将语言意义变化的具体范畴嵌入具体使用的语言认知语境和文化因素中进行研究。

近年来，已有诸多学者从认知社会语言学的角度对文化模式展开了研究。例如，蒂姆·皮埃里（Tim Pilleri，2008）将第二语言英语变体投射于非洲英语符号和非洲文化语境中，通过语料库定量分析，剖析了非洲英语变体所隐含的不同非洲群体的文化认知模式。沙瑞凡·法扎德（Sharifian Farzad，2008）指出，采用个体认知、社会和文化层级的概念知识单位（如图式、范畴、概念隐喻等）作为识解因素，对文化群体成员在交际中形成的行为、思想和情感进行表征分析是有效的。

文化概念化反映在语言表达的诸多方面（词汇、句法和语用等），如不同语言词汇的概念化在很大程度上体现了同一民族使用者在历史和社会沉淀中形成的群体规范、文化知识和社会经验。基于文化概念化，沙瑞凡·法扎德通过联想-解释法考察了澳大利亚标准英语言者和澳大利亚土著英语本族语者对表层特征相同词的概念化识解差异，比较了不同文化模式下词语概念化形成的认知理据，论证了语言表层特征的文化概念体系。汉斯革欧格·沃尔夫（Hansgeorg Wolf，2009）从认知社会语言学角度出发，以世界英语变体为研究对象，考察了一系列关于特定变体及其蕴含的文化模式，发掘了香港英语文化关键词（如 family、ancestor）的概念化及其文化模式，揭示了香港英语蕴含的汉文化特征。纳罗茨基斯·贝斯尼尔（Narotzky Besnier，2004）以英语在不同地区的教学和使用为研究素材，通过理想认知模式和隐喻、转喻等认知机制透视不同民俗文化模式对本地英语语言教学采取的识解维度，挖掘了地方语言政策在外语教学中的不同导向和影响。

奥黛丽·布塞（Dietrich Busse，2006）认为文化认知模式并不等同于语言和意识形态具有趋同性，持有同一种语言或意识形态并不能代表持有同一种文化认知模式，反之亦然。对于演变与构建中的文化认知模式来说，语言的变化的确会在一定程度上影响文化认同，但论断其是否有负面影响则需要进一步的研究。他还指出，如果语言的多样性，甚至语言本身由于英语的广泛传播发生了改变，那么文化认同也就很难继续保持之前的“纯粹性”。也就是说，文化，以及随之而产生的文化认同也将随着民族本体的语言改变——不论是将英语部分融入本民族语言，或者采取多语制，甚至完全抛弃本民族的语言——而改变。但实际上，对动态流动中的文化认同来说，任何的“纯粹性”都是虚假的，不论是语言、历史、传统还是习俗、血缘、信仰，种种构成文化认知模式的重要元素都经历着不断的历时重构和变化。这种重构和变化不论是自上至下的还是自下而上的，不论是为某种特殊的目的而服务，还是自然而然发生的，都没有固定的模式。

3.4.3 社会政治和社会经济体制的意识形态研究

认知社会语言学研究的最新热点是考察政治语境、经济环境、社会群体以及社会交际行为所体现的隐喻变异现象，探究背后的意识形态因素。政治、社会和认知的关系决定理解隐喻变异话语的关键不仅仅是剖析现象本身，还要厘清其背后特定的社会意识、经济组织结构和群体文化模式，人的意识形态和其语言表达存在着隐性映射关系。不少研究运用了如社会识解维度、群体范畴化等认知社会语言学的概念和理论，将其视为可甄别和描写语言意识形态的有效工具，为意识形态研究提供了一个新的视角。

弗兰克·波尔森哈根和迪文·沃尔夫（Frank Polzenhagen & Dirven Wolf，2007）主要研究隐喻加工的性别差异，对隐喻与性别变量间的关系进行定性和定量描写，从社会认知角度阐释了不同性别的隐喻使用及探究认知加工过程具有差异的原因。他们从课堂学习中的话语体现入手，考察以隐喻使用者性别为参照的隐喻范畴化以及基于性别的隐喻变异，揭示课堂话语体现的不同性别意识模式。调查显示，课堂话语体现的性别隐喻表达变异是因为男女两种性别建构自我和外界集体关系的概念化方式存有一定程度的差异。例如，他们指出男性的隐喻使用概率高于女性，因为男性的空间整合和概念抽象能力较为活跃，为隐喻的认知加工提供了基础。男性使用了概念隐喻 Seminar is a game，体现了学习活动被范畴化，在男性认知系统中凸显、激活并被抽象为社会竞技行为的意象图式，突显了目标、合作、竞争、规则、输赢等社会群体维度。此外，男性可以控制游戏活动，突出合作中的个人身份“自我”和个体施事性。而女性使用的 Seminar is community 突显了分享、尊重和互助关系，突出集体身份“我们”和集体施事性。他们还从全球趋同性语境出发，结合语言多样性及文化认同下的语言政策话题，以概念隐喻、概念转喻理论和心理空间理论为着眼点，基于以下两个概念隐喻——language as a tool 和 language as identity marker，详细探讨了语言全球化下不同地区文化认知模式的政治—哲学传统及意识形态缘由。

凯文·摩根（Kevin Morgan，2011）将认知域的识解方式应用于美国社会主流公共话语研究中，以商业政治领域中的隐喻话语和其他以战争为源域的隐喻话语为素材，探讨特定政治话题隐喻中源域和目标域的映射模式。研究揭示了关于社会体制的两种主要隐喻概念家族：同一集体中若干合作者为取得共同目标而进行内部协作的合作模式，两方或多方为争取只有一方才能得到的目标而相互斗争的竞争模式。政治社会的复杂性决定了识解隐喻目标域必须灵活采用多重方式。具体而言，一个认知域既存在常规的识解方式，又可通过隐喻家族来识解，如商业机构相互之间的关系看似竞争的，从内部结构看则是合作的；政治在选举场合是竞争的，在为取得共同目标而结成联盟时则是合作的。摩根认为，多个隐喻家族的多重识解运用将构建新的认知框架，并有可能社会常规化，进而改变人的意识和社会行为，促成社会风气和社会体制的变革。

特纳·亚尼茨基（Turner Janicki，2006）将原型理论中的词义观应用于政治领域事件研究，以美国的克林顿-莱温斯基性丑闻事件、福罗里达州选举事件和关于干细胞研究争论的新闻报道为语料，探讨特定政治环境中热点概念的意义界定。研究发现，在语言层面上，政治事件中的冲突往往集中于核心概念（如 sex relations、hole、arrangement）的定义问题：冲突双方就关键概念的定义各持己见，双方都坚持认为词的正确定义是唯一的，最终获胜的一方成功地把自己的定义强加于对方。单单界定政治领域事件中核心词汇的意义不能完全揭示词代表的事物本质，或许会使事件变得更加棘手。他强调，政治话语的理解应该采取原型理论的词义观或词义辐射网络理论，承认意义原型效应以避免争端，通过语言学与政治问题研究的结合来理解社会现象，解决政治问题。

3.5 社会文化语言学

社会文化语言学理论是近年出现的语言学理论新流派，主张运用社会文化背景下的相关理论和方法进行语言研究。这门语言流派的发展反映了社会语言学一词与特定类型研究（包括语言文化特征及其与社会学相关变量的定量分析）的紧密联系。社会文化语言学的研究范围相当广泛，不仅包含了社会语言学、人类语言学、语言哲学、话语分析、社会语言学等传统语言学科，还包含了社会心理学、民俗学、媒体研究、社会文学理论等新兴社会学科。

社会文化语言学起源于美国。社会文化语言学学者主张对语言及语言使用下的社会与文化功能进行跨学科研究，特别是关注特定社会群体成员言语行为体现的身份意识。尽管20世纪中叶以来，生成语言学和认知语言学一直在美占据主导地位，但不少语言学家提出将研究范围扩展到其他社会探究领域。例如，萨丕尔和沃尔夫提倡语言学家摒弃单一历时分析和语言形式分析，尝试采用融合人类学、社会学、心理学的特定语言研究框架解释一般性人类行为。海默斯（1975）提出民族语言学和社会语言学的发展为萨丕尔和沃尔夫所呼吁的融合社会因素的语言研究框架提供了场所。社会文化语言学是涉及广泛交汇语言、文化和社会研究的跨学科领域。

社会文化语言学研究大体上有三项基本原则：涌现原则（The emergence principle)、位置性原则（The positionality principle）和指示原则（The indexicality principle)。

3.5.1 涌现原则

尽管个人的自我意识无疑是身份的重要组成部分，但个人语言使用的研究者认为，这种自我观念被视为社会行为是通过运用某种特定形式话语实现的。与表演、文化和语法本身一样，身份是从语言互动的特定条件中产生，应被视为一种新兴概念，而不是语言和其他符号学实践的既有来源，从根本上说它是一种社会和文化现象，身份不仅仅反映在人们自我界定的心理机制中，也是通过社会行为，特别是通过言语表达形成的一种概念实体。

尽管几乎所有关于身份的当代语言研究都持有这种普遍观点，但是在说话者的语言使用不符合其所指定的社会类别的情况下，身份很容易被识别为紧急情况。跨性别认同和跨性别表现的案例以及种族和国家边界跨越的案例以多种方式说明了作为社会行为过程，身份与生物文化形态并没有直接关联。这些案例之所以引人注目，是因为它们切断了语言与生物或文化之间的意识形态预期映射。也就是说，它们颠覆了语言所有权的本质论先入之见。当一个生物学上的男性说话者使用女性化的代词，或者一个被归类为非黑人话语研究的说话者使用非裔美国英语时，身份的涌现性尤其明显。

举一个例子，来自埃莱娜·覃（Elaine Chun，2001）关于男性韩裔美国人身份的研究。她指出，与非裔美国人不同，亚裔美国人群体并未创造出大量具有亚裔种族特定含义的英文，一些男性亚裔美国人借鉴了非裔美国白话英语（AAVE）的元素，以便将自己定位成具有反对白人特权的种族意识形态的人。

Jin：I think white people just don't keep it real and that's why.

Dave：That is，that's true man?

Jin：Cause that's why they always back stabbin like my roommate who wasn't gonna pay the last month's rent.

JH：White.

Jin：He kicks us out [of].

Eric：The prototypical whitey.

Jin：Yeah man?

JH：No social skills.

Jin：But that's not true for everyone I don't think.

EC：Uh huh.

Jin：Cause all those ghetto whiteys in my neighborhood I think they're cool.

（Chun，2001：60）

演讲者使用了与非裔美国人青年语言相关的各种元素，包括惯用短语和词汇项，如 keep it real 和 whitey，以及一些象征性的语法结构，如零位系词。在这次互动中，没有一个参与者是流利的 AAVE 演讲者，事实上并不是所有的参与者都使用了 AAVE 语言特性。但是，在这种对白人的批评讨论中，AAVE 成为拒绝主流种族意识形态的有效工具。同时，与其他有色人种话语结盟也反映了反种族主义的亚裔美国人身份。通过破坏特定语言形式和特定社会类别之间的自然联系，少数族裔产生了新的身份形式。

3.5.2 位置性原则

位置性原则挑战了另一种广泛流传的身份认同观念，即身份只是一个广泛的社会范畴集合。这种观点最常出现在将社会行为与宏观身份类别（例如年龄、性别和社会阶层）相关联的定量社会科学中，它们在捕捉当地语境中出现的更微妙和更灵活的身份关系方面往往效率较低。在社会文化语言学中，身份被看作更广泛的社会结构，具有早期变异主义社会语言学的特征。这种分析差别凸显了民族志的重要性，语言民族志研究调研的语言使用者通常是针对当地群体身份类别，而非分析人员的社会学类别，因为前者通常能提供更好的语言实践经验。

身份在话语中通过参与者（如评价者、说笑者或参与的听众）所承担的临时角色和方向来显现，这些暂时的角色属于更大的社会学和人种学身份范畴，还能帮助参与者在话语交际中主动占据优势地位。不同的身份互动立场会产生具有特定身份类别的意识联想，这些联想一旦形成，就可能决定参与者在言语互动中做什么和如何做。因此，身份不仅涵盖更广泛认可的社会主体性结构，还包括局部身份类别和短暂的互动位置，具体涉及民族志上特定的文化立场、暂时的互动、具体立场和角色参与等。

玛丽・布霍尔茨（Mary Bucholtz，1999）对在同一城市长大并在同一所加利福尼亚高中就读的美国中产阶级欧洲裔 17 岁女孩进行了采访。女孩们接触到的语言资源非常相似，然而，她们将自己定位为不同类型的青少年，体现在其语言使用方式具有显著差异。布霍尔茨使用了多种定量标记方法凸显受访群体的年龄（青春期）特点作为其共享社会身份，了解她们基于同族裔文化立场使用群体语言配额的不同选择，进而揭示了他们如何在交互语言行为中对其他类型的同伴做出负面身份评价（并暗示地对自己进行正面身份评价）。

3.5.3　指示原则

指示原则与建构特定身份的机制（指示性）相关，身份和互动是使用语言形式来构造身份位置的方式，从最基本的意义上讲，指示是依赖于上下文语境交互的一种语言形式，可以揭示通过语言手段表达本人或他人身份的相关途径。在广泛意义上，指示概念即为在语言形式和社会意义之间建立话语符号联系（Ochs，1992；Silverstein，1985）。在身份形成中，指示性在很大程度上依赖于特定社会意识结构，因为语言和身份之间的联系植根于文化信仰和价值观（即社会意识），涉及产生特定种类语言的不同说话参与者。

指示过程可能出现在语言形式使用的任何交互层级中，身份关系在不同的相关指示互动中显现，并通过运用不同的语言手段来制造语言认同感，如公开提及身份类别和标签、对自己或他人身份地位的暗示和预设、对进行中的谈话表现出评估和认识取向、预设互动基础和参与者角色等。通过话语来建构身份最明显和最直接的方式是在话语中公开引入指称身份范畴。

举一个例子，取自埃莉诺・欧克斯和卡罗琳・泰勒（Elinor Ochs & Carolyn Taylor，1995）对家庭晚餐叙事的研究，来说明互动身份是如何在话语中出现的。以下是一对欧美中产阶级夫妇的互动，妻子一直在告诉丈夫她新来工作助理的表现：

Dad：(eating dessert) Well—I certainly think that—you're a—you know you're a fair boss—You've been working there how long?

Mom：Fifteen years in June (as she scrapes dishes at kitchen sink).

Dad：Fifteen years – and you got a guy (turns to look directly at Mom as he continues) that's been working there a few weeks? And you do (it what) the way he wants.

Mom：Hh (laughs).

(Dad smiles slightly，then turns back to eating his dessert.)

Mom：It's not a matter of my doing it the way he want—It does help in that I'm getting more work done. It's just that I'm working too hard? I don't wanta work so hard.

Dad：(Rolls chair around to face Mom halfway) Well—You're the boss. It's up to you to set the standards....

(Ochs & Taylor，1995：108)

欧克斯和泰勒在这类叙述中确定了不同的指称身份范畴，如主角、主导者和接收者等。研究发现，样本中的叙述往往涉及主要接收者对主角的负面评价，他们称此为问题的角色对。在示例中，丈夫承担了问题解决者的角色，并在几个方面给妻子分配了问题解决者的角色。此外，在此示例中，交互角色的性别分布特点符合他们研究中相似社会阶层已婚夫妇之间的一般交互特征。通过这种方式，不仅在夫妻内部建立了局部性别认同，而且在某些具有相似特征的夫妻之间建立了更广泛的性别认同。通过重复这样的过程，树立持续互动身份并逐渐融入了诸如身份类别和标签之类的更持久身份，形成了适合于性别评估和认识取向的互动实践意识。

以上三个原则为社会文化语言学研究提供了人类如何在复杂动态话语中展开身份研究的概念模式和厘清这些模式如何运作的分析工具。简言之，呈现了多种如何在语言交互中锚定身份的主体工作方法。身份是通过话语互动界定的，而非独立于话语，因此身份可被定位为通过主体间性实现的社会和文化现象。基于此，我们不仅可以将与该概念最相关的广泛社会学范畴纳入身份研究，而且可以将更多的人种学和互动性本地化维度纳入研究。因为这些维度工具是在言语交互研究中被使用的，所以身份建构的过程并不存在于个体内部而是存在于主体间的相同与不同、真实与虚假、权力与丧失权力之间。

社会文化语言学中的不同研究原则在分析身份的不同维度方面具有各自的优势，相关研究人员选择的特定分析方法可以使身份的某个特征凸显，有助于我们对身份的深入理解。尽管这些研究路线往往彼此独立，但可以考虑把它们的理论方法优势结合起来进行研究，现有对话微观分析、意识形态过程的宏观分析、语言结构的定量和定性分析、民族志视野下的当地文化习俗和社会群体分析等探究，都表明了身份分析的复杂性永远不可能局限在单一研究方法中。为此，有必要从广义和包容性的角度来构想社会文化语言学的研究范式。

研究课题

(1) 英汉方位词的社会认知研究

(2) 汉语量词的社会认知研究

(3) 反馈在英语写作中的社会文化认知研究

(4) ××话语的社会认知研究

（5）社会认知视阈下的汉语委婉语研究

文献阅读

一、外文文献

EVANS N. & LEVISON S C，2009. The myth of language universals：language diversity and its importance for cognitive science［J］. Behavioral and Brain Sciences（32）：429－492.

LANGOCKER R W，1990. Concept，image and symbol：the cognitive basis of grammar［M］. Berlin：Mouton de Gruyter.

二、中文文献

刘宇红，2006. 认知语言学：理论与应用［M］. 北京：中国社会科学出版社.

牛保义，2006. 认知语言学经典文献选读［M］. 开封：河南大学出版社.

文旭，2019. 基于“社会认知”的社会认知语言学［J］. 现代外语 42（3）：293－305.

参考文献

一、外文文献

BARRETT R，1999. Indexing polyphonous identity in the speech of African American drag queens［M］//BUCHOLTZ M，SUTTON L A（eds.）. Reinventing identities：the gendered self in discourse. New York：Oxford University Press，301－313.

BESNIER N，2004. Consumption and cosmopolitanism：practicing modernity at the secondhand marketplace in Nuku' alofa，Tonga［J］. Anthropological quarterly，16（3）：7－45.

BORODITSKY L，2011. How language shapes though：the language we speak affect our perception of the world［J］. Scientific American，56（7）：63－65.

BOSCH P，2013. Focus：linguistic，cognitive，and thought［M］. Cambridge：Cambridge University.

BUCHOLTZ M，1999. “Why Be Normal?” language and identity practices in a community of nerd girls［J］. Language in society，28（2）：33－202.

BUSSE D，2006. Linguistische epistemologie diskursanalye und frame semantik［M］. Berlin：Walter de Gruyter.

CHUN E W，2001. The construction of white，black，and Korean American identities through African American vernacular English［J］. Journal of linguistic anthropology，11（1）：52－64.

GAUDIO R P，1997. Not talking straight in Hausa［M］//LIVIA A，HALL K（eds.）. Queerly phrased：language，gender，and sexuality. New York：Oxford University Press，29－416.

GEERAERTS K，2009. Advances in cognitive sociolinguistics［M］. Oxford：Clarendon Press.

HYMES D，1975. Breakthrough into performance［M］//BEN-AMOS D，Goldstein K S（eds.）. Folklore：performance and communication. The Hague：Mouton，11－74.

INGLIS D，2003. Cultural sociology：cultural and the 21st century［M］. Berkeley：University of California.

JANICKI T，2006. Patterns in the mind：language and human nature［M］. New York：Harvester Wheatsheaf.

KRISTIANSEN G，2008. Cognitive sociolinguistics：language variation，cultural models，social systems［M］. Berlin and New York：Mount de Gruyter.

LABOV W，1992. The isolation of contextual styles in sociolinguistic patterns［M］. Philadelphia：University of Pennsylvania Press.

ELAINE Chun，2001. Codeswitching，speech community membership，and the construction of ethnic identity［J］. Journal of sociolinguistics，3（4）：79－461.

MORGAN K，2011. Cognition，empathy and interaction［M］. New Jersey：Ablex Publishing Corporation.

OCHS E，1995. Indexing gender［M］//DURANTI A，GOODWIN C（eds.）. Rethinking context：language as an interactive phenomenon. Cambridge：Cambridge University Press，315－335.

OCHS E，TAYLOR C，1995. The "father knows best" dynamic in dinnertime narratives［M］//HALL K，BUCHOLTZ M（eds.）. Gender articulated：language and the socially constructed self. New York：Routledge，97－120.

PILLER T，2008. Passing for a native speaker：identity and success in second language learning［J］. Journal of sociolinguistics，6（2）：179－206.

POLZENHAGEN F，DIRVEN R，2007. Cognitive linguistics and cultural studies［M］//CUYCKENS D H（ed.）. The Oxford handbook of cognitive linguistics. Oxford：Oxford University Press，65－94.

SAPIR E，1989. Selected writings in language，culture and personality［M］. Berkeley：University of California.

SHARIFIAN F，2008. Distributed，emergent cognition［M］//FRANK R M（eds.）. Body，language，and mind sociocultural situatedness. Berlin：Mouton de Gruyter，137－180.

SILVERSTEIN M，1986. Shifters，linguistic categories，and cultural description［M］//BASSO K H，SELBY H A（eds.）. Meaning in anthropology. Albuquerque：

University of New Mexico Press，11－55.

SILVERSTEIN M，1985. Language and the culture of gender：at the intersection of structure，usage，and ideology ［M］ //MERTZ E，PARMENTIER，R J（eds.）. Semiotic mediation：sociocultural and psychological perspectives. Orlando，FL：Academic Press，59－219.

SWEETLAND J，2002. Unexpected but authentic use of an ethnically-marked dialect ［J］. Journal of sociolinguistics，6（4）：36－54.

WOLF H，2009. World Englishes：a cognitive sociolinguistic approach ［M］. New York and Berlin：Walter de Gruyter.

二、中文文献

陈光明，2011. 萨丕尔·沃尔夫假说：误读与重读［J］. 西安外国语大学学报，19（4）：21－25.

顾嘉祖，2002. 语言与文化［M］. 上海：上海外语教育出版社.

林惠祥，2017. 文化人类学［M］. 北京：商务印书馆.

刘爱伦，2002. 思维心理学［M］. 上海：上海教育出版社.

刘润清，2013. 西方语言学流派［M］. 北京：外语教学与研究出版社.

司马云杰，2011. 文化社会学［M］. 北京：华夏出版社.

文旭，2014. 语言的认知基础［M］. 北京：科学出版社.

徐盛桓，2010. 心智哲学与语言研究［J］. 外国语文，21（5）：30－35.

朱宝荣，2004. 心理哲学［M］. 上海：复旦大学出版社.

第 4 章　言语功能：语域和语体

4.1　语域

“语域”（register）这一术语最早由里德（Reid，1956）提出，用于描述语言运用变体。语域理论是系统功能语言学中的一个重要理论。尽管不同的语言学流派对于“语域”的概念界定和阐释各不相同，语言学家还是达成了共识——语域是一种语言变体，是语言随着场合或使用环境的不同而生成的变体。相关研究表明，在不同的场合、面对不同的听话者、不同的话题以及不同的交际方式等，说话者通常会采用不同的语言形式说话。这些语言形式上的变化即形成了不同的语域特征。语域特征可能受到说话者和听话者的教育程度、身份地位、关系亲疏等社会因素的制约，也可能受话语主题、交际内容和交际目的的制约，以及书面语和口语、正式语与非正式语等因素的制约。

语域理论源于英国的语境理论。20 世纪二三十年代，人类学家马利诺斯基（Malinowsky）提出情景语境概念和文化语境概念；30—50 年代，弗斯（Firth）将语境概念发展为“语义存在于语境”理论。这些都对语域理论的生成产生了重大影响。马利诺斯基（1923、1935）将语境划分为文化语境和情景语境，前者传递了文化信息，而后者因含有诸多因素，成为解读信息的关键。弗斯（1957）提出了“限制语”（restricted language）的概念，进一步发展了马利诺斯基的语境理论，认为文化决定语言和认知，文化因素影响并决定了语言选择。语境因素即言语事件的构成要素，如情景、说话者-听话者的关系、渠道、语体等。但他们都没有对语篇进行具体的分析。卡特福特（Catford，1965：89）从社会学视阈将语域界定为“Register is correlated with the performer's social role on a given occasion”（语域与行为者在特定场合下的社会角色相关）。语言的多样性就体现在任何一种特定语言中都存在着多种形式不同的语域。语言随着功能变化而变化的研究成果阐释了语言使用的变体描述——语域（Halliday et al.，1964；Reid，1956）。

20 世纪 60 年代，英国语言学家韩礼德（Halliday）等学者（1964）继承并发展了弗斯的“语义存在于语境”理论，并在希尔（Hill，958）的“机制语言学”框架内发展了语域分析。在《语言科学与语言教学》（*Linguistic Sciences and Language*

Teaching）一书中，韩礼德、麦金托什（McIntosh）和斯特雷文斯（Strevens）（1964）将语言分为两类：与语言使用者相关的变体（user-related varieties）（即术语“方言”）和与使用有关的变体（use-related varieties）（即“语域”）。与语言使用者有关的变体（方言）包括地理方言（geographical dialects）、时域性方言（temporal dialects）、社会（非）标准方言（social standard dialects，social non-standard dialects）、个人方言（idiolects）、性别方言等，而语域则包括一系列特定职业领域的变体（或“风格”styles），如宗教语言（language of religion）、法律文件语言（the language of legal documents）、新闻报道语言（the language of newspaper reporting）、医学语言（medical language）、技术语言（technical language）等。他们进而提出：

The category of register is postulate to account for what people do with their language. When we observe language activity in the various contexts in which it takes place，we find differences in the type of language selected as appropriate to different types of situation.（Halliday et al.，1964：87）

他们认为，在任何一个情景的语境中，都会有三个变量影响语言的使用：语场（field）、语旨（tenor）和语式（mode）。这就是韩礼德语域理论的雏形。

20世纪70年代后，语域理论吸引了更多学者的关注，他们纷纷从不同的视阈探究语域，丰富了相关成果。例如，作为功能语言变异，语域是“将语言特征与常见情景特征相关联的语境分类”（a contextual category correlating groupings of linguistic features with recurrent situational features）（Gregory & Carroll，1978：4）。在韩礼德（1985：117）看来，“语言随功能的变化而变化，因情景的改变而改变”（Language varies as its function varies；it differs in different situations）。因此，语域可以定义为“the manner of speaking or writing that is appropriate for a certain situation”（适合于某一情景的说话方式或写作方式）（Halliday，1985：117）。哈德森（Hudson 1996：45）从社会语言学视角定义语域为“language variables according to the using purpose”（根据使用目的而定的语言变体）；拉德福德等（Radford et al.，1999：256）从普通语言学视阈将语域定义为“a set of features of speech or writing characteristics of a particular type of linguistic activity or a particular group when engaging in it”（某一特定类型的语言活动或群体参与下的一系列口语或书面语特征）。

韩礼德（1978）在《作为社会符号的语言：从社会角度诠释语言与意义》（*Language as Social Semiotic*：*The Social Interpretation of Language and Meaning*）一书中，将语域界定为“通常和某一情景类型相联系的意义结构”（Halliday，1978：123）。他指出，“语言情境的类别各不相同，但概而言之，有三种类型：第一是有关究竟发生了什么；第二是有关该语言究竟起何作用；第三是谁起作用。这三个不同的方面共同发生作用时，就决定选择语义的域度和表达语义的形式。换言之，它们决定了‘语域’”（Halliday，1978：123）。情景语境中这三个变量的变化会引起语言的变异，产生不同类型的语域。语域分析的基本目的是揭示制约语言变体的普遍原则。也就是说，发现“何种因素决定何种语言特征”（Halliday，1978：123），进一步明确了语域与情景语境的关系：语域是情景语境的具体表现。这样，不同的语域之间的区别就不仅仅是形式上的区别，同时也是意义上的区别，而且前者是由后者决定的。也就是说，语域指的是我们所使用的语言（书面语和口语）都要随着语言环境的不同而变化。语言特征是受语境支配的，决定语言特征的语境因素有三种："语场"（field）、"语旨"（tenor）、"语式"（mode）。

Field of discourse refers to the purpose and subject matter of the communicative behavior. It may be technical or non-technical. Examples of technical fields are fairly easy to give: a medical lecture, a discussion among linguists at an international linguistic conference, or a lawyer defending his client at court. The most noticeable feature of a technical field may be its vocabulary (other features may be grammatical or phonological), which is sometimes called a jargon. However, more broadly, jargon may refer to the vocabulary that members of an "in-group" (a robbers' gang, for example) use to mark themselves as "insiders" and to exclude "outsiders". (Halliday, 1978: 124－125)

[语场指交际行为的目的和主题，有专业与非专业之分。专业语域的例子很多，譬如医学讲座、国际语言学大会上语言学家的讨论、律师在法庭上为当事人辩护等。专业语域最明显的特征是词汇（也包括语法、语音特征），有时成为行话。当然，"行话"的意思也可以较为宽泛，指某个小团体（如抢劫团伙）成员使用的一套词汇，用以表明他们是"自己人"，把"外人"排斥在外。]

概而言之，"语场"指在交际活动中实际发生的事以及参与者所从事的活动，其中语言活动是重要的组成部分，包括活动的主题（胡壮麟等，1987）。

The tenor of discourse is determined by the relationship between participants in the communication, or the social distance between them. It is about "to whom" one is speaking or writing. The greater the social distance is, the more formal the language used will be, and vice versa. For instance, old friends may call each other "old boy" or "buddy", but these words are not used between those who have met for the first time. Some kinds of relationship may require special tenors of discourse. For example, when a mother talks to her young children, her speech may be characterized by simpler syntactic structures, tutorial questions, softer tone, etc. as distinct from the way she talks to adults. (Halliday, 1978: 124－125)

（语旨取决于参与交际的人之间的相互关系，或者说他们之间的"社会距离"，也就是说要看口头或笔头表达的对象是谁。社会距离越大，用的语言就越正式；反之，社会距离越小，用的语言就越不正式。例如，老朋友可以互称 old boy、buddy，但初次见面的人不会这样称呼对方。某些关系可能要求使用特定的话语体，如母亲和她年幼的孩子说话时，使用的语言可能就有这些特点——句子结构简单、提出指导性问题、语气和缓等。而她跟成年人讲话时却不是这样的。）

概而言之，"语旨"是指参与者之间的关系，包括参与者的社会地位以及他们之间的角色关系。

The mode of discourse is about the means of communication—speech or writing.

However，the distinction may not be so clear-cut：speech may be spontaneous，as in daily conversation，or it may be prepared，probably in written form，as in a public speech；writing，though usually intended for reading with the eye，may be for reading aloud，as in the case of lines in a play.（Halliday，1978：124—125）

（语式跟交际的方式为口语还是书面语有关。当然，这种区分有时不是很明显：口语可能是不假思索的，比如日常对话，但也可能是经过准备的，而且形成了书面文字，如公开演讲。至于书面语，一般而言是让人用眼睛看的，但有可能是让人朗读的，如戏剧的台词。）

概括地说，“语式”是指语言交际的渠道或媒介，如书面语或口语、即兴的或有准备的，而且包括修辞手段。

语域的这三个组成部分中任何一项的改变都会引起交流意义的变化，从而引起语言的变异，产生不同的语域。韩礼德（1978）的这本专著标志着语域理论模式基本形成。

韩礼德和哈桑（Halliday & Hasan）（1985）进一步优化了语域概念，构建了较为成熟完整的语域理论框架。他们将语域定义为：a configuration of meaning that is typically related to a particular situational composition of field，mode，and tenor，and lexico-grammatical and phonological features of typically accompanying or realizing these meanings are involved in.（Halliday & Hasan，1985：39）

某一情景组成（situational configuration）由与语场、语旨、语式有关的语义组成（semantic configuration），即情景语境包含三个变量（variables）：语场、语旨和语式。语域是这三个变量组成产生的语义集合。

他们将这三个变量分别描述为：

Field refers to what is happening，to the nature of the social action that is taking place：what is it that the participants are engaged in，in which the language figures function as an essential component.（Halliday & Hasan，1985：12）

语场——社会行为：“究竟发生了什么。”其主要指正在发生的社会行为的本质：参与者参加了什么活动，在此活动中语言起着十分重要的作用。语场决定交际的性质，构成话语的主要范围，并影响词汇和话语结构的选择、性质和使用。

Tenor is who the participants in the communication group are，and in what relationship they stand to each other.（Halliday & Hasan，1985：12）

语旨——角色结构：“谁参与了。”其主要指参与者在交际群体中的性质及其身份与角色，参与者之间是什么样的角色关系，包括各种永久性和暂时性关系，在对话中参与者的言语角色类型以及他们之间社会性重要关系的集合。

The mode of discourse covers both the channel of communication，written or spoken，and the particular rhetorical mode selected by the speaker or writer.（Halliday &Hasan，1985：12）

语式——象征性组织：“语言起什么作用。”其主要包括交流渠道，是书面语还是口语以及说者或作者所选用的修辞形式。修辞形式指的是语篇要达到的诸如劝说、说明、说教之类的效果。参与者期望语言为他们在情景中做什么，即语篇的象征性组织、语篇的地位以及它在语境中的功能。

这三个变量共同决定了意义选择的范围和表达内容的语言形式。这是一个概括性极强的理论模式，与语言的元功能、语言组织形式十分吻合。例如，这三个变量分别影响语言的三大元功能，即概念功能、人际功能和语篇功能，而这三种元功能又分别影响讲话者对语言的及物系统、语气系统、主位系统进行选择。这样语域“形成了社会系统与语言系统之间的一个接口，语域实现社会意义并由语言形式来实现”（Halliday，1978：115）。

近年来，韩礼德的语域理论已广泛地应用于语篇分析、文体分析、翻译以及语言教学中，功能语言学家也在不断地探讨和发展语域理论。例如，弗格森（1994：20）说：“People participating in recurrent communication situations tend to develop similar vocabularies, similar features of intonation, and characteristic bits of syntax and phonology that they use in these situations.”（参与经常反复出现的交际情景的人会逐渐开始在这些情境中使用相似的词汇、相似的语调特征以及一些特有的句法和语音片段。）这种变体就是语域。弗格森（1994：20）还补充道：“Its special terms for recurrent objects and events, and formulaic sequences or routines seem to facilitate speedy communication; other features apparently serve to mark the register, establish feelings of rapport, and serve other purposes similar to the accommodation that influences dialect formation. There is no mistaking the strong tendency for individuals and co-communicators to develop register variation along many dimensions.”（特殊术语代表经常出现的事物或事件以及程式化的顺序或常规，从而促使交流更加快捷；其他特征很明显用于标明语域，建立等同感或发挥顺应等，影响方言形成。个人或共同交际者在多种情景中使用语域变体时绝对不会弄错。）

一些功能语言学家深入讨论了语域三变量的相互作用、动态过程以及社会性，进一步拓展了韩礼德的语域理论。例如，马丁（Martin，1992）强调语域三个变量的社会性，并将语域理论与语体分析结合起来分析语篇或话语。在语场变量上，马丁（1992）创建了“活动系列”（activity sequences）概念，认为活动系列涉及人工智能以及认知心理学的心理图式和草案，语场就是带有全局性公共机构目标的活动系列。“活动系列”这一概念的引入大大丰富了语域理论的解释力。例如，描述同一场足球赛时，新闻报道与现场报道中的语言组织截然不同：新闻报道一般先介绍比赛结果，而现场报道则首先描述比赛的开始情况。如果采用韩礼德的语域理论模式对新闻报道和现场报道进行分析的话，语域三要素的区别并不明晰。但如果使用马丁的“活动系列”展开分析的话，这两种报道的差异则可以得到解释。此外，马丁还根据活动所需的知识专业化程度、分类详略情况，将语场分为技术性和常识性两种。技术性语场，如科技论文需要较深厚的科技知识，分类更为细化，如数学、物理、化学、生物等；常识性语场通常不涉及专业性知识，分类较简单，如家庭闲聊。在语旨变量上，马丁（1992）将韩礼德的静态描述拓展为动态描述，认为语旨是参与者之间社会关系的协商（negotiation），涉及三个方面：身份（identity）、接触（contact）和情感（affect）。其中，“身份”和“接触”与社会语言学中的“权力（power）”和“等同（solidarity）”大体相同，“身份”主要指参与者的社会地位是否平等，而这种不平等关系也并非一成不变，而是动态变化的。“接触”的频率也是动态变化、不稳定的，一般来说，接触越多，关系越随便，但经理与雇员虽然天天接触，他们之间仍然维持较正式的、严肃的关系。“情感”投入也是相对的，可多可少，通常交际者之间感情投入较多，则会选择较随便的言语方式或非言语行为。此外，交际者接触频繁，情感投入较多，则其交际内容就愈加难以根据语域理论来预测。在语式变量上，马丁（1992）将其定义为语言在实现社会行为中所起的作用。他根据人际距离和经验距离将语式进一步分类。根据人际距离，即反馈的快慢，可以把语式分为很多种，如日常闲谈、电话、电子邮件、电传、电台节目、小说等。根据经验距离，可把语式分为语言作为行动的语式（如打桥牌，言语本身构成了打牌行为的一部分）和语言作为反映的语式（如写小说，语言只是用来描述经历的手段）。在论及如叙述、说明、议论等语体结构（generic structure）时，马丁主张用语体分析（genre analysis）的方法分析语式，因为语体结构并不只是与语言的某一种元功能相对应。总体看来，马丁拓展了韩礼德的语场概念，更强调语言变体的社会方面和语场在话语过程中的动态过程。在语旨描述中，他运用社会语言学的有关理论来探讨交际者的社会关系。此外，他还提出了用语体分析来弥补韩礼德语域理论的不足。

莱基-塔里（Leckie-Tarry，1995）创建了语域模式，着重指出了语场的作用并对三个变量之间的相互影响展开动态分析。她将语场界定为情景中固有的内在特征和发生的事件，并用三个小变量来区分不同的语场：①活动场所（arena）或活动，指交际的场所、活动的内在特征以及决定活动的社会机构。“活动场所”这一概念表明活动情景的动态性。她认为活动场所和活动是语域中最基本的要素，可以影响语场和语旨中其他因素的选择。根据这一变量，语场可分为机构性较强的（如法庭）和机构性较弱的（如家庭）。②参与者，指参与者的本质属性，如种族、性别、阶层、财富、年龄、外貌、智力、认知和受教育的程度、职业等。③语义域（semantic domain），指主题或某一语言事件的内容。根据这一标准，语场可分为专业性的（如教室）和非专业性的（如家庭）。莱基-塔里（1995）认为，语旨主要指非内在特征，即随社会交际活动变化而改变的特征，并用了三个变量来区分语旨：①正式度（formality），指活动场所，特别是与机构有关的场所的正式程度。若场所的机构性较强则其正式度也较强。正式度是由参与者在文化语境中运用自己的背景知识来进行选择的。②角色，指参与者的社会角色，这与马丁（1992）模式中的社会地位因素相似。③焦点（focus），如果语场专业性较强，那么焦点可能指向信息，即概念意义；如果语场专业性较弱，那么焦点可能指向人际交往，即人际意义。这与马丁（1992）模式中的语式部分的内容有交叉。在语式变量上，莱基-塔里（1995）提出了四个子变量：①计划（planning），受语场和语旨的影响。例如，学术报告的计划性很强。②反馈（feedback），与马丁（1992）提及的人际距离相当。③语境化（contextualization），指语篇的语义场与活动场所或事件的吻合程度，与马丁（1992）的经验距离相似。例如，语言作为行为（如打牌）的活动时，其语境化程度就较高，语言作为反映的活动时，其语境化程度较低。④媒介（medium），分为口头形式和书面形式。概而言之，莱基-塔里（1995）描述了语域三个变量之间的相互作用、交互影响以及动态性，强调了语场的作用。语场可决定语旨和语式，但语旨和语式对语场也有反作用。

贝克斯（Bex，1996）在《书面英语变体——社会中的语篇：语篇中的社会》（*Varieties in Written English— Texts in Society*：*Societies in Text*）一书中指出，语域理论是划分语篇种类的依据。他根据韩礼德的语域理论、施佩贝尔（Sperber）和威尔逊（Wilson）的关联理论以及斯韦尔斯（Swales）的语体理论建构了一个语域分析模式，分析了四篇不同类型的语篇。他发现，该模式能说明一些特定的局部连贯性是如何建立的，但不能说明相似的语篇为什么被认为有相似的功能。贝克斯认为，这是由于语场、语旨和语式这三个变量因具体语篇而定，没有哪两个语篇会有相同的构形，这样也就无法说明为什么有些语篇属于同一类，具有相同的社会功能。

哈德森（1996：46）曾经区分了方言和语域："Your dialect shows who（or what）you are，whilst your register shows what you are doing."（方言说明你是谁、你是干什么的，而语域说明了你在做什么。）根据语域理论，交际过程中因参与者不同以及参与者的性质、社会地位和角色的不同而可能产生新的语域。每个人交际时都要自觉地和有意识地构造自己的语言，寻找适当的词句。而参与交流者之间不同的社会地位和亲疏关系以及交流的态度、目的和方式，都直接影响句型和语气。因此，语域是与职业或社会群体相关的语言项目组合，是在某些特定情境下开展的变体研究。麦迪森（Matthiessen，1996）建构了"语域统一理论"分析框架，将各种研究方法引入语域分析。

当然，语域理论也有一些缺陷和不足。例如，威多森（Widdowson，1983：28）曾指出，"语域分析……只适于语篇，而不能揭示语言在话语过程中是如何运用的"。马丁、克里斯蒂（Christie）和若塞瑞（Rothery）（1987：117）认为语域理论对社会过程以及语篇的社会功能方面重视不够，因而语域理论是把语言看作语篇而非话语的理论。

需要指出术语 register 和 style（风格）之间的关系。英国语言学家倾向于使用 register，而美国语言学家多使用 style。1962 年，美国文体学家马丁・朱斯（Martin Joos）界定了风格的正式程度，由正式到不正式依次为：刻板体（frozen）、正式体（formal）、商讨体（consultative）、随意体（casual）、亲密体（intimate）。刻板体用于专业性写作、非常正式的演讲以及礼仪场合，听话者不得发问，说话者和听话者彼此陌生；正式体适合公开讲座或演讲；商讨体属于中性风格，适用于向陌生人问路这样的场合。随意体常包含大量不完整句子及俚语，常用于朋友、熟人之间的交谈；亲密体只限于关系非常密切的人。在交谈时，可能有两级相邻的风格都适合交谈的场合，可以在两者之间切换，但在两级以上的风格间切换却通常被视为是不合常规的。

4.2 语体

genre 被汉译为语体、语类和体裁，是由某一语言的成熟使用者区分的语篇类型，即类型学（typology），用于某一特定目的、某一特定情境的语篇可以被分为不同的类型，如说明书、诗歌、商务信函、新闻报道、广播剧、广告等，这种类型即语体。传统的语体研究源于民俗学（folklore studies）、文学（literature）和修辞学（rhetoric）等领域。随着 20 世纪 80 年代“语体运动”的兴起，语体分析成为话语分析的新课题。

语体分析（genre analysis）在文学研究领域历史久远，可以追溯到亚里士多德（Aristotle），他将语体界定为语篇种类（classes of texts），这一概念沿用至今。*Webster's Third Dictionary* 将 genre 解释为“a distinctive type or category of literary composition”，用于指任何类型话语的特定种类，可以是口语或书面语，可以是文学的也可以是非文学的。修辞学家通常采用归纳法，从语篇层面出发，将语体置于更中心的位置，以区分修辞情景和修辞语体，更强调语体创建中相似形式的再现。米勒（Miller，1984：151）认为：“a rhetorically sound definition of genre must be centered not on the substance or form of the discourse but on the action it is used to accomplish.”近年来，语体的修辞研究多关注书面语和口语中非文学形式的社会动态和社会组成。尤其是 20 世纪 80 年代，随着对特殊用途语言（Language for Specific Purposes）和职业话语（professional discourse）的研究发展，研究重点逐渐转向学科语体社会文化功能探究，例如法律会话和科学对话等。1981 年，塔罗内（Tarone）等学者首次提出学术研究领域的语体概念，指出语言的形式与功能是同一的，强调交际功能、内在信息与语言表达之间的关系。由于语体的动态特征，研究者开始关注并建构专业语言语体。例如，学术语体是被学术话语社团理解并接受的“一种可识别的、内部结构特征鲜明、高度约定俗成的一套交际事件”（Bhatia，2002：2）。这就意味着，语体在话语社团内部具有高度相似性，相同或相似的交际目的决定了语篇的结构内容、组织形式和语言风格的选择。

还有一些学者强调语体的交际功能。例如，斯韦尔斯（1990：49—52）强调语体的社会修辞语境（socio-rhetorical context of genre），社团和交际目的是界定语体的标准。他将语体界定为“a class of communicative events，and the principal criterial feature that turns a collection of communicative events into a genre is some shared set of communicative purposes”（话语社团专家公认的具有相同交际目的的一组交际事件）（Swales，1990：48）。交际目的由话语社团（discourse community）、语体（genre）和任务（task）三个关键要素构成，强调话语社团的特定交际目的可以制约特定语体的建构形式、语篇内容和语言特征。

It is communicative purpose that drives the language activities of the discourse community; it is communicative purpose that the prototypical criterion for genre identity, and it is communicative purpose that operates as the primary determinant of task (Swales，1990：10)

巴蒂亚（Bhatia，1993）也从交际目的视阈研究语体。他指出，语体主要是以实现某交际目的为基本特征的。

It is this shared set of communicative purpose(s) which shapes the genre and gives it an internal structure, and a major change in the communicative purpose(s) is likely to result in a change of genre, while minor changes or modifications are likely to be distinctive of sub-genres, even though it is not possible to draw a fine distinction between genres and sub-genres (Bhatia, 1993: 14).

马丁强调语体的社会文化特性。他（1985：250）认为，语体“embrace each of the linguistically realized activity types which comprise so much of our culture”，包含任何一种构成文化的语言活动类型，是借助言语手段实现的社会目标体系。语体具有行为功能。随后，马丁和若塞瑞（Rothery）（1986：243）将语体界定为“refers to the staged purposeful social processes through which a culture is realized in a language”，从而将语体与社会过程和文化相关联。

还有一些学者从社会行为（social behavior）视阈出发研究语体。例如，斯韦尔斯（1990：44）将语体概念界定为社会行为（social action）：one situated in a wider sociorhetorical context operates not only as a mechanism for reaching communicative goals but also as a means of clarifying what these goals might be.

另外一些学者将语体与认知相关联。例如，巴蒂亚（1993：13）指出，某一特定语体的交际目的与其特有的认知结构之间密切相关（a close connection between the communicative purpose of a particular genre and its typical cognitive structuring）。他对比分析了一家报刊中的一篇典型新闻报道和一篇专题文章（a feature article），发现：

Factors relating to mode (including channel and nature of participation) and tenor of discourse (including the status and the social distance between the participants) remaining the same, their communicative purposes change from an objective reporting in the news report to a balanced analysis of some interesting and controversial issue in the feature article. These differences in communicative goals require different strategies to be used in the two genres. In cases like these, where the communicative purposes of the genre—text are considerably different, requiring different cognitive structuring, the two texts are viewed as different genres (Bhatia, 1993: 21—22).

伯克科特（Berkenkotter）和哈金（Huckin）（1995）也将话语分析与基于认知的修辞研究相结合，提出了语体社会认知理论（sociocognitive theory of genre）。

不过，在语言学领域内部，语域与语体之间的差异性研究并不多，有些学者认为语体是语域的次级系统，有些学者认为没有必要区分两者。如果将语域置于狭义的职业领域，合同就是法律语域的一个组成部分，布道包含法律语域，但一个特定的语体则可能含有多个语域。法律语域范围极广，可能含有法律文件所使用的法律语言（如立法文本、合同、契约文书、遗嘱等）、法庭语言（如法官宣读法律、法官与律师交流、律师与证人交流）、法律教材语言以及形式多样的律师间交流和律师与非专业人员的交流（Trosborg 1991：4）。斯韦尔斯（Swales，1981）的研究表明，一篇化学研究论文可能与一篇社会学研究论文截然不同。这一发现驳斥了语体是语域的次级系统一说。只有当一个语域可能通过多个语体予以实现时，语体才是语域的次级系统。反之，只有当一个语体含有语域三变量——语场、语旨和语式——的限制方式，一个语体才可能通过多个语域实现，语域分析可以部分了解语体的本质。巴蒂亚（1993：17）认为，科学研究论文与化学报告一样，都是合理的科学英语。学术会话表明非正式闲聊、讲座、课内外师生交流、电子邮件、备忘录、学术论文、书籍等的类型各不相同（Bhatia，1993：11）。只有将语域限定在较小的范畴，语域和语体之间才会有密切关联。通过界定语体，我们可以在话语网络或体系内从交际行为的宏观层面（macro-level）研究语篇：

Because it is impossible for us to dwell in the social world without repertoires of typified social responses in recurrent situations—from greetings to thank you to acceptance speeches and full-blown，written expositions of scientific or scholarly investigations—we use genres to package our speech and make of it a recognizable response to the exigencies of the situation.（Berkenkotter & Huckin，1995：7）

托多罗夫（Todorov，1976）和福勒（Fowler，1982）指出，语体是社会交际过程中的语码事件，识别这些语码能有效促进语篇理解、语篇写作和语篇翻译。

4.3　言语行为理论

言语行为是语用学的重要研究课题之一。早在1923年，英国人类学家利诺斯基在《原始言语中的意义问题》（*The Problem of Meaning in Primitive Languages*）一文中首次使用了“verbal behavior”（言语行为）这一术语，从人类学视阈考察了一个民族的文化生活和风俗习惯，研究了他们所使用的原始语言的功能，提出可以将语言视为“行为方式”而非“思想信号”。之后，美国语言学家布龙菲尔德、斯金纳（Skinner），美国行为主义心理学家沃森（Watson）等学者都使用过verbal behavior这一术语，从行为角度研究语言意义，指出语言即行为，语言是人们实现某种目的的活动，人类的行为受社会规范支配，言语行为也就被视为受各种社会规范支配的行为。但现代语言哲学意义上的言语行为概念却是英国牛津大学的哲学家约翰·朗肖·奥斯丁（John Langshaw Austin）最先提出的。1955年，奥斯丁在哈佛大学举办了一些讲座，1962年，这些讲稿被整理出版为*How to Do Things with Words*（《如何以言行事》），首次对他所建构的言语行为理论（Speech Act Theory）进行了系统阐释。后来，奥斯丁的学生、美国哲学家约翰·塞尔（John Searle）对该理论加以修正和完善。

传统语言哲学主要关注语言的功能，如陈述或描述事件，但奥斯丁认为，许多话语并不传递信息，而是相当于行为，即语言也是人的一种行为，语言的主要功能是完成各种言语行为，描述事实或者陈述思想只不过是其中一种言语行为。语言交流中最小的、最基本的意义单位不是语词或语句，而是言语行为。言语行为（speech act）是话语行为的有意义的基本单位，语言表达的意义体现在人类的言语活动中。奥斯丁认为语言意义、经验世界和言语行为这三者是相互联系的，语言表现出经验世界中各种现象的联系或区别，不过语言和世界的联系是间接抽象的，必须通过言语行为来实现。基于此，他将话语分为两类，即行事话语（performative utterance）和述事话语（constative utterance）；后来又重新区分出三种不同的言语行为，即“言语行为三分说”：以言指事（locutionary act）、以言行事（illocutionary act）和以言成事（perlocutionary act）。“以言指事”指的是说出依据有意义的话，表达某种观点。但大多数情况下，我们不仅仅只是说出有意义的、合乎语法规范的话语，而是同时伴随一个或多个想要达成的目标，这个目标或功能即“以言行事”。简而言之，“以言行事”就是说者通过说出的一句话所做的事情。奥斯丁还将以言行事的行为分为五类：判定式（如宣告无罪、坚信、计算）、执行式（如命令、推荐）、承诺式（如许诺、保证）、阐释式（如肯定、强调）和行为式（如道歉、祝贺）。最终，我们希望通过说出一句有意义、期待有一定目的和功能的话能产生所期望的某种效果，这种效果就是“以言成事”。奥斯丁认为，在任何情况下，实施一个言语行为意味着同时实施这三个相关行为。

1971 年，奥斯丁的学生塞尔继承并修正、发展了奥斯丁的言语行为理论。他将言语行为理论视为一种解释人类言语交际的理论。塞尔认为，说话者通过说一句话或若干句话来实施一个或多个言语行为，但言语行为本身与用以完成言语行为说出的话语不能混为一谈。他指出，讨论语言的使用问题不是意义和真理的关系问题，而是意义和使用的关系或意义和说话人说出话语意图的关系问题。因而，把语言哲学中许多问题的讨论都加以改造并融入关于一般人类行为的讨论这个更广大的背景中去，这是非常重要的。“我们之所以认为研究言语行为对语言哲学是重要的，是因为一切语言交流都包含有言语行为。语言交流的单位，并不是通常认为的那样是符号、词或句子，甚至也不是符号、词或句子的标记，而是完成言语行为时符号、词或句子的产生。更确切地说，在一定条件下产生的句子就是以言行事行为，而这种以言行事行为就是语言交流的最小单位。”（Searle，1971：6—7）因此，言语行为的一个重要特征是它具有意向性。这种行为不仅使用了语言符号，而且还表达了说话者的意向。

对于奥斯丁提出的“言语行为三分说”，塞尔认为“以言指事”是“以言行事”的一个子类，尽管这两个概念之间有差异，但并不足以明确区分开，每个“以言指事”的行为都是“以言行事”的行为，因此，他主张取消“以言指事”，用“命题行为”取代“以言指事”。后来在《言语行为理论》（*Theory of Speech Acts*）一书中，塞尔明确区分了三种言语行为：说话行为（即说出词、短语或句子）、命题行为（即指称某人某物或预示某事）和以言行事行为（如陈述、发问、许诺等行为）。关于命题行为，塞尔列举了 5 个例句来说明其中包含的命题行为：

（1）Will John leave the room?

（2）John will leave the room.

（3）John，leave the room!

（4）Would that John left the room?

（5）If John will leave the room，I will leave also.（Searle，1991：257）

这五个句子完成的是不同的以言行事行为。句（1）是问题，句（2）是预言，句（3）是命令，句（4）表达愿望，句（5）表达意图。不过，这五个语句包含一个共同的内容：John 离开房间，每个语句都提到 John 这个人，并提到“leave the room”（离开房间）这个活动，这种共同的内容即为“命题”，命题所完成的行为是“命题行为”。塞尔认为命题不同于断定或陈述，因为断定或陈述属于以言行事行为，而命题则不同。在绝大多数情况下，命题行为和以言行事行为是结合在一起的，个别情况下，一些表示以言行事行为的语句不包含命题内容。

另外，塞尔还指出奥斯丁的以言行事分类存在缺陷，“总之，奥斯丁的分类（至少）有六个相互关联的问题，按其越来越重要的次序排列分别是：始终把动词和行为混淆起来；并不是所有这些动词都是以言行事的动词；在各个种类之间有过多的重叠；在各个种类内部存在过多的异质成分；在各个种类的范围内列举的动词有许多不符合该类的定义；最重要的是，这种分类缺乏始终一贯的原则”（Searle，1979：11－12）。塞尔还提出了自己的分类标准，并将言语行为分为五类：宣布（declarations）、陈述（representatives）、表达（expressives）、指令（directives）和受约（commissives）。宣布行为一旦实施，马上就会改变世界，如宣战、洗礼、解雇等。陈述行为指说话人陈述他/她认为某件事是或不是什么样的，如断言、结论等。通过陈述行为，说话人使自己的话语与外部世界吻合。表达行为指表达的是说话人心中所感，如心理状态的愉悦、痛苦、喜欢、厌恶、快乐、忧伤等，通过实施表达行为，说话人使说出的话语与外部世界（即感觉）相吻合，如感谢、道歉、祝贺、欢迎等。指令行为指说话人命令他人做某件事情，如命令、请求、建议等。指令行为可以使用祈使句、问句，可以是肯定的，也可以是否定的。在实施指令行为时，说话人力图通过听话人的行为使得世界吻合他/她的话语，即达成所愿。受约行为指的是说话人使自己受制于将来的某个行为，如承诺、威胁、发誓等，说话人力图通过受约行为让世界吻合自己的话语。

沈家煊（1986：167）将言语行为理论界定为“一种结合说话人和听话人的行为来分析话语作用的理论”。该理论对语言学，尤其是社会语言学、心理语言学和语用学的发展产生了重要的影响，突破了传统语言学的研究范畴，为语言研究提供了新视角。

4.4　合作原则

合作原则诞生于20世纪60年代。1967年，英国分析哲学家保尔·格赖斯（Paul Grice）在哈佛大学的系列讲座中提出了会话隐含的概念。1975年，讲座中的部分内容发表于*Logic and Conversation*（《逻辑与会话》），旨在创建一套系统的有关蕴涵意义的理论，其核心观念就是合作原则。1978年，他在*Further Notes on Logic and Conversation*（《逻辑与会话补注》）一文中进一步阐释了自己的观点：

The following may provide a first approximation to a general principle. Our talk exchanges do not normally consist of a succession of disconnected remarks，and would not be rational if they did. They are characteristically，to some degree at least，cooperative efforts; and each participant recognizes in them，to some extent，a common purpose or set of purposes，or at least a mutually accepted direction... We might then formulate a rough general principle which participants will be expected to observe，namely：make your conversational contribution such as is required，at the stage at which it occurs，by the accepted purpose or direction of the talk exchange in which you are engaged. One might label this the cooperative principle.（Grice，1975：43）

会话不是凌乱的，而是受到一定条件制约的。所有的语言使用者，无论来自哪种文化背景，在进行交谈时都不会说出一连串互不连贯的话，这是因为交谈双方互相合作，共同遵循一个目的或一组目的。为了达到某一（些）目的，会话双方都遵循一些基本原则，在会话中相互配合——合作原则（Cooperative Principle）。该原则的基本内容是：在进行语言交流时，我们总是假设交谈双方在说出自己的话语时会彼此合作，也就是说，交谈双方不会力图迷惑或欺骗对方。在大多数情况下，这种对彼此合作的假设和信赖是相互理解对方话语意思的出发点。

为了进一步说明合作原则，格赖斯（1975）套用康德的质、量、方式、相关四个范畴，每个范畴下又划分了几个具体的准则和次准则。四个准则和次准则分别是：

（1）质的准则（the maxim of quality）：尽量说真实的话语。不要说你认为错误的话语，不要说缺乏足够证据的话语。

（2）量的准则（the maxim of quantity）：话语提供当时所需的最大量信息，不要提供超出所需的过量信息。

（3）相关准则（the maxim of relevance）：说相关的话语。

（4）方式准则（the maxim of manner）：说清晰明了的话语。避免含糊的表达，避免歧义，力求简短，力求有条理。

前三条准则涉及会话内容，第四条准则是关于表达方式的说明。每个准则又可分解为一些次准则（submaxim）。

如果会话者要直截了当表达自己的意思，就必须遵守上述四条准则。但在实际生活中，人们常常会在不同程度上有意不遵守这些规则。由于对这些准则的轻视（flout），就产生了一种所谓“会话隐涵”（conversational implicature）的效果，旨在传达一种潜在的真正意图。格赖斯认为会话含义产生于两种途径：一是交际者通过遵守合作原则及其准则产生一般含义，二是交际者在遵守合作原则的基础上有意违反某些准则而产生特殊含义。例如格赖斯就特殊含义给出的示例：

Dear Sir：

Mr. X command of English is excellent and his attendance at tutorial has been regular.

信息不足，违反了量的准则的第一条次准则：话语提供当时所需的最大量信息。产生的含义是：导师对该学生的表现并不满意。

A：How is C getting on with his job at the bank?

B：Oh，quite well，I think. He likes his colleagues and hasn't been to prison yet.

说话人B违背了量的准则的第二条次准则：不要提供超出所需的过量信息。产生的含义是：B在说反话，C的工作表现并不令人满意，而且还犯了很多错误。

A：What if the USSR blockades the Gulf and all the oil?

B：Oh，come on now，Britain rules the seas.

B违反了质的准则（尽量说真实的话语）的第一条次准则：不要说你认为错误的话语。B的话语含蓄地传递了相反的意思。

Johnny：Hey Sally，let's play marble.

Mother：How is your homework getting along，Johnny?

Mother违反了相关准则，言下之意是提醒Johnny没有完成作业，不能跟Sally一起玩。

A：Let's get the kids something.

B：Okay，but I vote C－H－O－C－O－L－A－T－E.

B违反了方式准则的第三条次准则：力求简短，目的是不让孩子听懂。

尤尔（1996：36）曾给出一个例子以说明会话一方如果选择不合作态度会发生什么情况：

一女子坐在公园的长椅上。长椅前面的草地上趴着一条狗。一男子走来，在同一张长椅上坐下，跟那名女子搭讪道：

男：你的狗咬人吗?

女：不咬人。

(男子俯身去摸那只狗，狗一口咬住他的手。)

男：哎哟！你刚才不是说你的狗不咬人吗!?

女：我的狗是不咬人，但这不是我的狗。

格赖斯（1975）提出的合作原则为分析语用会话含义提供了新的理解思路，给话语交际研究产生了较大的影响。但也有学者对合作原则提出了质疑和批评。例如，萨多克（Sadock，1978）认为合作原则的各个准则比较笼统，只是含义推导的必要条件而非充分条件。卡舍尔（Kasher，1976）提出了理性原则（Rationality Principle）；威尔森和施佩贝尔（1981）提出了关联原则（Principle of Relevance）；英国语言学家杰弗里·利奇（Geoffrey Leech，1983）认为合作原则无法解释所有的语用交际现象，提出了包括六条准则和相关次准则的礼貌原则（Politeness Principle）作为合作原则的补充。不过，合作原则不应被看作是用来制约或调节会话行为的规定，而是交际者赖以表达和理解意义的一种理论构筑，是建立会话连贯性、推导会话含义的机制（陈新仁，2000：37）。

4.5　礼貌原则

在20世纪50年代，一些学者，如欧文·戈夫曼（Erving Goffman）、佩内洛普·布朗（Penelope Brown）和斯蒂芬·C. 莱文森（Stephen C. Levinson）等都注意到语言运用中的礼貌现象。戈夫曼（1967）提出了“面子”（face）概念。布朗和莱文森（1987：66）将面子定义为“the public self-image that every member wants to claim for himself”（个人在公众面前表现出的自我形象）。这一自我形象包括个人情感意识（emotional sense of self）和社会意识（social sense of self）两个方面，即每个人都拥有并希望得到他人认可的情感需要和社会需要。他们建构了面子理论（Face-saving Theory），认为面子是礼貌概念的根本，是用来表示自己认可他人“面子”需求的方式，是人们交际时的心理基础，而维护交际双方的面子是言语交际的最终目的。会话双方必须确定两人之间社会距离（social distance）的亲疏，由此采取相应的礼貌方式。当两人之间的社会距离较远时，礼貌表现为尊重（respect）；当两人之间的社会距离较近时，礼貌表现为亲密（friendliness），甚至亲昵（intimacy）。他们还界定了积极面子（positive face）和消极面子（negative face）两个概念。积极面子指的是 the positive consistent self-image or personality（crucially including the desire that this self-image be appreciated and approved of）claimed by interactants（意在得到他人接受认可，被某个社会团体接纳为成员，并确知个人所求与所属社团中其他成员的需求是一致的）（Brown & Levinson，1987：61）。消极面子指的是每个个体同时还需要独立、享有行动的自由以及不受他人干扰控制（the basic claim to territories，personal preserves，rights to non-distraction—i. e. freedom of action and freedom from imposition）（Brown & Levinson，1987：61）。积极面子通过展现友好来寻求等同（solidarity），如使用称赞语、非正式语等。而消极面子的界定难度较大，因为需要交际双方进行彼此认定对方的消极面子，即不冒犯对方。然而，在特定的文化中，由于说话人和听话人对积极面子和消极面子有不同的认识，在使用该术语时，"不仅要考虑到标准问题而且也要考虑到特定文化以及语境中特定的交际行为问题"（Meier，1995：386）。

格赖斯（1975：47）曾提到了礼貌（Be polite）准则，但没有深入阐述。洛克夫（1977）指出，语用能力有两个基本原则——"Make yourself clear"（表达清晰）和"Be polite"（有礼貌）。她还提出了礼貌的三个原则：Formality（don't impose/remain aloof）[礼节（不要强加/保持距离）]、Hesitancy（give the addressee his options）[犹豫（让听话人自己决定）]、Equality or camaraderie（act as though you and the addressee were equal/make him feel good）[平等或同志友情（双方建立平等关系/让对方感觉良好）]。

洛克夫认为礼貌是人们"在人际交流时减少摩擦的一种手段"（1979：64）。

利奇（1983）认为格赖斯（1975）提出的合作原则中的违反量的准则是受礼貌策略的影响，因此在戈夫曼（1967）与布朗和莱文森（1978）提出的"面子"概念的基础上，利奇（1983）提出了礼貌原则（Politeness Principle），用于弥补格赖斯的合作原则的缺陷——没有解释说话人在交际过程中总要违反会话准则的根源，也没有解释听话人怎样推导出话语的特殊含义，不能解释非陈述类型话语表达的意义与权势之间的关系（Leech，1983：15－16）。利奇将"礼貌原则"与合作原则并列，都归属于"人际修辞"的框架下。他将"修辞"解释为"一系列被其功能联系在一起的会话原则"（Leech，1983：15），在会话中，人们常常在违反合作原则的同时遵守礼貌原则。

利奇建构的礼貌原则还有一系列礼貌准则（politeness maxims）（Leech，1983：132），具体包括：

TACT MAXIM：Minimize cost to other. Maximize benefit to other.

GENEROSITY MAXIM：Minimize benefit to self. Maximize cost to self.

APPROBATION MAXIM：Minimize dispraise of other. Maximize praise of other.

MODESTY MAXIM：Minimize praise of self. Maximize dispraise of self.

AGREEMENT MAXIM：Minimize disagreement between yourself and others. Maximize agreement between yourself and others.

SYMPATHY MAXIM：Minimize antipathy between yourself and the others.

Maximize sympathy between yourself and the others.

（得体准则：

尽量减少他人付出的代价，尽量增大对他人的益处。

慷慨准则：

尽量减少对自己的益处，尽量增大自己付出的代价。

赞许准则：

尽量少贬别人，尽量多赞誉他人。

谦逊准则：

尽量少赞誉自己，尽量多贬低自己。

赞同准则：

尽量减少双方的分歧，尽量夸大双方的一致。

同情准则：

尽量减少对他人的反感，尽量扩大对他人的同情。）

布朗和莱文森在他们提出的面子理论的基础上建构了礼貌模式（explicit model of politeness），具有跨文化分析效度：

The general idea is to understand various strategies for interactional behavior based on the idea that people engage in rational behavior to achieve satisfaction of certain wants. The wants related to politeness are the wants of face, "something that is emotionally invested, and that can be lost, maintained, or enhanced, and must be constantly attended to in interaction". (Brown & Levinson, 1987: 66)

格林（Green, 1992: 6）将礼貌等同为"considerateness"（体谅），是"one of many maxims representing 'instantiations in a context of the Cooperative Principle', on the same epistemological footing with the maxims of quality, quantity, relevance, and manner"。

顾曰国（1992）从中国文化的特殊性出发，建构了适用于中国文化的礼貌原则及相关准则，具体包括：

贬己尊人准则：在指谓自己或与自己相关的事物时，要"贬"，要"谦"；在指谓听者或与听者有关联的事物时，要"抬"，要"尊"。

称呼准则：用适当的称呼语主动跟对方打招呼。遵循"上下有义，贵贱有分，长幼有序"等原则。

文雅准则：选用雅言，禁用秽语；多用委婉，少用直言。

求同准则：会话双方在诸多方面力求和谐一致，尽量满足对方的要求。当不得不批评别人或发表不同意见时，可以"先褒后贬"，也就是指出并肯定双方的共同点，给对方个面子，然后才说出不同点。

德、言、行准则：在行为动机上，尽量减少他人付出的代价，尽量增大对他人的益处；在言辞上，尽量夸大别人给自己的好处，尽量缩小自己付出的代价。

比较利奇和顾曰国的礼貌原则可以看出，中国文化中"贬己尊人"与西方的"谦虚准则"和"赞誉准则"相对应，二者都含有自谦的意思，但是中国文化中的"贬己尊人"通常是以自贬来敬人、褒人，这种通过对个体自我价值的否定来达到对他人的褒扬的做法，在西方人眼中，是难以接受的。西方人尊人，但不贬己，恭而不谦。他们对别人的赞扬，往往欣然接受并表示感谢。而中国人会用贬低自己的方法来抬高对方，而对对方的赞美往往表示出谦逊的态度（雷淑娟，2012）。中国人请朋友吃饭时，虽然精心准备了丰盛的饭菜，菜也做得很好吃，可还是要对客人说“没特意准备什么菜”“菜做得不好，你随便吃点吧，别客气”“没什么菜”或“都是些家常便饭，不知合不合你的口味”。中国人送礼，虽然为朋友准备了精美的礼物，但送给别人时还要说：“一点小意思，不成敬意。”中国人多在称呼上反映对别人的敬意。比如，对方明明比你大，他却会称你为“兄”；在路上，要是有人向你问路，尽管问路人比你大十几岁甚至几十岁，可对方却会称你为“大哥”“大姐”，把对你的称呼抬高一辈。而在美国，时时处处都要表现出强烈的自信心。在求职面试时，要让人感到“这个位置非我莫属”，要把七八分能力说成十分，否则工作就会被只有五六分能力的人抢走。在美国求职面试中，即使这个工作以前没做过，也要自信并使对方确信你能在短期内胜任这个工作。因为美国人认为适当的夸张不是吹牛，而是自信心的体现。

言语是否礼貌在很大程度受文化规约，因为礼貌具有文化特性（毕继万，1996）。利奇（1983）也认为，在不同文化中，礼貌原则中各项准则的重要性是不尽相同的。东方有些文化社团（如中国和日本）比西方国家更重视谦虚准则；说英语的文化社团（尤其是英国）更重视策略准则；地中海国家更重视慷慨准则，而不大重视谦虚准则。不同的文化影响和制约言语礼貌性的重要方面，如果被说话者忽略或被受话者忽视，只按照某一文化的标准来使用礼貌用语或衡量另一文化中人们的言语行为，言语交际就容易陷入困境。

中西礼貌语用的差异受不同思维模式的影响。“中西传统文化思维方式的差异集中体现在整体的思维定势和个体的思维定势及群体取向和个人主义取向。”（云虹，2008：112）何兆熊（1999）认为，西方文化中的礼貌是指向理想的个人自主性，而汉语文化中的礼貌是指向理想的社会同一性，这是中西方礼貌内涵差异的本质特征。

中华民族崇尚“天人合一”，由此形成了圆形思维模式，使得中国人在思想意识上追求整体、笼统、综合，在知觉上注重直觉。西方文化强调天人相分、物我对立，认为人与自然、物质与精神、人与神乃至世界万物都是二元对立，强调事物只有在与个体的对立中才能存在。西方人是线性思维，注重分析、逻辑与准确，崇拜个人主义，追求自由和差异，认为与个人有关的一切都应被尊重。

4.6 不礼貌行为研究

近年来，礼貌研究领域出现了“不礼貌转向”。2006年和2009年，在哈德菲尔德大学和兰卡斯特大学分别召开了“言语不礼貌和粗鲁”国际学术会议。布龙菲尔德的《交际中的不礼貌》（*Impoliteness in Interaction*）（2008）、卡尔佩珀（Culpeper）的《不礼貌：用言语来冒犯》（*Impoliteness：Using Language to Cause Offence*）（2011）以及布龙菲尔德和洛赫尔（Locher）所编的论文集《语言中的不礼貌：与权势相互作用的理论与实践研究》（*Impoliteness in Language：Studies on Its Interplay with Power in Theory and*

Practic）（2008）引起了人们很大的关注，成为不礼貌研究领域最具影响力的研究成果，并吸引了越来越多学者的关注，研究视阈涉及社会心理学、社会学、社会语用学等领域。近年来出现的建构主义范式下的不礼貌研究，包括话语分析法（如 Locher，2004，2006；Locher & Watts 2005，2008；Watts 2003，2005）、后现代分析法（如 Eelen，2001；Mills，2002，2011）、互动分析法（如 Arundale，1999，2006；Haugh，2007；Haugh & Bousfield，2012）、社会心理分析法（如 Spencer-Oatey，2005，2007）、历时语用法（如 Culpeper & Kadar，2010；Kadar，2007）（转引自李元胜，2014）。一些学者尝试创建了不礼貌理论。例如，利奇（1983：105）将礼貌分为“相对礼貌”和“绝对礼貌”，并指出，即使在绝对礼貌中，“命令”这种言语行为本身就是不礼貌的，但他认为冲突性交际在正常情况下处于人类言语行为的边缘。洛克夫（1989）将礼貌连续体分为“礼貌”“不礼貌”和“粗鲁”三个层次。她注意到，在法庭对话和医患对话中的工具性不礼貌，即相关职业人员为了达到了解真相这一目的而使用的话语。洛克夫的礼貌三分法为将不礼貌分析纳入礼貌理论提供了可能。卡斯帕（Kasper，1990：208）从说话人视角出发，将粗鲁分为两种：“无动机型粗鲁”和“动机型粗鲁”。前者会导致语用失误和其他形式的交际失败，后者是有意识的不礼貌行为，可以再分为情感失控、策略型和反语三个子类（Kasper，1990：209）。卡尔佩珀（1996：356－357）仿照布朗和莱文森（1985）建构的礼貌模式，提出了不礼貌策略：公开不礼貌、积极不礼貌、消极不礼貌、讽刺虚假不礼貌和礼貌缺失。2003 年和 2011 年，卡尔佩珀与其他学者一起对该模式进行了修正完善，建立了一个更为完整的不礼貌研究分析模式。

一些学者对不礼貌行为展开了案例分析。例如毕比（Beebe，1995）讨论了纽约街头谈话的动机型粗鲁，指出粗鲁可能是工具性的。布斯菲尔德（Bousfield，2008）用真实的日常话语分析了不礼貌语言在不同语篇中的运用，提出在研究不礼貌言语行为事件时，应充分考虑交际参与者的权势、权利、义务和角色。

课题研究

（1）××话语中的（不）礼貌行为研究

（2）新媒体语境下中国老人媒介身份建构的伦理语用学研究

（3）言语行为的会话分析研究

（4）基于语体的商务英语话语研究

文献阅读

一、外文文献

BHATIA V K，2002. Worlds of written discourse：a genre-based view [M]. London：Continuum.

CULPEPER J，2012.（Im）politeness：three issues［J］. Journal of pragmatics（44）：1128－1133.

HUDSON R A，1996. Sociolinguistics［M］. 2nd ed. Cambridge：Cambridge University Press.

SWALES J M，1990. Genre analysis：English in academic and research settings［M］. Cambridge：Cambridge University Press.

二、中文文献

顾曰国，1989. 奥斯汀的言语行为理论：诠释与批判［J］. 外语教学与研究（1）：30－39.

顾曰国，1994. John Searle 的言语行为理论：评判与借鉴［J］. 国外语言学（3）：11－15.

参考文献

一、外文文献

ARUNDALE R，1999. An alternative model and ideology of communication for an alternative to politeness theory［J］. Pragmatics（9）：119－153.

ARUNDALE R，2006. Face as relational and interactional：a communication framework for research on face，facework and politeness［J］. Journal of politeness research language behavior culture（2）：193－216.

AUSTIN J L，1962. How to do things with words［M］. Oxford：Oxford University Press.

AUSTIN J L，1975. Philosophical papers［M］. Oxford：Oxford University Press.

AUSTIN J P M，1987. The dark side of politeness：a pragmatic analysis of non-cooperative communication［D］. Christchurch：University of Canterbury.

BEEBE L M，1995. Polite fictions：instrumental rudeness as pragmatic competence［M］//JAMES E，ALATIS C，STRACHLE A，GALLENBERGER B，RONKIN M（eds.）. Linguistics and the education of language teachers：ethnolinguistic，psycholinguistic and sociolinguistic aspects. Georgetown：Georgetown University Press，154－168.

BERKENKOTTER C，HUCKIN T N，1995. Genre knowledge in disciplinary communication：cognition/culture/power［M］. Hillsdale，New Jersey：Lawrence Erlbaum Associates Publishers.

BEX T，1996. Varieties in written English-texts in society：societies in text［M］. London and New York：Routledge.

BHATIA V K，1993. Analyzing genre：language use in professional settings［M］.

London/New York：Longman.

BHATIA V K，2002. Worlds of written discourse：a genre-based view [M]. London：Continuum.

BOUSFIELD D，2008. Impoliteness in interaction [M]. Amsterdam：John Benjamins Publishing.

BOUSFIELD D，2008. Impoliteness in the struggle for power [M] //BOUSFIELD D，LOUCHER M A（eds.）. Impoliteness in language：studies on its interplay with power in theory and practice. Berlin/New York：Mouton de Gruyter，127－153.

BOUSFIELD D，CULPEPER J，2008. Impoliteness：eclecticism and diaspora [J]. Special issue of the journal of politeness research：language，behavior，culture，4（2）：161－337.

BROWN P，LEVINSON S，1978. Universals in language usage：politeness phenomena [M] //GOODY E（ed.）. Questions and politeness：strategies in social interaction. Cambridge：Cambridge University Press，65－311.

BROWN P，LEVINSON S，1987. Politeness：some universals in language usage [M]. Cambridge：Cambridge University Press.

CATFORD J C，1965. A linguistic theory of translation [M]. London：Oxford University Press.

CULPEPER J，1996. Towards an anatomy of impoliteness [J]. Journal of pragmatics（3）：349－367.

CULPEPER J，2009. Historical sociopragmatics：an introduction [J]. Journal of historical pragmatics，20（2）：179－186.

CULPEPER J，2011. Impoliteness：using language to cause offence [M]. Cambridge：Cambridge University Press.

CULPEPER J，BOUSFIELD D，WICHMANN D，2003. Impoliteness revisited：with special reference to dynamic and prosodic aspects [J]. Journal of pragmatics（35）：1545－1579.

EELEN G，2001. A critique of politeness theories [M]. Manchester：St. Jerome Publishing.

FERGUSON C A，1994. Dialect，register and genre：Working assumptions about conventionalization [M] //BIBER D，FINEGAN E（eds.）. Sociolinguistic perspectives on register. Oxford：Oxford University Press，15－30.

FIRTH J R，1995. The technique of semantics [J]. Transactions of philological society，34（1）：7－33.

FIRTH J R，1951. Papers in linguistics：1934－1951 [M]. Oxford：Oxford University Press.

FOWLER A，1982. Kinds of literature [M]. Oxford：Oxford University Press.

FROW J，1980. Discourse genres [J]. The journal of literary semantics（9）：73－

79.

GHADESSY M, 1988 (ed.). Register of written English: situational factors and linguistic features [M]. London: Pinter.

GHADESSY M, 1993 (ed.). Register analysis: theory and practice [M]. London: Pinter Publishers.

GOFFMAN E, 1967. Interactional ritual: essays on face-to-face behavior [M]. Garden City, New York: Anchor Books.

GOFFMAN E, 1981. Forms of talk [M]. Philadelphia: University of Pennsylvania Press.

GREEN G M, 1996. Pragmatics and natural language understanding [M]. New Jersey: Lawrence Erlbaum Associates Publishers.

GREGORY M, CARROLL S, 1978. Language and situation: language Varieties in their social contexts [M]. London: Routledge & Kegan Paul.

GRICE H P, 1975. Logic and conversation [M] //COLE P, MORGAN J (eds.) 1975. Syntax and semantics 3: speech acts. New York: Academic Press, 41－58.

GRICE H P, 1989. Studies in the ways of words [M]. Cambridge: Harvard University Press.

GU Y G, 1990. Politeness phenomena in modern Chinese [J]. Journal of pragmatics (14): 237－257.

HALLIDAY M A K, 1978. Language as a social semiotic [M]. London: Edward Arnold.

HALLIDAY M A K, 1985. An introduction to functional grammar [M]. London: Edward Arnold.

HALLIDAY M A K, HASAN R, 1985. Language, context and text: Aspects of language in a social-semiotic perspective [M]. Geelong victoria: Deakin University Press.

HALLIDAY M A K, MCINTOSH A, STREVENS P, 1964. The linguistic sciences and language teaching [M]. London: The English Language Book Society and Longman Group Ltd.

HAUGH M, 2007. The discursive challenge to politeness research: An interactional alternative [J]. Journal of politeness Research, 3 (2): 295－317.

HAUGH M, BOUSFIELD D, 2012. Mock impoliteness, jocular mockery and jocular abuse in Australian and British English [J]. Journal of pragmatics (44): 1099－1114.

HUDSON R A, 1996. Sociolinguistics [M]. 2nd. Cambridge: Cambridge University Press.

JOOS M, 1962. The five clocks: a lingusitic excursion into the five styles of English usage [M]. New York：Harcourt Brace.

KADAR D Z，2007. Terms of (im) politeness：a study of the communicational properties of traditional Chinese terms of address [M]. Budapest：University of Budapest Press.

KADAR D Z，CULPEPER J，2010. Historical (im) politeness：an introduction [M] //CULPEPER J，KADAR D Z (eds.). Historical (im) politeness. Bern：Peter Lang，9—36.

KASPER G，1990. Linguistic politeness：current issues [J]. Journal of Pragmatics，14 (2)：193—218.

LAKOFF R，1979. Stylistic strategies within a grammar of style [J]. The Annals of the New York Academy of Sciences (327)：53—80.

LAKOFF R，1989. The limits of politeness：Therapeutic and courtroom discourse [J]. Multilingua，8 (3)：101—129.

LECKIE-TARRY H，1995. Language and context [M]. London：Pinter.

LEECH G，1983. Principles of pragmatics [M]. New York：Longman Inc..

LEECH G，2003. Towards and anatomy of politeness in communication [J]. International journal of pragmatics (14)：101—123.

LOCHER M A，2004. Power and politeness in action [M]. Berlin：Mouton de Gruyter.

LOCHER M A，2006. Polite behavior within relational work：The discursive approach to politeness [J]. Multilingua，25 (3)：249—267.

LOCHER M A，BOUSFIELD D，2008. Introduction：Impoliteness and power in language [M] //BOUSFIELD D，MIRIAM L (eds.) Impoliteness in language：studies on its interplay with power in theory and practice (language，power and social process). Berlin：Mouton de Gruyter，1—13.

LOCHER M A，Watts R J，2005. Politeness theory and relational work [J]. Journal of politeness research (1)：9—33.

LOCHER M A，WATTS R J，2008. Relational work and impoliteness：negotiating norms of linguistic behavior [M] //BOUSFIELD D，LOCHER M A (eds.). Impoliteness in language：studies on its interplay with power in theory and practice (language，power and social process). Berlin & New York：Mouton de Gruyter，77—99.

MALINOWSKY B，1923. The problem of meaning in primitive languages [M] // OGDEN C K，RICHARDS I A (eds.). The meaning of meaning. London：Routledge & Kegan Paul，296—336.

MALINOWSKY B，1935. Coral gardens and their magic [M]. London：Allen & Unwin.

MARTIN J，1985. Process and text：two aspects of human semiosis [M] //

BENSON J D, GREAVES S W (eds.). Systemic perspectives on discourse, vol. 1. Norwood N J: Ablex, 248—274.

MARTIN J R, 1992. English text [M]. Amsterdam: Benjamins.

MARTIN J R, CHRISTIE F, ROTHERY M, 1987. Social process in education [M] //REID I (ed.). The place of genre in learning: current debates. Geelong, vic.: Deakin University Press.

MARTIN J R, ROTHERY M, 1986. What a functional approach to the writing task can show teachers about "good writing" [M] //COUTURE B (ed.). Functional approaches to writing: research perspectives. Norwood N J: Ablex, 241—265.

MILLER C R, 1984. Genre as social action [J]. Quarterly journal of speech (70): 151—167.

MILLS S, 2002. Rethinking politeness, impoliteness and gender identity [M] // LITSELLITI L, SUNDERLAND J (eds.). Gender identity and discourse analysis. Amsterdam and Philadelphia: John Benjamins, 69—89.

MILLS S, 2011. Discursive approaches to politeness and impoliteness [M] //The linguistic politeness research Group (ed.). Politeness now. Berlin & New York: Mouton de Gruyter, 11—46.

RADFORD A, ATKINSON M, BRITAIN D, CLASHEN H, SPENCER A, 1999. Linguistics: an introduction [M]. Cambridge: Cambridge University.

REID T B S, 1956. Linguistics, structuralism and philology [J]. Archivum linguisticum (8): 9—21.

SAVILLE-TROIKE M, 1982. The ethnography of communication [M]. Oxford: Basil Blackwell.

SEARLE J, 1971. The philosophy of Language [M]. Oxford: Oxford University Press.

SEARLE J R, 1975. Indirect speech acts [M] //SEARLE J R (ed.). Expression and meaning. Cambridge: CUP.

SEARLE J R, 1979. Expression and meaning [M]. Cambridge: CUP.

SPENCER-OATEY H D M, 2005. (Im) Politeness, face and perceptions of rapport: Unpackaging their bases and interrelationships [J]. Journal of politeness research: language, behavior, culture, 1 (1): 95—119.

SPENCER-OATEY H D M, 2007. Culturally Speaking: managing rapport through talk across cultures [M]. London & New York: Continuum.

SPERBER D, WILSON D, 1986. Relevance: communication and cognition [M]. Oxford: Blackwell.

SWALES J M, 1981. Aspects of article introductions [C]. Aston ESP research report No. 1, language studies unit. Birmingham: University of Aston.

SWALES J M, 1986. A genre-based approach to language across the curriculum

[C] //Paper presented at the RELC seminar in language across the curriculum, at SEAMEO Regional Centre, Singapore. TICKOO M L (ed.) Language across the curriculum. Singapore: SEAMEO Regional Language Center.

SWALES J M, 1990. Genre analysis: English in academic and research settings [M]. Cambridge: Cambridge University Press.

TARONE E, DWYER S, GILLETTE S, et al, 1981. On the use of the passive in two astrophysics journal papers [J]. English for specific purposes (1): 123-140.

TODOROV T, 1978. The origin of genres [J]. New literary history (8): 159-170.

TROSBORG A, 1991. An analysis of legal speech acts in English Contract Law [J]. Hermes (6): 1-25.

URE J, ELLIS F, 1977. Register in descriptive linguistics and linguistic sociology [M]. Hague: Mouton Publishers.

VAN DIJK T A, 1977. Text and context [M]. London: Longman.

WATTS R, 2003. Politeness [M]. Cambridge: Cambridge University Press.

WATTS R, 2005. Linguistic politeness and politic verbal behavior: reconsidering claims for university [M] //WATTS R, IDE S, EHLICH K (eds.). Politeness in language: studies in its history, theory and practice. Berlin: Mouton de Gruyter, 43-69.

WIDDOWSON H G, 1983. Learning purpose and language use [M]. Oxford: OUP.

YULE G, 1996. Pragmatics [M]. Oxford: Oxford University Press.

二、中文文献

毕继万，1996. “礼貌”的文化特性研究 [J]. 世界汉语教学 (1)：76-91.

陈新仁，2000. 会话“不合作”现象论析 [J]. 扬州大学学报，4 (2)：37-43.

顾曰国，1992. 礼貌、语用与文化 [J]. 外语教学与研究 (4)：10-17.

何兆熊，1999. 新编语用学概要 [M]. 上海：上海外语教育出版社.

胡壮麟，朱永生，张德禄，1987. 系统功能语法概论 [M]. 长沙：湖南教育出版社.

雷淑娟，2012. 跨文化言语交际教程 [M]. 上海：学林出版社.

李元胜，2014. 现代汉语不礼貌言语行为研究 [D]. 武汉：华中师范大学.

沈家煊，1986. 语用学论题之三：言语行为 [J]. 国外语言学 (4)：166-172+175.

汪少华，2000. 语域理论新探 [J]. 山东外语教学 (2)：6-10.

云虹，2008. 论社会礼貌原则的民族性 [J]. 学术论坛 (5)：111-113+128.

第 5 章　跨文化交际

5.1　跨文化交际的定义、发展和研究领域

5.1.1　跨文化交际的定义

跨文化交际是一门在传播学（Communication）理论基础上，与人类学、心理学、语言学、文化学以及社会学等相互交叉而发展起来的学科，源于美国，始于 20 世纪 60 年代。人类学家爱德华·霍尔（Edward Hall）于 1959 年出版的著作《无声的语言》（*The Silent Language*）综合了文化与交际的一些关键和基本问题，指出不同文化对人际间距离和时间感知的不同导致了对异文化的误解，并首次提出了“跨文化交际”这个概念（Hall，1959）。一些学者开始对文化人类学的研究成果感兴趣，进而探讨文化与交际的关系，从而产生了跨文化交际学。研究跨文化交际应抓住“文化”与“交际”这两个关键词，二者缺一不可（林大津，1999）。可见，跨文化交际学是一门探讨文化与交际相互映衬的学科，而对跨文化交际这一概念的理解也应建立在文化与交际的基础之上。

5.1.1.1　文化的内涵与特点

1952 年，美国学者克鲁伯和克罗孔（Kroeber & Kcluckhohn）在《文化，关于概念和定义的评述》（Culture，A Critical Review of Concepts and Definitions）中总结了学者们从不同学科的角度给文化下的 164 条定义。目前，“文化”定义的数量已增加到近 300 种，其中最具有代表性的有：

文化是指人类社会历史发展过程中所创造的物质财富和精神财富的总和，特指精神财富如文学、艺术、教育、科学等。——《现代汉语词典》

Culture is the beliefs，way of life，art，and customs that are shared and accepted by people in a particular society. ——《朗文当代高级英语词典》

英文中的“culture”来自拉丁语“cultura”，源于“cultus”，词意包括耕种、居

住、练习、留心或注意以及敬畏神灵（a noun with meanings ranging from "tilling, cultivation" to "training or education" to "adoration"）。——《韦氏词典》

文化是一个复杂的综合体，包括知识、艺术、宗教、神话、法律、风俗，以及人类在社会里所得一切的能力与习惯。——《原始文化》（Edward Tylor，1871）

文化由外显和内隐的行为模式构成，这种行为模式通过象征符号而获得和传播；文化代表了人类群体的显著成就，包括它们在人造器物中的体现；文化的核心部分是传统观念，尤其是它们带来的价值观念；文化体系一方面可以看作是活动的产物，另一方面则是进一步活动的决定性因素。——《文化，关于概念和定义的评述》（Kroeber & Kcluckhohn，1952）

经过若干个世纪以来个人与集团的努力，被大多数人所继承的知识、经验、信念、价值观、态度、意义、阶级、宗教、时间观念、角色分工、空间的运用、世界观、物质财富等等的总体。——《跨文化交际》（Samovar，Poter & Stefani，2000）

文化的定义虽然各不相同，但其特点确是大家普遍认可的。一般认为，文化具有以下7个特征（Samovar，Poter & Stefani，2000）：

（1）文化是习得的。从出生开始，每位社会成员就在学习并内化自己文化中的行为模式与思维方式，从不同的途径与来源（如民间传说、神话、谚语、艺术、大众传媒等）习得文化。

（2）文化是世代传承的。美国哲学家梭罗（Thoreau）曾说"所有的过去都在这里"（All the past is here）。文化的存续需要关键信息的传承与核心价值观念的代代相传，任何学习链的断裂都能导致文化的消亡。

（3）文化以文字符号为基础。如果没有语言，人类的文化是不可想象的。人类经历了口头语言代代相传到以文字形式将文化记录传承的改变。语言使人类能交流做法、归类经验、表达思想。

（4）文化是变化的。文化是一个动态系统，不存在于真空。由于不断受外部思想观念的冲击，文化的变化在所难免。文化通过三种机制产生变化：文化革新（Innovation）、文化渗透（Diffusion）、文化移入（Acculturation）。例如，社交媒体的发展很明显地改变了人们的行为习惯。曼彻斯特的连锁夜店"仓库项目"的创始人萨查·罗德（Sacha Lord）认为，目前活跃的18到23岁人群非常在意他们的着装、外表和饮食，而这种现象来源于社交媒体的爆炸式发展。Instagram里的每个人都想要最完美的外表，都想要出入最火的地方。但是几年前，许多年轻人在夜店里纵酒狂欢。现在没人想要这么干了：每个人都想营造一种感觉，那就是自己正在过一种很棒的、完美的生活。

（5）文化具有整体性。文化是一个整体（integrated whole），具有系统性（systemic）。触碰文化的某一个点，其他所有部分都会受到影响。例如，人权是文化的一个方面，而美国的人权运动改变了该国的居住模式、歧视行为、教育机会、法律制度、就业机会等，进而改变了美国人的态度、价值观和行为方式。

（6）文化具有民族中心主义倾向。民族中心主义指每一种民族都具有自我中心倾向，以自己的文化标准来判断事物，或评价其他文化。人类学家普遍认为每一种文化都存在民族中心主义。民族中心主义影响着文化的自我形象，因为每一个民族的民间传说几乎总是包含着以自身为中心的起源神话，并在其特定的风俗习惯上盖上超自然的印记。

(7) 文化具有适应性。文化具有很强的生存能力，它的自我调节功能使之能适应新的形势。例如，过去几个世纪发生的一些历史事件使犹太人分散到世界各地，但犹太文化并没有就此消失，相反，它适应了新的环境并完好地保存下来。文化变革的力量与经济因素相结合，极大地改变了美国妇女的角色，而且男性和女性都不断努力以适应这种文化变化。第二次世界大战后的日本政府和经济几乎崩溃，但日本文化却得以幸存。现在的日本是世界上重要的政治和经济力量。这三个例子均说明了文化的适应性特征。

5.1.1.2 交际的内涵与要素

"交际"(communicate) 源于拉丁语 commonis，意为"共同""共享"。"共同"和"共享"既是交际的前提，也是交际的目的。同一文化中的人们之所以能进行有效交流，是因为他们在很多方面都共同和共享；而来自不同文化的人们在交流时会产生障碍，这要归因于他们共同和共享的东西较少。跨文化交际通过使不同文化的人们相互了解，产生更多"共同"和"共享"，从而消除交际过程中的障碍。

《朗文当代英语辞典》中，"交际"是人们交流信息或表达彼此的思想感情的过程(communication is the process in which people exchange information or express their thoughts and feelings)。卢斯蒂格和科斯特(Lustig & Koester)(1996：29)强调了"共享意义"对交际的重要性，他们将交际定义为人们运用符号创造共享意义的过程。贾玉新(1997)把交际看成一个动态多变的编译码过程——交际符号过程。他认为，当交际者把意义赋予言语或非言语符号时，就产生了交际。

那么，成功交际是依赖什么实现的呢？这就需要了解交际的主要组成部分——交际的要素。成功的交际需要信息源(message source)、讯息和信息(information and message)、编码和解码(encoding and decoding)、信息渠道(message channel)、信息接收者(message receiver)和反应与反馈(response and feedback)六个基本要素。信息源，或称为行为源(behavior source)，可以指持有信息的人或物。在人与人的交际中，信息源指人，而且通常指有交际需要和交际愿望的人。信息指信息源所提供的关于事物某种特性的情报、资料、知识、数据等。讯息是交际者在时空中某一特定时刻的心态的具体写照，是通过言语和非言语符号表达出来的，是人们在交际过程中发出的或接收到的讯号，这种讯号可以是语句，也可以是手势、动作、声响、人工制品等。编码是对信息加工的心理活动，是一个依据社会、文化、交往规则和语言规则对语码进行选择、组合，把个体的思想、感情、意见、信息用一定的符号编成讯息的过程。译码，或叫解码，就是把外界的刺激转化为有意义的经验. 即运用自己所掌握的语言规则、语用规则、社会环境、文化背景和情景因素等知识能力解析收到的信息的过程。信息渠道是把信源和信息接收者连接起来的物理手段或媒介。信息接收者，或叫信息反应者(responder)，与信息发出者(message sender)之间建立有意或偶然的联系。反应是信息接收者对所接收的信息所采取的相应行动的决定，但也可能是对反应行为的选择。反馈是发出信息者所接到的接收信息者的反应，是使信息源对其交际是否有效作出评价和判断的信息（吴进业、王超明，2005）。

5.1.1.3 跨文化交际

《朗文语言教学及应用语言学辞典》认为跨文化交际是“不同文化背景的人之间的思想、信息等的交流。跨文化交际中出现的问题一般要比相同文化背景的人之间的交际中出现的问题多。每个参与者都根据自己的文化习俗和预见理解别人的话语。如果说话者的文化习俗迥异，就很容易引起误解，甚至导致交际的完全失败”。该界定表明，所有不同文化背景的人之间的交际都可以看作跨文化交际。故此，跨文化交际可包括跨种族交际（interracial communication）、跨民族交际（interethnic communication）、同一主流文化内不同群体间的交际（intracultural communication）以及国际性的跨文化交际（international intercultural communication）等（贾玉新，1997）。从一般意义上说，跨文化交际可定义为来自不同国家文化的人们之间的交流，而且许多学者也把这种交流限定在面对面交流的层面上（Gudykunst，2003）。

英语中，“跨文化交际”时常对应两个单词：cross-cultural communication 和 intercultural communication。前者暗示着焦点只在于不同群体之间的对比，而不管他们之间是否有任何交际；后者则强调人们如何在语言使用的真实情景中彼此交际的问题。故此，本书中的跨文化交际选用“intercultural communication”。

5.1.2 跨文化交际的发展

作为一门学科，跨文化交际是在传播学（Communication）理论基础上，与人类学、心理学、语言学、文化学以及社会学等相互交叉而发展起来的。1959 年，人类学家霍尔在其力作《无声的语言》中首次运用跨文化交际概念对非言语交际行为做了理论分析。该书也因此被广泛认为是跨文化交际学诞生的标志。20 世纪 60 年代之后，更多学者加入研究行列，进行全面、深入的探讨。“随着认识的提高、研究的深入以及相关学科的发展和交融，1970 年，跨文化交际学第一次以独立的学科出现。20 世纪 90 年代起，跨文化交际学的研究领域、内容、方法、理论建构及应用等都达到了一个新高度。”（任瑞，2009：3）

戴晓东（2011）在《跨文化交际理论从欧洲中心到多中心演进探析》一文中探讨了国外跨文化交际研究的发展历程：

跨文化交际理论研究的第一个核心议题是文化差异问题。霍尔率先结合了人类学的文化与社会学的交际概念来研究跨文化交际。他探究身势语言（kinesics）、距离学（proxemics）以及时间学（chronemics）等非言语行为，论述了文化差异对交际的影响，并提出了高、低语境文化理论（high and low context cultures）。除此以外，欧伯格等人的文化冲击论（cultural shock）、格拉洪的文化适应周期论（acculturation stages）、白瑞的文化适应理论和金荣渊的跨文化调整理论（intercultural adaptation theory）也探讨了文化差异这个核心问题。

20世纪80年代开始，除了研究文化差异，价值、身份、能力和意义等议题也逐步成为学者们新的研究重心。有关文化差异与调整的理论有：刘易斯和江纳曼（Lewis & Junaman）的六阶段跨文化适应理论、金荣渊的综合的跨文化调整理论（integrative theory of intercultural adaptation）、古迪康斯特（Gudykunst）的焦虑与不确定性管理（anxiety and uncertainty management，AUM）理论、伯贡（Burgoon）的预期违背理论（expectancy violation theory）和盖洛斯（Gallois）等人的跨文化通融理论（intercultural accommodation theory）等。有关价值取向的理论代表有：霍斯泰德（Hofstede）的文化价值取向理论，探讨了个体主义和集体主义（individualism and collectivism）、权势距离（power distance）、不确定性规避（uncertainty avoidance）和男性度和女性度（masculinity and femininity）以及长期定位和短期定位（long-term and short-term orientation）5个价值维度。有关身份问题的理论主要有：丁允珠的面子协商理论（face negotiation theory）、科里尔和托马斯（Collier & Thomas）的文化认同理论（cultural identity theory）、库帕奇（Cupach）等的身份管理理论（identity management theory）以及丁允珠的身份协商理论（identity negotiation theory）等。有关能力的理论主要有：斯彼茨伯格和库帕奇（Spitzberg & Cupach）的三分法（认知层面的“知识”、情感层面的“动机”与行为层面的“技巧”）以及陈国明的跨文化交际能力理论（发展了三分法）等。有关意义理论的代表作主要有克罗南和皮尔士（Cronen & Pearce）等人的意义协同处理理论（coordinated management of meaning，CMM）。

我国的跨文化交际研究起步较晚，主要经历了三个大的发展阶段（池舒文、林大津，2014）。

（1）第一阶段（1983—1994年），主要引介美国跨文化交际学和零散研究。1983年，何道宽的两篇文章《介绍一门新兴学科——跨文化的交际》和《比较文化我见》以及胡文仲的《不同文化之间的交际与外语教学》正式介绍了美国的跨文化交际学。之后，胡文仲、林大津、贾玉新等学者不断推出跨文化交际论著与译著。

（2）第二阶段（1995—2002年），中国跨文化交际学会成立，学者的个人研究论著相继问世，展开学术对话，跨文化交际学课程开始普及，确立了中国跨文化交际学的学科地位。1995年，“中国跨文化交际研究会”成立，胡文仲当选会长。此后，跨文化交际研究普及型读物和研究专著相继出版。这些著作一方面继续推介跨文化交际学，另一方面已开始思考构筑中国跨文化交际理论。

（3）第三阶段（2003—2013年），大量引进国外专著，本领域学术研讨会增多，学会会刊《跨文化交际研究》创刊，国内外同行学术对话愈加频繁，跨文化商务交际研究成果突出。如上海外语教育出版社从2006年始，推出了“跨文化交际丛书”，外语教学与研究出版社出版了多部跨文化交际学英语原著，林大津、胡超、庄恩平等不断推出新的专著与教材，并涌现了一系列跨文化商务交际研究成果。

5.1.3 跨文化交际的研究领域

跨文化交际研究逐步由传统的重视研究言语行为的跨文化差异，扩展到探索交际者参与复杂多变的交际过程，以及造成交际行为等方面差异的深层文化结构，研究内容愈加丰富，论域更加广泛。概括而言，跨文化交际包括如下方面的研究（贾玉新，1992）：

（1）理论研究，例如对交际、文化、社会、跨文化交际等的概念探讨，对语言或非语言行为与文化的关系以及复杂多变的交际过程等的探讨。

（2）哲学思想研究，例如跨文化交际的研究方向，动态多变的交际过程，文化、知觉、赋义及交际行为之间的关系以及交际过程所涉及的社会、文化、心理、环境等因素等。

（3）文化交际过程、交际行为及编译码过程的诸因素研究。一些学者开始探究交际行为、解码过程与环境的关系，并从不同角度探究诸因素的内涵，如文化环境可能包括价值体系、宇宙观、文化取向、社会规范、生活方式等。

（4）言语和非言语行为的文化异同研究，例如研究不同文化的人们在信息解码、言语和非言语行为以及时间、空间行为等方面的差异与产生这些差异的深层文化结构原因。

（5）有效交际研究，例如探究跨文化交际过程中影响交际的心理因素、交际过程中的基本技巧、东西方交际中的差异和经常出现的典型错误、从认识的角度分析交际中与成见和偏见相关的因素等。

我国的跨文化交际研究着重语言与非语言交际方面的研究，特别是语言与文化研究，较少涉及与跨文化交际有关的思想观点、文化传统、价值观念等方面的研究；我国跨文化交际的理论研究已初步形成了一套跨文化交际学研究体系，研究领域主要集中在以下几方面：①跨文化语义研究，如从不同角度考察跨文化交际中的语义问题，跨文化交际中的词义模糊性等；②跨文化语篇研究，如中介语篇研究、语篇文化语境研究；③跨文化语用研究，如交际文化与语用失误；④跨文化交际能力研究，如对跨文化交际能力的培养；⑤跨文化非语言交际研究，如非语言交际技能的培养、东西方体态语异同（李炯英，2002）。

跨文化交际是一门新兴学科，随着国际交流的愈加频繁，国际合作、全球理解和跨文化对话的逐步加强，其研究领域也更加的复杂与绚丽多彩，许多学者都不断地综合众多相关科学的成就，从理论与实践角度讨论跨文化交际。在2019年的第11届国际跨文化研究学会双年会上，学者们的探索已从经典的跨文化心理学理论向着与脑神经科学交叉的方向延伸，力求发现文化差异在生理层面的表征；从“文化差异是什么”逐渐转移到“文化差异如何形成、如何变迁”的问题上，进而利用历史、地理和实验数据提出“水稻理论”（Rice Theory）（迟若冰等，2020）。

5.2 言语交际

瑞士语言学家索绪尔在《普通语言学教程》（1916）中提出人类言语活动包含“语言”与“言语”两个部分，“语言”是社会的，是“一种表达观念的符号体系”；“言语”是个人的，是“人们说话的总和”。语言和言语是不同的。语言是抽象的概念，是一个系统；言语是具体的，每个人都在使用的语言、我们平时说的每一句话都是言语。语言是稳固的，具有相对的静止状态；言语是变化的，随着人和环境的变化而变动。

5.2.1 言语交际的定义

交际有多种方式，以言语的方式进行的交际就是言语交际，包括有声言语交际和书面言语交际。有声言语交际指的是利用语音传达信息的交际，例如教师上课、两人交谈、电话或视频交谈等；书面言语交际指的是利用书写符号传达信息的交际，例如书信、电子邮件、文学作品、申请书等。有声言语交际具有三个特点：①即时性，很多话来不及认真思考就要表达出来，也有即兴表达的临场性特点，甚至不严密、不完整，需要及时更改，及时补充，并运用一些重复、补充、插入语来填补表达的空缺。②现场性，交际双方都处于同一特定交际环境之中，说话者需要判断听话者的身份特征、环境因素等。③有声性，有声言语具有的特征，如语调、语速、停顿、重音和功能性发声，如笑声、叹气声、叫声、掌声、咳嗽声等，对于传递信息具有非常重要的意义。书面言语交际具有两个特点：①视觉性，文字的排列、变形、组合、颜色、字号的大小带给人视觉冲击，也传达丰富的信息。②非即时性，交际双方能够有思考、分析、修改、加工的时间，也更严谨、周密、深刻、优美（贾红霞，2009）。

言语交际的特征有三个，分别是社会性、互动性和个体性。言语交际至少是两个人之间的行为，不是个人行为，故而不包括“自言自语”这种单个个体的言语活动；言语交际的工具——语言，是全民共享的，有较为固定的社会认同性；言语交际是一种社会活动，什么话可说或不可说，需要遵守规范，而这些规范又是具有地域特点的（比如对否定的回答，普通话为“不知道”，四川南充等地区话为“晓不得”）。言语交际是动态的过程，由交际双方交互进行，其互动性受交际双方的职业、身份、文化程度等因素影响。同时言语交际是由个人具体执行，交际的结果也与个人需求相关，所以言语交际又具有个体性。

5.2.2 言语交际的范畴

言语交际包含言语行为、言语主体、言语环境三个基本范畴，其中，言语行为是言语交际整个逻辑结构中首要的起始范畴，而作为言语行为施行者的“言语主体”及其行为赖以运转的“言语环境”，是与言语行为不可分割的两个基本范畴（刘焕辉，2008）。

5.2.2.1 言语行为

人们习惯上把“言”和“行”相对而论，认为“言”和“行”不是一回事，“说是说，做是做”。现代行为理论则认为“言”“行”在一定程度上是统一的，“言”本身就是一种“行”（赵毅、钱为钢，2000），只是“言语”这种行为有自己的特殊特征。

英国哲学家奥斯丁提出言语行为理论，认为言语就是行为，说话就是做事。他在1962年出版的《论言有所为》一书中提出了这样的看法：人们每说一句话的时候，一般总涉及三种不同的行为——言内行为（locutionary act）、言外行为（illocutionary act）和言后行为（perlocutionary act）。言内行为是说话本身，即说出有意义的话语的一种行为；言外行为是说话者通过说话所实施的某种行为，体现说话人的意图；言后行为指说出的话对听话者或者其他人产生影响从而取得某种效果的行为。这三者可以解读为：说话者运用语言，可以说出有意义的话语（言内行为），该话语具有某种特殊的力量（言外行为），能影响听话人，从而收到一定的效果（言后行为）。

言语行为理论的基本原理告诉人们，“人类言语交际的基本单位就不是句子或其他的语言表现形式，而是某种行为的实现”（赵毅、钱为钢，2000：12），话语不仅提供信息，还完成许多其他行为。言语行为理论宣传了“说话即做事”“话语即行为”的思想，“开拓了从行为的角度来研究语言的使用这条道路”（严辰松、高航，2005：262）。

5.2.2.2　言语主体

“言语主体”或曰“交际主体”，是指进行交际的双方，即说写者和听读者。他们作为交际主体参与到言语交际的实践中，其个性特征、交际角色、交际目的、交际能力及所采用的交际方式都影响着交际效果。刘焕辉（2002）认为言语主体包含角色、教养、性格、心态四个次范畴。“角色”是交际主体的身份，包含“交际角色”和“社会角色”。“交际角色”专指进入交际时双方临时扮演的角色，即以什么身份进行交际，主要与交际话题有关；“社会角色”指交际主体的社会身份，包含其社会职业、社会地位和伦理关系。“教养”与交际主体所受教育和社会阅历有关，又称“文化教养”。“性格”指一个人相对稳定的心理特征，有时会与交际主体的思想一起称为“思想性格”。性格影响言语交际，决定是否该说、如何说，影响着说话的方式和对语言的理解（高光新、韩书庚、李东伟，2014）。“心态”是指一个人在特定处境中临时形成的心理状态，包含人们参与交际时对待交际所抱的态度。

5.2.2.3　言语环境

“言语环境”即“交际语境”，是指交际者进行言语交际活动时的客观环境，包括上下文语境、情景语境和社会文化语境。任何语言交际都是在一定的时间、地点、情境中进行的，言语交际时对语境的判断非常重要，需要在合适的场合说出合适的话语。

对于较为完整的、成篇的话语，除篇章外，每一个语言单位都处在较大的语言单位当中，这个较大的语言单位就是该语言单位的上下文语境，也可以说是交际话语的前言和后语。每个语言单位和它的上下文之间都有着语音、语义和语法的互动联系，“我们所说的一段话，所写的一篇文章，都是一个整体，其中的每一个字、词、句都和上下文有机结合，互相补充，才能构成一个完美的语篇……所以，我们无论使用还是评价一个特定的词语，都应当从整个篇章的角度来看待，着眼于全局。离开了语言环境，孤立地看待一个词语是无所谓好坏的”（赵毅、钱为钢，2000：54）。

情景语境指言语交际所发生的场合，可以理解为交际的时间、地点以及交际当时的情况，其中的时间因素，不仅仅是指自然界的时序变化，更主要的是指是否适合交际的时机（言语交际发生的时间和说话的机会）；地点因素并不仅仅指交际发生的地理位置，还指对交际能够产生重大影响的社会位置或社会环境；情况因素主要指交际时的气氛或者氛围。

社会文化语境指的是与言语交际相关的社会文化背景，包括文化习俗与社会规范。文化习俗，是言语交际者所处的语言集团（使用共同语言变体的社会生活共同体）在语言使用上的习惯与风尚。文化习俗对交际的影响在跨文化、跨民族的交往中尤为突出。社会规范指的是一个社会对言语交际活动作出的种种规定和限制。社会规范有较强的约束力，它对言语交际活动的规范都有一定界定，还要考虑效果优劣。（赵毅、钱为钢，2000）

5.2.3　言语交际的功能

斯大林在《马克思主义和语言学问题》一书中提到了语言对于社会的重要性，“没有全社会都懂得的语言，没有社会一切成员共同的语言，社会就会停止生产，就会崩溃，就会无法作为社会而存在下去”（斯大林，1971：17）。由于语言的存在有赖于交际，语言对社会的重要性也只有通过言语交际才能展现。言语交际作为人们之间互相沟通的手段，具有满足需求、传递信息、协调关系与传承文明的功能。

美国心理学家马斯洛（Maslow）曾把人的各种需求归纳为五种，从低到高依次是：生理需求、安全需求、交际需求、尊重需求、自我实现需求。其中，交际需求是各种需求的中间环节。言语交际是交际中的一种重要方式，离开了言语交际，我们很难在这个世界上生存。作为社会一员，人对事物往往有不同的认识、感受，并希望将这些认识、感受传递给他人，这就需要言语交际来完成。因此，表达自己的思想、情绪和情感以满足交际需求是言语交际的第一个功能。

言语交际的第二个功能是传递信息。人类通过言语交际，可以把自己的信息告诉别人，自己也可以获得别人的信息。在信息时代的社会，需要传递的信息量与日俱增，言语交际这种信息传递的手段越发显示出巨大功能。

言语交际的第三个功能是协调关系。人是在社会中生活，在工作或生活中会与周围的人形成各种关系，言语交际可以协调这些关系，会说话的人往往比不会说话的人会处理各种关系。可见，“言语交际可以将不同观念、认识、主张，不同文化层次的人统一到一个群体中来，步调一致”（李力，2000：5）。

言语交际的第四个功能是传承文明。人类发展的历史证明，言语交际是人类物质文明建设的必要条件。它在“维系社会生存、组织社会生产、形成社会凝聚力、促进贸易往来、建设物质文明等方面发挥着十分重要的作用”（刘焕辉，1997：569）。言语交际也是精神文明程度的一种表现形式，是实现精神文明的前提条件之一。它在精神文明建设中发挥着“传播、弘扬民族文化”“发展科技、培养人才”等重要作用。

5.2.4　不同文化的言行礼貌表现

中国是五千年的文明古国、礼仪之邦，“礼仪”的一个重要体现就是对于尊卑关系的处理。中国人在交际中历来擅长用谦辞、敬辞来表达“自卑而尊人”的礼貌原则。在汉民族的传统中，涉及“礼仪”的言语交际现象十分突出，尊卑关系对于交际的影响很大。尊称敬辞就是专门用于交际对象的美好词语。如把“贵、令、贤、宝、雅、高、妙、卓”等语素加到对方的称呼前面，如“贵姓”“贵校”，“令尊”“令爱”，“贤弟”“贤配”，“墨宝”“高见”等。中国人喜欢用“家”“舍”“敝”等字表示谦虚，如“家父”“家慈”“舍下”“舍弟”“敝人”等。然而，“称谓语是一个敏感的、开放的语汇系统，时代的变迁和价值观念的更新都会引起称呼的变化”（刘明阁，2009：132）。现代社会中，“贵贱上下关系”的作用逐渐缩小，汉语中谦语发生更替，“鄙人、在下、拙荆、犬子”等贬称已不常见于现代社交中，这些都反映了人们价值伦理观念的变化。

日本民族是一个多“礼”的民族。这个多“礼”现象背后蕴藏着日本人的普遍价值观念——等级制。人们之间的社会地位所存在的差异都通过“礼仪”表现出来。新渡户稻造（1993）在《武士道》一书中，将“礼”解释为：用眼睛能看到的形式表现出照顾别人感受的态度，这同事物的规律一样理所当然需要得到尊重。他认为礼仪举止是社交不可或缺的，应当学习如何对人行礼、如何坐卧行走等具体的规矩，因为优雅的举止可以内蓄力量。对“礼”的重视使得敬语的使用成为日本人日常生活中必不可少的言语活动。日本的敬语根据言语交际的双方年龄的大小、社会地位的高低、关系亲疏，可分为尊敬语、谦让语、郑重语和美化语四种。

西方的礼貌用语亦来源于传统文化。英语敬语称谓中典型的有：①Your Majesty、His Majesty（陛下）；②Your Highness、His（Her）Highness（殿下）；③Your Excellency、His（Her）Excellency等，Excellency是对高级官吏和教士（如总统、部长、总督、主教、大使等）的称呼。其余较高档次的称谓还有：Your Grace（大人）、Your Honour（先生），My lady（夫人）、Your Ladyship（夫人）。美国的尊称系列较为简单，如Sir（先生）用于对男性上级、长辈、长官、警察，以及学童对男教师、商店对男顾客的称谓语。Madam（女士）是对陌生女性的尊称，多见于商店、旅馆、饭店的服务员对女顾客的称谓。

英美国家更重视人与人的契约关系和平等关系，注重individualism（个性），以个人为中心，强调的是self-confidence（自信心）、self-dependence（自我依赖）、self-challenge（自我挑战）、ambitious（雄心勃勃）等，因此英语中，赞美对方的话语较多，而贬抑自己的自谦语和客套话较少。英语中常用的敬语和自谦语有my lord（大人）、I'm your faithful servant（我是您忠实的仆人）、your humble friend（您卑微的朋友）等。在日常生活中，对个人价值、个人自信的尊崇使得英美国家的人在个人取得成就时，从来不掩饰自己的自信心、荣誉感，对别人的赞扬能够坦然接受，总会乐意地说一声“Thank you”表示接受，从而避免伤害对方的面子。

在日常交际中，中国人打招呼是话题式的，如“吃饭了吗”“去哪呀”“去买菜吗”“上学去吗”，这些看似问题的问话其实并不具备实质功能，问话人也不一定真正想要答案。两个中国人第一次见面时可以很自然地询问对方的年龄、事业、婚姻状况、子女情况、收入等，以表现对人的关心，这种话语会使人感到温暖，人情味十足，因为这些言语行为是群体取向、重关系的中国文化的必要组成部分（云虹，2008）。中国人在受到称赞时，习惯使用否认的方式，甚至把自己贬得一文不值，认为这样才够礼貌；否则会被别人认为狂妄自大，不够谦虚，常用表示敬人或自谦的话有“哪里，哪里”“过奖了”“不敢当”“差远了”“这是我应该做的”等（陈欣，2005）。

此外，汉英语言中的委婉语同样具有礼貌功能，用于对不雅事物的回避，如“性”“排泄”“怀孕”“女性身体”等。但是，汉英委婉语的使用有所差异，在汉语里需要用委婉语的地方在英语里不一定要用，例如，关于女性身孕，英国人视为新闻，可公开直言谈论（顾曰国，1992）。顾先生的一位英国同学C怀了孕，乐呵呵地对他说：“Gu，I tell you something. I'm pregnant. Would you like to touch it?”

5.3 非言语交际

言语交际是人们运用语言手段相互沟通思想感情的活动，而非言语则是人们对非语言手段的具体运用，是人们运用非语言手段相互沟通思想感情的活动。在人们相互沟通的过程当中，言语交际和非言语交际如影随形，密不可分。英文有一句常常引用的话语“We speak with our vocal organs，but we converse with our body”（我们用发声器官说话，但用整个身体交谈），这句话体现了非言语手段在交际中的重要性。在面对面交际中，言语交际所传达的信息仅占35%，而非言语交际（主要是身势语）所传达的信息高达65%（Ross，1974），由此可见非言语交际在人际交往中的重要作用。在跨文化交际过程中，对非言语行为的误解往往会导致交际无法顺利进行，引发交际双方不愉快甚至冲突的情况发生。胡文仲（1994）曾指出中国学生的非言语交际能力普遍弱于言语交际能力。不当的非言语行为所产生的交际冲突比言语交际冲突造成的后果更为严重，这是因为英美人认为，非本族人所犯的语言错误是可以原谅的，而非言语行为是真情流露，所犯的错误是存心的。此外，非本族人的语言水平越高，发出的不得体的非言语信息所引起的文化冲突就越严重。而这种文化冲突往往被看成人际间的冲突，而不仅仅是单纯的文化冲突。

5.3.1 非言语交际的定义

非言语交际也叫非言语沟通、非语言交际（或交流、传播等），英文为“nonverbal communication”，对这一概念的定义有许多，如布尔贡和赛因（Burgoon & Saine，1978）认为非言语交际是不用言词表达的，为社会所共知的人的属性或行动。这些属性和行动由发出者有目的地发出或被看成是有目的地发出，由接收者有意识地接收并有可能进行反馈（胡文仲，1995）。美国学者萨莫瓦尔（Samovar，1980）将非言语交际界定为，言语行为之外的一切由人类和环境所产生的刺激反应，是交际者在特定的情景或语境中使用非语言行为进行交流和理解信息的过程。马兰德罗和巴克（Malandro & Barker，1989：5）提出，非言语交际是一种体现非语言行为的过程，它在特定的场合或语境中要么独自出现，要么与语言行为同时发生，以表达自己的思想或领会别人的意图。关世杰（1995：260）从静态角度定义非言语交际为“在交流环境中除语言以外的一切由人类和环境所产生的刺激，这些刺激对于交流的双方具有潜在的信息价值”。毕继万（1999：1）认为“非语言交际指的是语言行为以外的所有交际行为”。宋昭勋（2008：1）将其定义为“言语（口语和文字）之外的一切表意传情的行为与方式”。杨平（1994：2）从人身体的自然特征角度指出，非言语交际是“交际者运用身体的自然特征和本能向对方传递信息、表达特定语意的过程”。

从非言语交际的定义可以看出：①非言语交际发生在交际过程之中，交际双方缺一不可。②非言语交际是口头文字和书面文字之外的行为或方式。③非言语交际既可以是有意识的，也可以是无意识的。④不论是哪一类的非言语交际，都必须包括潜在的信息（徐小明，2010）。

5.3.2　非言语交际的范畴

非言语交际涵盖范围广泛，内容和形式丰富多样，学者们对其构成有不同的诠释。萨莫瓦尔等（2009）在 *Communication Between Cultures*（《跨文化交流》）一书中将其分为“行为举止、面部表情、目光接触和凝视、接触、副语言、空间与距离、时间、沉默”。丁一图米（Ting-Toomey，2007）在 *Communication Across Cultures*（《跨文化间的交流》）一书中则将其划分为“副语言、体态语、眼神、触碰、体距和时空概念”。杨平（1994）认为，非言语交际研究涉及三大课题：近体学（Proxemics）、身势学（Kinesics）及副语言（Paralanguage）。关世杰（1995）把非言语分为八类：人体语、时间语、空间语、颜色语、艺术语、图画语、环境语和其他语。毕继万（1999）在《跨文化非语言交际》一书中，则将非语言交际分成了四大类，即体态语、副语言、客体语和环境语。李杰群（2002）在《非言语交际概论》一书中将其分为了七类：表情、动作、界域、服饰、副语言、时间和场景。我们将非言语交际分为三个范畴，分别为副语言（paralanguage）、身势语或体势语（body language or kinesics）及时空语（temporal and spacial language）。

副语言（paralanguage），又称伴随语言，往往指伴随口头文字的辅助语（vocalics）、类语言（quasilanguage）以及沉默（silence）等。辅助语包括所发声音的音量、重音、语气、语调、语速等因素，它以其不同的轻重缓急来表达交际者的思想情感和态度；类语言是指诸如叹息、呻吟、咳嗽等非语言声音，它们往往蕴含着不同的含义（郭珊、彭伟，2011）。人们说话时的副语言现象如果是声音大、速度快，则可能情绪激昂或热情满怀或怒发冲冠；反之，他们的情绪可能是平静、安定的。停顿的目的主要是使所说的话能够引起人们足够的注意，加重语意的分量。犹豫形式指言语停顿时发出的一系列中性语音，如 er...er（呃……呃）或 well、mhm（唔，哼）等，其作用是给上下两句间的空档充当填空语（fillers），使话语较为连贯，避免沉闷，同时也给说话人的下文和思维提供时间（杨平，1994）。沉默“并不是说这个人无所表示，沉默本身就具有意义”（胡文仲，1999：94）。除此以外，副语言还包括伴随书面文字的字体、字的大小、字的颜色、字的间距等，这些形式传递的信息很大程度上是书面文字内容无法提供的（郭珊、彭伟，2011）。

伯德斯特尔（Birdwhistell，1970）首次提出体势学（kinesics）这一术语，又称身势语言（body language）或身势语义学（body semantics），这是非言语交际研究的重点，它包括很多非言语行为，如面部表情（facial expression）、手势（gesture）、体姿（posture）、眼神（eye contact）、体触（touch）、头示（head movement）等。此外，身势语还包括"个人身体环境"、体型、个子、气质、体味、肤色、体重、发型（含假发）、笔迹、装饰品（如化妆品、衣着、戒指、衣饰、头饰）等静态的身体行为（薛常明，2000）。身势语因文化不同而有差异，如在大多数国家，上下摆动头部表示"赞同"，左右摆动头部意为"不赞同"；而在印度人和爱斯基摩人中，语义则完全相反。

时空语是指与时间、空间相关的事物所传递的信息，包括时间系统、时间的分类、时间的特点、体距、"个人领地"、空间取向、座次安排等。霍尔在《无声的语言》中，用了两章的篇幅论述时间的交际作用，用了一章阐述了"空间会说话"。不同文化的人们对于时间的价值、节奏、守时，以及对于空间的功能、领地性、体距等态度也不尽相同。如美国人注重守时，巴西人却不甚严格；日本的空间具备多功能性，印度的空间也有等级（郭珊、彭伟，2011）。

5.3.3 非言语行为的功能

非言语行为是通过使用不属于语言范畴的方法来传递信息的过程，是人类交流思想、传递信息、表达情感的语言符号系统，是信息交流的表意单位。薛常明（2000）指出，它可以直接用来表明态度、交流思想、抒发情感、掩饰内心状态，从而增强交际的效果。刘明阁（2002）认为它在单独使用时，可以表示感情、代替语言、传递信息、表示礼仪等。然而，在实际交际过程中，言语和非言语的信息是相互影响、共同作用的，言语行为和非言语行为相结合，同时进行，构成了人类完整的交流系统，两者相辅相成，缺一不可。在与言语混合使用时，薛常明（2000）认为非言语行为具有重复、抵触或否定、替代、补充或辅助、强调、调节等功能。刘明阁（2002）则提出它具有强调、重复、补充、暗示、抵触、替代、表露和掩饰以及警告功能。我们认为非言语行为可以强化、弱化和辅助言语行为的交流效果，具有强化功能、弱化功能、补充功能和替代功能。

强化功能发生在非言语手段同言语手段的内容一致时，人们运用非言语手段使言语的内容更加鲜明突出。这种情况下，许多用非言语方式传达的讯息是来自内心深处的、难以压制的、无法用言语行为描绘的思想和感觉，其含义远远超出了言语行为表达的范畴。例如，观看辩论会时，观众有时会大声说"同意"或"不同意"，多数情况下，他们还会使劲点头、呐喊、鼓掌、喝彩，并伴以绝对信赖的目光；或使劲摇头、起哄、喝倒彩，并伴以绝对不信任的目光。在东、西方文化中，这些非言语代码都具有同样的含义。

弱化功能是指非言语手段所传达出的信息与言语内容相矛盾。这时，说话的内容同非言语行为不一致，甚至相反，非言语行为传达的反而才是真正的信息。比如，医生给小朋友检查牙齿时，问小朋友："怕不怕啊?"小朋友为了显示自己很勇敢，大声说"不怕"。但实际上，他的声音都在发抖，手也发颤——这才是他所传递的真实信息。再如，朋友要给女儿买个礼物，女儿脸露笑容，两眼放光，口里却说"不要"，因为家长教育她："不要随便接受他人礼物。"

补充功能指用非言语补充言语表达的信息内容。言语行为有时候不足以传达所要传递的信息，这时就需非言语手段的配合，使言语表达更充分、更生动形象。比如，学生问题回答得很好，老师在表扬说"good"时，伴以微笑、点头甚至拍拍学生的肩膀，以补充言语的分量。

替代功能是指人们运用非言语手段指示替代了言语手段所要传播的信息。在某些特定场合，不能或不便用言语发出信息时，往往用间接、曲折、较隐晦或委婉的非言语方式来代为传达某种信息。比如游乐园买票时，人声鼎沸，爸爸只能向售票员伸出三根手指，表示买三张票。"在中国古代，主人对客人不耐烦时，就用倒扣茶杯的方式下逐客令；在西方面试时，考官对应试者不满意，则故意装出坐立不安的样子，要么擦眼镜片，要么开始剪指甲。"（薛常明，2000：85）另外，聋哑人所使用的手语（sign language）、港口码头和海轮军舰上所使用的旗语（semaphore）、体育竞赛中仲裁人员所使用的判决语（judge language）、岗亭上交通民警指挥人流的手势语（sign language）等，都体现了非言语行为的替代功能。

5.3.4　不同文化的非言语行为及社会语言学分析

非言语行为的目的在于表述某种意义，然而，意义并非凭空产生，而是源于人们的社会活动。人们的社会活动又是在一定的文化环境中进行，受着文化的制约，所以不同社会、文化、民族间人们的交际方式存在着差异。非言语行为也受着文化背景的制约，因此，在跨文化交际过程中，有时人们的非言语行为存在许多相同的地方，但我们也应关注同一行为动作在跨文化交际中表示的不同意义和感情色彩。

5.3.4.1　身势语

身势语是非常重要的非言语行为，是人们交流思想感情的重要手段。在西方，对身势语的研究以伯德惠斯特（Birdwistle）为代表，他认为在意义和情感的表达手段中，65%以上是靠面部表情、手势、姿势等身势语来完成的；在中国，用来表示身势体态内容的汉语成语有160条之多，分别表达情感、意向等信息（颜学金，2002）。由于文化差异的存在，相同的身势语行为在不同文化中可能表示不同的意义，完成不同的社会功能，甚至是完全相反的含义，从而导致文化冲突。如中国文化点头表示同意，摇头表示否定；而在希腊、斯里兰卡、阿拉伯、印度等国家，则刚好相反，摇头或摆头表示"是"，点头却代表"不是"。有时甲文化中存在的某种非言语行为，在乙文化中却没有，出现文化空缺。如我国南方人在他人为自己沏茶水时常用食指轻敲桌面以表谢意，其他文化则没有这一行为。有时不同文化采用不同的身势语表达同一功能，如表示"问候"或欢迎时，中国人用握手的形式，日本人则以弯腰鞠躬的形式，法国和希腊则是拥抱，然而阿拉伯、犹太、拉丁美洲和南欧一些民族以抚摸或闻气味来表示问候，某些印第安人则用拳头击拍彼此头部或背部实现这一功能。

5.3.4.2 面部表情

人的面部表情很丰富。人们一般认为“笑”表示高兴、友好。在大多数西方国家，笑让人联想到笑话和欢乐。但中国人的“笑”包含着两种欧美人所无法理解的意思。一个是“没关系”“别当回事儿”，另一个是表示“窘迫”“难为情”“抱歉”的意思。比如当一个美国人不小心摔破杯子时，他会发现周围的中国人正冲他笑，这会使已经很窘迫的他更觉得无地自容。其实他不知道中国人并不是耻笑他，而是表示“别挂在心上”的意思，是安慰。另外，曾有一位美国经理抱怨说，他餐馆的中国员工把一摞盘子摔碎了，而这个中国人居然还冲他不停地笑。这个美国经理显然还不明白中国员工冲他笑是表示歉意，这是难为情的笑（王玮，1999）。日本人的“笑”更为复杂，“笑”有时表示迷惑和没有把握，因此经常会出现误解。比如一个欧洲人对一个日本人发火，而日本人由于尴尬就以笑应之。该欧洲人可能觉得日本人是在嘲笑他，从而变得更加恼怒（李朝辉，2007）。

5.3.4.3 目光

自古以来人们就非常重视眼睛对人类行为所产生的巨大影响。眼睛能显示出人类最明显、最准确的交际信号。喜、怒、哀、乐等思想情绪的存在和变化都能从眼睛显示出来。同其他非言语行为一样，目光礼节也会因民族和文化而异。比如瑞典人在面对面交谈时用目光打量的次数多于英国人，美国人用目光打量的次数多于大多数亚洲人。如果一个美国人和一个中国人交谈，那个美国人很可能误认为中国人紧张、害羞、缺乏自信心或失礼，因为中国人用目光的次数少于美国人。同时美国人还习惯于在正式谈话时看着对方的眼睛以示坦诚，如果看着别处就会被看作是种失礼行为。与此相反，中国人认为老是打量别人很不礼貌，谈话时盯着对方则显得咄咄逼人（王玮，1999）。美国文化要求人们直视别人的眼睛，因为这是为人诚实的标志。美国人相信这样一句话：Never trust a person who can't look at you in the eyes.（不要相信那些不敢直视你的人。）对于他们来说，不直视对方眼睛是不诚实、蔑视、恐惧、冷淡、心不在焉、内疚、虚伪等的表现。在交际中，美国人往往先进行目光接触，表示对对方的谈话感兴趣，但是，他们并不是目不转睛或死死地盯着看，而是看一眼之后就把视线移开，或从一只眼睛移到另一只眼睛，之后再目光接触。这种目光传递的信息是：“我在聆听您的谈话，而且也不冒犯您的隐私。”这种行为也传递了“我与你平等”的信息。在美国文化中，听对方讲话时，如果把目光移往别处，可能表示“我不赞赏你的看法”或“我保留意见”的意思。当讲话人往别处看时，意味着想继续谈话，而且不希望别人打断他。当你看着谈话人时，则表示“我同意”或“我对你说的感兴趣”。如果说话人看着听话人，则可能表示“我对我说的有把握”，而从对方移开视线，则可能表示隐瞒着什么，也可能表示“我不想让你知道我的真实想法”。中国人那种谦卑的目光行为对美国人来讲，也可能意味着“我把你排除在外”，而美国人那种频繁的目光接触对于中国人来讲，也可能是不礼貌乃至侵犯性的行为（颜学金，2002）。在日本，长时间的目光接触被认为是粗鲁、威胁和不尊重。当一个人作为听众时，眼睛向别处看或者仅仅是闭着眼睛安静地坐着都暗指对说话者的关注，或同意说话者的观点。直接和持续的目光接触通常是应当避免的，除非上级想要威慑下属。通过避免目光接触，交流的参与者既表达了谦恭而同时维持了情境的和谐。上司使用直接的目光接触则清晰地表现了其等级特权（李朝辉，2007）。

5.3.4.4　手势

文化背景的不同，手势动作所表达的含义也不同。如美国人用大拇指和食指做成一个圆圈来表示“OK”“很好”“很棒”“好极了”“了不起”等。然而，这一手势在日本代表“钱”，在法国表示“零”或“无价值”（颜学金，2002）。跷大拇指这个手势，在英国、美国、澳大利亚和新西兰等国表示要搭车，是个善意的信号，在中国表示高度赞赏，也是个积极的信号。但在希腊，跷起大拇指却是表示要对方“滚蛋”。在中国，人们在指自己时常用食指指向鼻子，在东欧或中欧，指鼻子会被理解为“傲慢的拒绝”。当一个中国人谢绝另一个人的送行时，往往做扬手往外扇的手势，示意请送行者返回或留步。而在希腊，这一手势表示“你快下地狱吧”，是个强烈的侮辱性手势，若不慎将这一手势用于希腊人，就会闹出误会（王玮，1999）。英语国家人们在招呼人过来时一般有两个动作：一是食指朝上向里勾动；二是手掌朝上或朝自己的方向招呼成年人，对幼儿和动物则手掌朝下向自己方向招动。而中国人却不这样，手心向下是招呼成年人，手心向上是招呼幼儿和动物。如果一位英国人把手平放在自己的脖子下面，他表示的是我已吃饱，而中国人做这样的手势是杀头的意思（肖德林，2004）。

在表达同一意思时，不同文化背景的人们会采取不同的手势。在表示吃得很饱时，中国人就用手掌抬高到齐脖子的地方，好像在说食物都到嗓子眼儿了。法国人是把手掌抬到嘴唇上边快到鼻子的地方。如果一个法国人在中国家庭用餐时做出这个手势就很可能引起中国主人的不快，因为他会认为这个法国人嫌食物变味了（王玮，1999）。

如果不了解手势所代表的意义因文化而异，不了解手势的多义性，我们在跨文化交往时势必会犯错误。一个典型例子就是V形手势。现在我们都知道掌心朝外的V形手势代表胜利。这一手势最初是比利时律师德·拉维雷用来蔑视纳粹的手势，它是英语中victory（胜利）一词的首字母，也是佛兰芒语vrijheid（胖利）一词和法语victorire（胜利）一词的首字母。后来，这一手势经英国广播电台成功宣传，变成了盟国部队用来表示胜利的符号，并席卷欧洲，紧紧与反纳粹运动联系在一起。但是，常常有人用反掌的手势来代替正掌手势，这样就是一个完全粗野的手势，一个表示侮辱的符号。在第二次世界大战期间，丘吉尔由于不知道反掌手势的这一含义，在检阅部队时，做出了粗野的V形手势，无意间对他的部队表示侮辱，而不是祝愿他们赢得胜利。然而，这一反掌手势在希腊和土耳其却表示“两个”的意思（如：请来两杯酒）（颜学金，2002）。

5.3.4.5　体态

体态（posture）也具有很强的文化限定。我国古代拜见皇帝时应双膝跪倒，行三跪九叩大礼（“九”与“久”同音，有“地久天长”之意），而西方男士向帝王行礼只是单腿下跪，女士则右脚后退半步，双膝微屈（王恩圩，1994）。美国大学里的老师在授课时，有时一边讲课一边坐在椅子上，把脚放在另一张椅子上，这是一种师生关系融洽、毫无拘束的课堂气氛；而在中国的课堂里，老师若这样做是对学生不尊重的表现，也是决不允许的（程同春，2005）。

在相互谈话时采取什么姿势，是站立还是坐下，也因文化而异。中国人喜欢请客人坐下，他们认为站着的客人不好答对。因此在请人时，会说“请到我家来坐坐”。西方人由于有喜欢站着办事的习惯，邀请人时不会像中国人那样说“请到我家坐坐”，而是用“请到我家来好吗”，从而回避“坐”和“站”的问题。在很多场合，西方人对“站”有一种偏爱，他们站着开会，站着吃饭，站着聊天……是传统习惯。西方人聚会，意不在吃而在谈。在有的聚会活动中，参加者逾千，然而在那里找不到一把椅子，既没有主持人，也不发表讲话，仅提供一个自由选择对话的机会，尽管活动结束后腰疼腿酸，但谁也没怨言（颜学金，2002）。

5.3.4.6 服饰

日本人有自己的着装礼节。他们认为，主人迎接客人必须换上新衣并附以一定的礼节。因此，访问农家时，如果农民还穿着劳动服，那就必须稍等片刻。在没有换上合适的衣服并安排好适当礼节以前，那个农民将毫无迎见的表示。主人甚至会若无其事地在客人所等待的同一房间更衣打扮，在打扮齐整以前，简直就像他不在这个现场。可见，日本人在着装和礼貌之间画上了等号（李朝辉，2007）。

在英语语言国家，一般正式场合都必须穿西装，表示庄重、威严及对他人的尊敬等。但穿着时必须遵守下列规则：双排扣上衣须扣下边一颗扣子，单排扣西服只扣上边的一颗扣子。人们认为，扣上纽扣是正规，不扣是潇洒，但两个扣子都扣上是土气。如果扣下边那个，不扣上边那个，就有点流气。衬衣颜色要与西服搭配得当，下摆必须放入长裤内，袖口应比外衣袖口长出半寸，袖口必须扣好。正式着装必须配有领结或领带。未穿西服上衣而打领带时，衬衣下摆也必须放入西服裤内。长袖袖口必须扣好，更不可将袖子挽起，如不打领带，可将衬衣领口解开（肖德林，2004）。

5.3.5 副语言

副语言作为非言语行为的重要组成部分，在文化交际中必然反映一定的文化特性及民族特征，同时也在一定程度上表达了社会成员的习俗、习惯、思维方式和一定的区域差异性，是社会文化信息的内在表达，比较分析跨文化交际中副语言使用的差异性，对更好地理解和开展跨文化交际起着重要的作用。

5.3.5.1 声调和重音

汉语的每个字都有四个声调，声调的不同可以用来辨别字的不同，不同的声调，即使同一个字，意思也千差万别。而许多欧洲语言通过重音来决定词意。例如，在俄语中，стоúт 和 стóит 拼法相同，但是重音不同，前者是“站立”意思，后者是“花费多少钱”意思。在英语中重读不同，话语的意义迥然不同。例如：“Would you like a cup of coffee?”重读 cup 强调的是“杯”而不是“壶”，重读 coffee，强调的是“咖啡”而不是“茶”。

5.3.5.2 语调

在不同的文化中，语调也表达不同的意思。语调指说话人抑扬顿挫的变化，英语有升调、降调、升降调、降升调，不同的语调带有说话人的情感色彩。比如：She is kind. 在“is”和“kind”处用降升调，暗示“她很善良，但是……”，即有言外之意。沙特阿拉伯人使用语言特点是句子中的每一个单词都重读。当他们说英语时，也把母语的语调带入英语。结果，沙特阿拉伯人询问信息的问句在美国人听起来像是质疑，而且单调的陈述句音调让美国人感觉他们对于交谈不感兴趣。因此沙特阿拉伯人原本出于礼貌的话语在美国人听起来却带有冒犯性。相反，当美国人陈述事实时，沙特阿拉伯人认为讲话者缺少力度，令人怀疑。当美国人表达愤怒和怨愤时，沙特阿拉伯人却认为他们情绪很愉快、很平静（黄永红，2014）。

5.3.5.3 音量

不同文化的人用多大音量讲话的习惯也存在差异。日本人在交谈中喜欢轻柔的声音，他们认为低声细语既反映良好素养还可以维护社会和谐。英语国家的人公开演讲时可以开怀大笑，在轻松愉快的欢庆会上也会放声大笑，但是在讲课、私下交谈或打电话时则采用更轻柔音量，声音比中国人低得多。德国人则喜欢使用命令式口吻来表现自信和权威。阿拉伯人也喜欢大声讲话，因为声音洪亮意味着健康和真诚，而声音太小意味着弱小。以色列人同样认为，增大音量代表他们对于正谈论的问题持有坚定的信念。然而，在泰国，讲话声音过大被认为是不礼貌行为。

5.3.5.4 特性发音和间隔音

伴随交谈出现的特性发音（如笑声、喷嚏等）和间隔音存在文化上的不同解读。英语国家的人讲话一时想不出恰当的表达方式又不想终止发言时，常常发出一种声音分隔信号 uh 或 unh，意思是“请稍候”。中国人常常用“这个、那个”来填补空白。英语国家的人感到冷时，会紧抱双臂并发出 brr 声音，中国人感到冷时所发出的咬紧牙关吸气音，在英语国家却表示为疼痛，尤其是烧伤疼痛。又如中国人在听别人讲话时常常发出 mm mm 声，表示在专心静听，英美国家的人却会将这一声音误解为 Okay! Okay! I understand. Hurry up and finish talking. （徐华，2011）日本人在与他人交谈时经常发出嘶嘶声音或吸气声音表示尊重。当美国人与他人交流时，他可能会发出“hum”这样声音表示自己对所谈话题兴趣，而对这个声音，中国人会理解成他对什么事感到厌恶，因为这个音与汉语表达愤怒和不满的“哼”很近似。打哈欠和打嗝的声音在美国文化中是被认为不礼貌的。如果在公共场合咳嗽或者打喷嚏，人们马上会为此致歉。在中国文化中，人们不会为像咳嗽、打喷嚏这样的声音道歉，因为觉得这些行为不能控制，但在公共场所，打哈欠和打嗝同样被认为是不礼貌行为（黄永红，2014）。

5.3.5.5 沉默

无声的静默语（silence）能够传达丰富的信息，甚或是语言难以表达的内容。汉语中有“此时无声胜有声”的说法，英语中也有“语言是银，沉默是金”的名言。然而不同文化背景中的人们对沉默的态度和理解有着明显的差异，这些差异往往成为跨文化交际障碍。一般而言，多数西方人倾向于将静默语理解为冷淡、气愤、敌视、反对、羞怯、难堪、轻视、厌烦和冷漠等，而东方人喜欢将静默语解释成敬意、顺从、同意、深思和友好等等（宋莉，1998）。中国文化认为停顿和沉默有着丰富的内涵，它可以表示无言的赞许，也可以表示无声的抗议；可以表示欣然默认，也可以表示保留己见等，如果用得恰到好处，可以起到语言表达没法达到的效果。而英语国家人对待沉默的看法却不这样。他们认为在交际中沉默是缺乏信心的表现，表示失败的意思。因此在与英美人士交往时，如果听懂了对方的话，就应做出必要的回答，如果不这样，对方就会认为你在蔑视他，不愿与他交往，这便会导致交际失败（肖德林，2004）。

对沉默的态度和理解的跨文化差异可以从霍尔（1976）提出的高语境文化（high-context culture）和低语境文化（low-context culture）理论找到原因。根据霍尔的理论，不同文化对交际环境有着不同的依赖程度，西方国家基本属于低语境文化，多数东方国家属于高语境文化。这就是为什么美国人一般都依靠语言的力量来表达他们所要传递的真正的、全部的或近于全部的信息。然而，在许多东方国家，语码的破译必须依赖于非言语的环境因素，必须考虑到讲话人的身份，讲话的时间、地点和方式等。如果没有这些环境因素，所得信息将是不完备的和不准确的。这就是为什么中国人常说“只可意会，不可言传”，没有言明的信息往往被认为是最重要的，语言信息则是相对次要的、表面的，甚至是不可信的，因为高语境文化中信息的传递主要依靠环境因素。

5.3.6 时空语

时空语是非语言交际中的一个重要方面，是一种非语言手段。然而，不同的文化又赋予了时空语不同的内涵。所以，对时间与空间语言的了解与掌握是跨文化交际研究中不可忽视的一个课题。

5.3.6.1 时间语

当文化背景不同的人相互接触并相互交流时，常常会在与时间相关的问题上发生误会，这种误会有时会导致沟通的障碍。为了减少此种误会，有必要对不同文化的时间观进行初步了解。

霍尔（1976）提出了有关各国文化对时间支配习惯的理论——单向时间习惯（Monochronic Time，又称单向计时制）和多向时间习惯（Polychronic Time，又称多向计时制）——认为时间能影响人们的行为，影响信息的获取和交际结果。单向时间习惯是一种强调日程、阶段性和准时性（时间表、时间的划分和迅速及时）的时间观念。

他们认为，时间是线性式的，是河流，不会倒流，是可以分隔，但不可重复的且有始有终的一条线。因此，这些国家的人们珍惜时间，时间观念强，强调时间效率。时间在美国文化中甚至被看成是一种类似实体的、被珍视和利用的商品。他们把时间分割成小块，精心设定日程表，在每一时间段里安排不同的活动，确立优先考虑的问题，办事有先后顺序。在典型的德国、瑞士和瑞典的谈判会议上，几分钟简短的开场白后，就进入一个接一个的议题，直到会议结束基本上不离题。北美、西欧、北欧都是单向时间习惯。从不在同一时间做两件事情是单向制的行为特征之一，他们要在一件事情完成之后再去做另一件事情。单向时间习惯的国家人们另一个重要特点是恪守时间。多次迟到的人会被看作难以信赖的，是对对方不尊重，对事情或会议不重视，很可能事后要受到报复。对美国人来说，迟到五分钟就必须要道歉；如果迟到半个小时，就会被认为是一种直接的失礼。在德国和瑞典，连吃饭都必须准时。事先安排和事先通知也是单向时间习惯的一个重要特点。国际会议常常在几年之前已预做计划，几个月以前，会议的详细议程已经准备完毕，通常会议严格按照议程进行（何牧春，2007）。持多向时间习惯的人们注重人们的参与和交易的过程，而不看重严格的、预先的日程安排，时间概念模糊，工作安排随意性较大，不强调时间表。他们认为，时间是圆，不是直线，时间如同宇宙运行规律一样可以周而复始地周期运转。他们不像单向计时制的人那样，每天将事情安排得很周密，时间间隙很短，他们做什么事都可以临时决定，而且时间的灵活性很强，随时可以更改时间计划。亚洲大部分国家、拉美国家、阿拉伯国家、非洲国家的人都是多向时间习惯。“一心多用”的思维方式正是多向时间习惯文化的表现特征。他们在某一个时间段内，可以同时做几件事情。

社会心理学在探讨文化和社会现象时，认为存在着三种时间心理：过去观、现在观、未来观。过去观文化（或社会）注重旧式生活，喜欢回顾历史，在社会伦理方面，表现出对父母和长者的尊重。比如，英国人与美国人虽然有很多相似的地方，但是英国人更注重古老的传统和过去。中国人对传统的重视体现为对祖先的尊敬和对家庭的重视。“成家立业”和“光宗耀祖”是旧时代中国人的人生大事。持现在观的文化注重眼前及时行乐，认为生活是自然的，对过去的留恋或者对未来的幻想，都缺乏意义，应该把握好今生今世，不必对未来考虑太多。现在观的行为方式给人的印象是洒脱自由，但有时也显得过于懒散、缺乏远见。未来观文化常常把眼光朝向未来，把希望寄托在未来，为了明天的幸福而在今天刻苦地工作和节省。为了节省时间，持未来观的人大量地使用各种省时机器，如洗衣机、洗碗机、计算机、微波炉等。由于他们总是朝前看，所以不可避免地经常想到死亡的问题。他们慨叹生命短促，人生时间有限，表现出对时间价值的高度重视（李杰群，2002）。

5.3.6.2 空间语

在跨文化交际过程中，不同文化的人们对领地的需求和空间的占有千差万别，由此对空间语的语用释义也往往大相径庭。1959年，霍尔在《无声的语言》一书中以“空间会说话”（Space Speaks）为题，专门用一章的篇幅对空间观念和近体学理论做了精辟的论述。霍尔认为空间可以交流信息。“空间语言”也就是“人类利用空间表达某种思想信息的一门社会语言”（毕继万，1999：73）。空间语在交际过程中所起的作用和影响是通过领地性、体距和空间取向等方面体现出来的。

霍尔有关“空间”的理论主要指的就是“领地性”（territoriality），即要求自己有一个领地范围并对这一范围加以维护的行为。北欧的人们很看重自己的私人领地，财产的界限分得很明确，以确保自己不会受到侵害。德国有详细的法律规定花园的使用：篱笆必须足够低，不能影响邻居花园里蔬菜的生长；树应栽在距离地界线的合理距离，不能挡住邻居的房产；所有的屋子都上了锁，门经常关着或锁着。很明显，德国人不愿让别人侵入自己的私人领地。美国人只在后院有篱笆围绕，前院是完全开放的，门也经常是开放的，就像在随时邀请人来做客，除非想独处时才会把门锁上。日本是一个相对拥挤的城市，空间比较昂贵，所以，房子和公寓的面积相对较小。在传统的中东，房子对着街道的那扇墙是不能有窗户的，而且所有的窗户都是冲着内庭开的，他们通常在房子的周围垒一圈墙来标明自己的领地。在公共空间，美国人更强调个人主义，他们认为在公园的草坪上散步和玩耍是理所应当的，因为自己已付过税，而且美国的政府大楼也是对公众开放的（白素、袁金月，2013）。

近体学（Proxemics）是通过对人们利用不同的近体距离的行为进行辨析，了解其心理活动的研究。霍尔认为，空间的变化可以影响交际，起到加强交际的效果，甚至还可以超越言语的作用。人们交谈时相互间距离及其变化是整个交际过程中不可分割的重要组成部分。在《无声的语言》中，霍尔分析了人和人之间的四种空间距离：公众距离（可以达到 360 厘米）、社交距离（大概 120 厘米到 360 厘米）、个人距离（45 厘米到 120 厘米，一般是虽然认识却没有特别的关系）、亲密距离（45 厘米到零距离，如亲人、很熟的朋友、情侣或夫妻）。不同文化背景的人们在交谈时所保持的距离是不同的。阿拉伯、拉美、南欧、犹太人和一些非洲国家属于“接触文化”（contact or touching cultures），交际双方靠得最近。英语文化属于“非接触文化”（noncontact or non-touching cultures），交际双方的距离较远。阿拉伯人在同北美人交往时，总认为双方距离拉得过大，感到对方不那么友善；而北美人却认为体距过小，感到对方热情过度。美国学者布罗斯纳汉对比研究了中国和英语国家的体距，结果显示，中国人的距离要比英语国家的人近。中国人与英语国家的人交谈时，英语国家的人常常感到中国人站得过近，甚至可以闻到嘴里的气味，不时还会受到唾沫的“攻击”。在公共场所与人谈话时，英语国家的人是面对面而立，相距 45 厘米左右；而中国人在大街上聚集在一起，彼此相距则不过 45 厘米（胡文仲，1999）。

空间取向是指利用空间的位置、朝向、安排布局等体现“对人、社会和世界所采取的态度，涉及地位高低和先后次序问题”（毕继万，1999：82），包括水平取向和高低取向。各种文化的空间取向同本族人民的风俗习惯和文化传统密切相关。如宴会的布置和座位的安排，英语国家一般用长方形桌子，男女主人分坐长桌两端。中国人习惯用圆桌，男女主人坐在一起。英语国家餐桌座位以右为上、左为下，中国座位则以面向南或面向门为上，以面北或背门为下。中国人认为尊贵的座位是最显著的位置，而英语国家则认为尊贵的座位是离主人最近的座位。在集体合影时，英语国家的人一般遵循女士优先的规矩，让女子坐在前排，男子站在身后，官员站在两头，而且一般站在后排；中国人的排列位置是最重要的人物位于前排居中的位置，其他人不分男女，都以地位高低或年龄长幼排列（王秀琴，2011）。“中英取向的文化差异实际上反映了两种文化的价值观念的差异，也就是人和自然的融合关系与分离关系之别，突出群体依存与个体独立之别。”（毕继万，1999：85）

5.4 语用学在跨文化交际中的运用

作为研究语言使用者在具体的语境中使用和理解语言的一门学问，语用学与跨文化交际有着紧密的联系。何自然和陈新仁（2002）认为从语用学的角度来研究跨文化交际，所关心的主要是语言使用者在跨文化交际当中如何恰当得体地使用语言和理解语言，从而有效地避免语用失误的出现和实现跨文化交际的成功。他们从词汇层次、言语行为和话语结构三个层次深入开展讨论了跨文化交际的语用研究。

5.4.1 词汇层次

在词汇层次上，跨文化交际的语用研究主要包括对文化负载词（culture loaded words）和习惯用语与谚语等的研究。

5.4.1.1 文化负载词

文化负载词指的是富含文化内涵的词汇，这些词汇和短语非常能够体现某一文化。比如汉语中的“粽子”“青鸟”“旗袍”“阴阳”等，英文中的 Half-way House（指康复医院）、Blue boy（指经过变性手术，由男性转变为女性的人）、Pink Lady（一种鸡尾酒名）等。本部分将重点讨论汉英语言中与色彩、动物有关的文化负载词。

1. 色彩文化负载词

颜色是客观事物的反映，不管在什么地方，它们代表的基本内容是一样的。但由于各民族文化的差异，颜色被赋予了民族文化的不同内涵，出现不同的引申意义和用法，从而有不同的甚至截然相反的褒贬吉凶象征及情感色彩。

（1）红色（red）。

红色是中国人喜欢的颜色，象征喜庆、欢乐和幸福。红色又可称为“朱色”或“赤色”，有富贵、兴旺、进步、忠贞的联想，是个褒义词。例如，“红墙碧瓦”“朱门绨户”形容富贵人家；“开门红”意为事情一开始就进展得很顺利；“满堂红”比喻全面获得胜利；“红运”意为好运；“红榜”指的是公布于众的光荣榜或考中者名单；“走红”指人发迹或出名；“红火”指生活或事业兴旺发达；“红人”是受上司宠信、重用的人。红色还象征着女性与爱情，女子盛装为“红妆”，“红颜”指美女，“红袖”指艳妆女子，“红豆”则常用以象征爱情或相思。另外，“红”是汉语中政治色彩最浓的一个颜色词，是革命、进步的象征。“根红苗正”表示出身进步家庭；“红军”“赤卫队”是革命的军队。由红色所蕴含的成功、受欢迎、受重用等含义，又引申出羡慕、嫉妒等含义，如红眼、红眼病等。

在英语里 red 也有许多的象征意义。与汉语相同的是，red 在很多时候是与庆祝活动和喜庆的日子有关的。例如英语里的“red letter days”，就是“纪念日”“喜庆的日子”，在西方一般指圣诞节和其他节日，因为这些日子在日历上是用红色表明的。又如 to paint the town red 表示“狂欢”“痛饮”“胡闹”，多指夜生活中的狂欢作乐，饮酒胡闹。Roll out the red carpet for sb. 的意思是“隆重地欢迎某人”。有时候，red 也用来表示信仰、博爱、献身，象征革命、进步。如在某些圣餐仪式上穿红色表示圣爱，教堂装饰中的红色用于神圣降临或怀念殉教先烈。红色（red）在表示人的表情时，汉英的意思有时也是一样的。

但在英语里，更多的时候 red 是血与火的颜色，被用来表示贬义，含有暴力、流血、残忍、灾难、烦琐、狂热、血腥、不贞洁等意思，如 go into red（出现赤字或发生亏损）、red hands（血腥的手，杀人的手）、red revenge（血腥复仇）、catch sb. red-handed（抓住某人正在干坏事）、red ruin（火灾、战祸）、see red（气得发疯）、red tape（烦琐的手续、官僚作风）、pain it red（把某事物描绘成骇人听闻的样子或是把某事物弄得引人注目）、red-light district（红灯区、风化区）、red skin（对北美印第安人的贬称）、waving a red flag（做惹别人生气的事）等。

（2）绿色（green）。

绿色是植物的生命色，由绿色可以联想到春天、草地、森林、湖泊等，所以在中西文化中，绿色都象征着自然，象征着和平、友善、希望和生机。例如，和平的象征是一只口衔绿色橄榄枝的鸽子。“绿色食品”是当今各国商家宣传其产品最具魅力的一招。

在中国古代文学作品里常用“绿”字来描写年轻貌美的女子，如“红男绿女”；以“绿窗”指代闺阁；“绿云”指女子黑润而稠密的头发。现代汉语里，“绿”的派生词大多与植物、农业有关，如绿洲、绿肥、绿地、绿野、绿荫、绿油油、绿葱葱、红花绿叶等。汉语中“绿”也有贬义，如“戴绿帽子”，表示妻子的不贞。“绿帽子”的联想意义与中国古代风俗习惯有关，绿色在中国文化中是杂色，表示“低微”“不名贵”“下贱”等含义。唐代官制规定官七品以下穿绿服或称青衫。宋元时代，绿衣也是低贱之人的服装，乐人、伶人、乐工都穿绿服。

英语中的 green 有温暖的、精力旺盛的、处于佳境的含义，如 a green winter（温暖的冬天）、a green old age（老当益壮）、in the green tree/wood（处于佳境、在青春旺盛的时代）、It is still green in my memory（那件事我记忆犹新）。green 常常用来比喻幼稚、不成熟、没经验、缺少训练、知识浅薄等，如 green hand（生手、新手）、as green as grass（幼稚的、易受骗的）、He is too green for this job（他办这事还嫩了些）、Do you see green in my eyes（你以为我幼稚可欺吗）。greenhorn 则表示“没有经验的人”或“新到一个地方不了解当地习惯的人”，这一词语经常用于移民，并带有轻微的贬义色彩。green 还有嫉妒的含义，如 green eyed（妒忌的目光）；莎士比亚在《奥赛罗》中把妒忌描写成 the green eye monster（绿眼睛的恶魔），与汉语中的“红眼病/眼红”是对等词组。green 在英语的一些短语里，还用来表示整体的比喻，如 get/give the green light，原来指交通上给车辆开绿灯，喻做事顺利，办事畅通无阻。由于美元的底色是绿色的，所以 green 可指美元，如 green power（金钱的力量或财团）和 green staff（钱、纸币）。green 在英语中还有比较级用法，如 greener pastures（更好的地方）、The grass is always greener on the other side of the fence（别人的东西或处境好像总比自己的好）。

（3）黄色（yellow）。

黄色是中华民族世代得以繁衍生息所仰赖的物质——土地的色彩，体现了古代人们对地神的崇拜。黄颜色在中国传统文化中是神圣、高贵、权威、庄严、吉祥的象征，被称为“帝王之色”，如“黄袍”指龙袍，是皇帝的象征；“黄榜”指皇帝发布的文告。黄色与金色相同，所以黄色又象征着富贵、辉煌。黄色有“吉利”“好”的含义，如黄道吉日、黄金时代、黄金周等。汉语中的黄色还可联想“过时的”“虚幻的”，如“明日黄花”表示过时的事物或人物，“陈年黄历”比喻过时教条，“黄粱美梦”比喻不切实际的幻想。“黄”有时也用来指“失败、不成功”，如一件事若没有成功的希望，可以说：这件事“黄”了。“黄色”还有“色情、下流、淫秽”的含义，如黄色书刊、黄色画报、黄色小说、黄色电影、黄色录像等。

英语中 yellow 象征背叛与胆怯。《圣经》中传说犹大为了 30 枚银币出卖了耶稣，犹大总是身着黄衣，所以 yellow 在英文中有“胆小的”“卑鄙的”的联想意义。turn yellow 或 yellow streak 指胆怯，too yellow to stand up and fight 指太胆怯而不敢站起来斗争，yellow belly 比喻懦夫。

（4）蓝色（blue）。

汉语中的蓝色常会使人联想到蔚蓝的天空、湛蓝的大海。英语中 blue 含义较为丰富。蓝色常表示忧郁、情绪低落，如 in a blue mood。blue Monday 用来描写度过愉快的周末后迎来的不开心的星期一。blue 还含有色情的意思，blue film（黄色影片）、blue books and periodicals（黄色书刊）、blue video（黄色录像）等。

blue 在经济学词汇中也有许多不同意思，如 blue book 蓝皮书（是刊登知名人士，尤其是政府高级官员名字的书），blue-sky market 指露天市场，blue collar workers 是从事体力劳动的工人，blue chip 热门证券，blue button 喻指有权进入股票交易的经纪人，blue sky bargaining 漫天讨价（指谈判或其他交易中提出根本不切实际的或不合理的要求，使协议无法达成）。blue 在英语里还常用来表示社会地位高、有权势或出身于贵族和王族，如 He is a real blue blood（他是真正的贵族）。blue 的这一用法原来是指西班牙贵族，即纯正的日耳曼后裔，因为他们皮肤白皙，皮下血管呈蓝色，故有此称（刘艳秋，2007）。

（5）白色（white）。

“白”在中国封建社会里是“平民之色”。古代老百姓的衣服不能施彩，故称“白衣”；没有功名的人称“白丁”“白身”。对传统的中国人来说，白色是葬礼色。在汉语里，“白”字的派生词含有徒然、无用、轻视、无价值等贬义，如“不白之冤、一穷二白、白搭、白费、白送、白眼、吃白食、一穷二白”等。“白”字的派生词也表达纯洁、无辜的意思。“清白”表示无罪，“洁白无瑕”“白璧无瑕”等表示纯洁。“白”在当时政治概念上也有代表反动、落后、顽固的意思，如白区、白匪、白军、白据点、白色恐怖等。

白色在西方文化里象征着天真、纯洁和喜悦。天使长着一对洁白的翅膀，头顶上悬浮着银白色的光环；新娘在婚礼上身着白色婚纱，象征着纯洁、美好；“A White X'mas”意指“银装素裹的圣诞节”；西方国家发布的正式文件叫“白皮书”（white paper）。White在英语中还有许多的习语，如white elephant昂贵而无用的东西、white war（没有硝烟的战争，常指“经济竞争”）、white hands（公正廉洁的）、to show one's white feather（显示胆小）、white day（吉日）、white man（忠诚可靠的人）等等。

（6）黑色（black）。

黑色几乎被所有国家的人们用于葬礼，表示悲哀、绝望和死亡。

在中国传统文化里，黑色象征不祥。在中国人的葬礼上，死者的亲属朋友通常臂挽黑纱来表达对死去亲人的哀悼。“黑匣子”与空难关联，“黑”在这里象征着灾难。现代汉语里，“黑”的派生词总是与坏的、不幸、灾难、邪恶等意义相联系，如“黑帮、黑话、黑市、黑货、黑心、黑名单、背黑锅、黑云压城城欲摧”等。

关于黑色，英汉语中许多词有共同之处。如black list（黑名单/把……列入黑名单）、black market（做黑市交易/在非法市场做买卖）、black humor（黑色幽默）、call black white（颠倒黑白）、black death（黑死病）等。

黑色在中西文化中也都具有褒义。在中国汉代，黑色曾是帝王的服色。现代汉语里，“黑油油的土地”用以形容土地的肥沃；“乌黑发亮的眼睛”用来赞美人的外貌。在西方文化中，黑色也有象征庄重、威严的时候，如黑色西装（black suit）是西方正式场合的传统服装。商业英语中，black的褒义也有许多，如in the black（经营一项企业盈利）、black figure（盈利、赚钱、顺差）、interest in the black（应收利息）。

英语black还有“深色、暗淡、忧郁、怒气冲冲、弄脏、丢脸、不吉利、极度的”等引申意义，如black mood（情绪低落）、a black stranger（完全陌生的人）、a black look（怒视）、black despair（绝望）、a black mark（污点）。在许多短语中，black表示隐喻，如black spot指交通事故多发地段、不景气的地区；paint sb. black指把某人描写成坏人；black future指前途暗淡；（as）black as thunder指面带怒容、脸色阴森。

每一个民族的语言都有自己的色彩词系统，色彩词语作为一种符号系统在中西文化里具有不同用途及文化价值。色彩词在具体的使用过程中，由于色彩词的复杂性及语用环境的多样性而具有多种语用功能（拓欣、梁润生，2011）。这些多元的语用意义与该词和该民族的历史生活的联系相关。所以只有结合本民族的历史文化背景，才能真正理解颜色词的用法和文化内涵，明白其真正含义。

2. 动物文化负载词

英汉两民族长期生活在不同的文化背景中，自然而然地对同一动物词产生不同的联想，赋予动物词以更丰富的文化内涵。动物词在两种文化中存在指示意义和文化内涵基本对等、不同和空缺的情况。

（1）相同的指示意义，相同的文化内涵。

狼是食肉动物，生性残暴贪婪，在英汉两种语言中，狼的文化内涵基本相同。汉语中有“狼心狗肺”“狼子野心”“狼吞虎咽”“饿狼扑食”的说法。英语中也有“as cruel as a wolf”“as hungry as a wolf”“a wolf in sheep's clothing”“wolfing down his food”的用法。

驴在汉英文化中都有“愚钝、固执”的内涵。我国北方方言把倔强、固执、不听使唤的人称为“倔驴”“犟驴”。英文中也有“stupid ass”。

(2) 相同的指示意义，不同的文化内涵。

“龙”在中国神话中是一种能腾云驾雾、法力无边的灵物，在中国文化中，象征着吉祥、权威、高贵和繁荣。历代皇帝都自称为“真龙天子”，中华民族称自己是“龙的传人”。汉语中有大量的关于龙的成语，如龙腾虎跃、龙飞凤舞、望子成龙等。然而在西方文化中，dragon 是邪恶凶残的象征，是一只巨大的蜥蜴，长着翅膀，身上有鳞，拖着一条长长的蛇尾，替魔鬼看守财宝，能够从嘴中喷火。在英语中，dragon 指的是“一个凶猛残暴的人”(a fierce，violent person) 或者“一种残暴的力量，邪恶的影响”(a tyrannical power，evil influence)。

中国文化中，“蝠”与“福”同音，蝙蝠被认为是幸福、吉祥、健康的象征，中国传统的建筑物上，可以看到形态各异的蝙蝠。红蝙蝠则是大吉大利的前兆，因为“红蝠”与“洪福”谐音。西方人则把 bat 与罪恶和黑暗势力联系在一起，认为它是邪恶的象征。英语中有 vampire bat (吸血蝙蝠)、as blind as bat (瞎得跟蝙蝠一样)、as crazy as a bat (疯得像蝙蝠) 等不好的联想和比喻。

汉语中的“狗”常带有“令人讨厌、卑鄙”等贬义色彩，如“狐朋狗友、狗急跳墙、狼心狗肺、狗腿子、狗胆包天、狗仗人势、狗皮膏药、狗头军师、狗血淋头、狗咬狗、狗嘴里吐不出象牙、狗崽子”等。而西方人则认为“dog”是人类忠实的朋友，dog 在很多情况下是褒义色彩，如 You are a lucky dog (你是一个幸运儿)，a top dog or a big dog (身居要位的人)，Every dog has his day (凡人皆有得意日)，Old dog will not learn new tricks (老人学不了新东西)，Love me，love my dog (爱屋及乌)。

(3) 指示意义相同，文化内涵空缺。

英语中 swan (天鹅) 用来指才华横溢的诗人，如 the swan of Avon (指莎士比亚)。根据希腊传说，音乐之神阿波罗的灵魂进入了一只天鹅，所有杰出诗人的灵魂都进入天鹅体内。

“鹤”在中文、英文的字面意义都是指一种水禽，脚细长，嘴长而直，群居或双栖。在中国，“鹤”的引申意义是长寿的象征，中国人称它为仙鹤，地位仅次于凤凰。“鹤”常常与象征长寿的松树联系在一起，如“松鹤延年”；“鹤发”比喻老年白发，因鹤有白色羽毛；“鹤”还暗含归隐的意思，如“闲云野鹤”表示自由自在，不受红尘俗事所烦。“鹤立鸡群”表示才能和仪表出众。但在英文中，“鹤”则不具有类似联想。

5.4.1.2　习惯用语与谚语

习惯用语指的是日常语言中的习语和典故等。跨文化差异在习语和典故方面更明显，因为这些表达涉及了一个民族和文化的历史渊源。所以，习惯用语对于跨文化交际研究和语用学研究具有非常重要的价值 (何自然、陈新仁，2002)。

文化的形成脱离不了自然地理环境的影响。英国是一个岛国，四面环海，英国人早期在生活上很大程度依赖海。在历史上，英国的航海业曾一度领先世界。他们在与海的斗争中创造了“海文化”，这一文化在英语习语中表现得淋漓尽致（刘艳秋，2007）。英语中有许多关于大海、船和水的习语，如“a shy fish”（羞怯的人）、“as mute as a fish”（默不作声）、“fish in troubled water”（浑水摸鱼）、all at sea（不知所措）、“The sea refuses no water”（大海不拒江流）等。

宗教信仰在人类的社会活动中有着重大影响，往往贯穿人们的精神生活和社会生活，所以，与宗教信仰有关的习语也大量地出现在英汉语言中。中国文化中，道教留下许多词汇影响着后人，如“灵丹妙药”“悬壶济世”“返璞归真”等。与佛教相关的习语也很多，如“借花献佛”“平时不烧香，临时抱佛脚”“苦海无边”等。英语中有许多习语和谚语来自《圣经》，如 Adam's apple（亚当的苹果）；forbidden fruit（禁果）；the tree of life（生命之树）；the lost sheep（迷失的羔羊）；Juda's kiss（犹大之吻）；the Dooms day（最后末日）；God helps those who help themselves（上帝帮助自助的人）；Man proposes，God disposes（谋事在人，成事在天）等。

汉英语言中都有很多习语来源于历史典故。中文中如“东施效颦”“名落孙山”“指鹿为马”“焚书坑儒”“卧薪尝胆”“逼上梁山”“万事俱备，只欠东风”等。英文中有“to meet one's Waterloo”（遭遇滑铁卢）、“to burn one's bridges/boats”（指罗马恺撒大军乘船渡过 Rubicon 河之后把渡船全部烧掉，以此向士兵表明退路已断，只有拼死一战），这两个习语和中文的“败走麦城”“破釜沉舟”有着极其相似的含义。

中英文中都有许多典故来自文学作品。中文说“某人很阿 Q”“某人就是林黛玉”。英文中许多习语来自莎士比亚的作品，如 crocodile tears（出自《亨利六世》）、in one's mind eye（出自《哈姆雷特》）、applaud one to the echo（出自《麦克白》）、to live in a fool's paradise（出自《罗密欧与朱丽叶》）、He is a “Shylock”（他是个手段残忍的守财奴。Shylock 是《威尼斯商人》中的一个高利贷者，性格贪婪、残忍）。

汉英习语还有很多来源于神话和寓言传说。中文中如“夸父追日”“女娲补天”“嫦娥奔月”“八仙过海，各显神通”“守株待兔”“刻舟求剑”“画蛇添足”“叶公好龙”等。英文中如“Achilles' heel”（喻致命要害）、“Pandora's box”（喻祸害的根源）、“Trojan horse”（指用以掩盖真实目的的人或事）、apple of discord（嫉妒之源，争斗之因）和“Sour grapes”（出自《伊索寓言》）等。

谚语和格言是民间流传的至理名言，措辞简练，便于记忆。谚语内容精辟，寓意深邃，因而有广泛的感染力（刘艳秋，2007）。谚语往往能反映一个民族的地理、历史、社会制度、社会观点和态度。比如，住在沿海一带，靠海为生的民族，他们的谚语往往涉及海上航行、经受风雨、捕鱼捉蟹，如“After a storm comes a calm”（雨过天晴，风平浪静）、“In a calm sea every man is a pilot”（风平浪静时，人人都可以当舵手）。像阿拉伯这样的游牧民族的谚语则多涉及沙漠、草原、羊、马、骆驼和豺狼，如“The death of wolves is the safety of sheep”（狼死羊安）、“Eagles fly alone，but sheep flock together”（鹰爱独飞，羊爱群居）。尊敬老人的社会就会有颂扬老人足智多谋的谚语，如“If the old dog barks，he gives the counsel”（老狗叫，是忠告）、“The older one grows，the more one learns”（老马识途）。妇女地位不高的社会就有许多轻视、贬低妇女的谚语，如“A good husband makes a good wife”（夫善则妻贤）、“The more women look in their glass，the less they look to their house”（女人照镜子越多，照管家务就越少）。

人们的经历和对世界的认识在不少方面是相似的。因此，尽管中西文化背景不同，但在英语和汉语中相同或相似的谚语却很多，如“Strike while the iron is hot”（趁热打铁）、“Many hands make light work”（人多好办事）、“Haste makes waste”（欲速则不达）、“Out of sight，out of mind”（眼不见，心不烦）、“Birds of a feather flock together”（物以类聚，人以群分）、“Look before you leap”（三思而后行）、“Where there is a will there is a way”（有志者事竟成）等。

需要注意的是，汉英的习语和谚语中存在许多“貌合神离”的现象，需要我们仔细甄别，以避免跨文化语用失误。如“令人发指”并不等于“to make one's hair stand on end”，“自食其言”并不等于“to eat one's own words”，“A miss is as good as a mile”不等同于“差之毫厘，失之千里”，“Gilding the lily”并不等同于“锦上添花”。

5.4.2 言语行为层次

从奥斯丁和塞尔倡导言语行为理论以来，许多研究者就同一种言语行为在不同语言和文化中具体的表现形式和差异进行了较为系统的研究。这些研究都揭示了一个事实：同一语言形式在不同语言和文化中具有不同的功能，同一种语言功能在不同语言和文化中具有不同的语言表现形式（何自然、陈新仁，2002）。本部分将从社交用语、人际关系两方面探讨跨文化的言语行为语用差异。

5.4.2.1 社交应酬语

社交应酬方面的跨文化语用差异主要体现在招呼用语、道别用语、恭维与赞扬、邀请与拒绝、道谢与道歉等方面。

招呼是开始谈话的最常用方式。见面招呼既可以示礼貌，又可自然导入正式谈话。作为言语行为的体现，招呼同样反映出明显的文化特征，如，英美人见面说“How are you”“Hello”“It's very nice to meet you”；中国人则说“你好”“上班去吗”“吃了吗”“最近忙些啥”等。跨文化交际中，招呼语如果运用不当，常常会造成意想不到的交际障碍。中国人见面喜欢问姓名、籍贯、年龄、工资等，中国人路上相见问“哪里去”或“吃过饭没有”。这种话语人情味十足，绝无多事之嫌。可是将其用在跨文化交际的场合，就可能无意识地侵犯对方的隐私，从而冒犯对方。因此在和外国人士打招呼时切忌使用“中文的思想+英文的形式”这种问候语，避免过问别人的私事，而应采取适当的语用策略，如谈论天气等比较“安全”的话题，以免产生误会（蔡荣寿，2009）。

道别属于谈话的结束语。道别语的功能之一是巩固交谈双方的社会关系，这一功能可以通过使用多种不同的结束语来实现。在这一言语交际行为上，中西方人往往采取不同的语用策略。西方人在结束双方谈话时一般使用下列道别语：“Goodbye”“Good night”“See you”等。在正式结束交际前，双方会发出一些信号，向对方表明自己意欲结束之意，会说一些表示祝愿或评价的话语，如“Hope your cold will be better”“I wish you a pleasant journey”“It's been a pleasant stay”等。中国人道别时，人们除了说“再见”“一路顺风”的话语外，还常常向对方说“慢慢走”“走好”等表示关切、友好的话。近年来，受西方文化的影响，中国人使用“拜拜”这一话语的现象越来越普遍了（何自然、冉永平，2006）。

对于恭维与赞扬的言语行为，汉文化教导做人要谦逊，谦虚是美德，因而以汉语为母语的人对夸奖通常直接予以否定，比如说“哪里，哪里”“过奖，不敢当”“一般，一般”“不好”“差远了”等。若是对他人的赞誉进行附和，就可能被人认为“不谦虚”，反而会给人留下不好的印象。英美文化喜欢直接明了，听到他人夸奖自己或自己一方的人或事时，不会掩盖自己的喜悦心情，因而说英语的人在接受赞誉、恭维的同时会向对方道谢（徐莉林，2005），如“Thank you”“I'm glad to hear that”“Thanks to John. He helped me a lot”等。英美人往往会把汉语中的“否认”看作是谈话对象的无礼，或者把表示谦虚的“自贬”看作是自卑或言不由衷的虚伪。反之，中国人又会把英语中的“迎合”方式误认为他们不够谦虚或者说他们只喜欢恭维。不过，近年来由于受到英美文化的影响，面对他人的赞誉，中国青年人直接使用“谢谢”的现象也很普遍了。另外，中国人不易识别的英语称赞语主要是以I（我）开头的一类，因为汉语称赞语一般是以“你”和“你的”开头。当英美人以“我”开头称赞某人或某物时，中国人有时会误以为英美人只是在谈一种纯粹的个人感受，意识不到“我”的目的是要“你”高兴，有时甚至会错误地把这种恭维言语行为理解为一种表示请求的间接言语行为。例如，一位美国学生对中国老师说：“老师，我太喜欢你的围巾了!”中国老师的第一反应可能是：“那我送给你吧!”

中国人总是会客气地说“有空儿/时间来家里玩儿吧”或者“有时间我们去吃饭吧”，这样的邀请只是礼貌性地表达对客人的欢迎和喜欢，但是如果没有具体说明时间、地点、人数等细节问题，就只是客套话，不必当真。中国人表达拒绝时常用委婉语，例如受到邀请时，中国人常说“我尽量吧”“我努力来”，使对方无法确定你是接受还是拒绝。事实上这近乎一种拒绝，因为中国人不习惯面对面直接拒绝别人，不想伤害对方的消极（负面）面子，尽量遵循“一致准则”，而英语中这时候更希望得到真实确定的答案（黄晓琴，2013）。

汉语中的“谢谢”和英语的“thank you”使用场合不尽相同。中国人在商店购物、到餐馆用餐、到旅店投宿、租用交通工具等场合，一般主动向售货员、服务员、司机等人表达谢意，感谢他们为自己服务，而服务员会回答：“不用谢，这是我们应该做的。”但在英美人的心目中，售货员、服务员、司机等理应向顾客表达谢意，感谢顾客的光顾，他们会说“I am glad to be of help”。道歉的汉、英语语用差异也很明显。英语中的“Excuse me”可用于向陌生人打听消息；用于请求打断别人发言，请求退席，请求让路；用于当众咳嗽、打喷嚏；用于讲演、朗读时讲错、读错词语等。英语中，“Excuse me”与“sorry”在语用上有明确的分工。如果不小心踩了别人的脚或碰撞了别人，只能说“sorry”或“I'm sorry”，但汉语的“对不起”却能适用于上述英语中用

"Excuse me"和"I'm sorry"的所有场合（何自然、冉永平，2006）。

5.4.2.2 人际关系用语

人际关系方面的语用差异主要涉及家庭成员亲属称谓、社会称谓语、敬语和谦辞、禁忌和隐私等方面的语用差异。

1. 家庭成员亲属称谓

汉英亲属称谓语在多方面有着明显区别：汉语亲属称谓语丰富复杂，英语亲属称谓语单纯笼统；汉语亲属称谓语强调尊卑有别，英语亲属称谓语体现平等互爱；汉语亲属称谓语有泛化使用的倾向（刘明阁，2009）。

在中国，亲属称谓中将上、下各四代以内有血缘和姻亲关系的人都纳入亲属范围，称谓语数量繁多，既详尽又具体。叙述式的称谓语使汉语亲属称谓语父系亲属和母系亲属分明，如爸爸的母亲称"祖母"，妈妈的母亲则称"外祖母"。系统繁复多样，直系与旁系、血亲与姻亲、长辈与晚辈、年长与年幼、男性与女性、近亲与远亲等都一一区分，语义功能细密、描述精确。英美文化将上、下三代之外的人排除在亲属范围之外，这使得英语亲属称谓语相对贫乏，且指称宽泛，语义模糊，除区分辈分外，亲疏、内外、长幼甚至男女性别都可忽略不计。西方人采用的是类分法，在英语中无论是父亲的母亲还是母亲的母亲不分彼此，都统称 grandmother，比如 aunt 就相当于汉语的"姑母""姨母""伯母""婶母""舅母"，cousin 就相当于汉语的"堂兄""堂弟""表哥""表弟""堂姐""堂妹""表姐""表妹"。

汉语的亲属称谓隐含着家族内部的不平等关系。比如汉语有堂亲和表亲之分。"堂"为"同堂"即为内亲。"表"者"外"也，表亲即"外亲"。在中国人传统的观念中，姑妈、姨妈和舅父的子女是异性，名为亲，实为客。上辈对下辈，不仅可以称名，还可连姓一起称呼；下辈对上辈，当面绝对不能直呼其名，否则会被看作是不敬不孝的行为。西方人偏爱小家庭生活方式，儿女到成年便要独立，没有强烈的宗姓家族观念。称谓也体现了父系血统亲属与母系血统亲属的平等。无论长幼都可直呼其名，以表亲近。因此英语中亲属称谓远没有汉语多。

受中国传统文化的影响，中国人在与他人交往时，十分强调人与人之间感情的融洽，因而往往把家庭本位向外推移，扩大到家以外的社会关系中去，于是汉文化中出现了亲属称谓的泛化现象。在我们的社交活动中，人们常用亲属称谓来称呼朋友、老乡、邻居、熟人等，如"奶奶""叔叔""阿姨"来称呼长辈，用"大哥""大姐"来称呼平辈，甚至还可以经常听到"警察叔叔""护士阿姨"等，这些称谓习惯一旦套用到英语中就会出现语用上的失误，比如"Police Uncle""Aunt Nurse"之类的称呼会使英语国家的人感到非常困惑。

2. 社会称谓语

现代汉语中常用的通用社交称谓语有同志、师傅、老师、先生、太太、女士、小姐等。由于受港台地区称谓习惯的影响，"小姐"称谓在新闻媒体中常与从事色情服务的女性有关，这使得人们不敢轻易使用该词称呼女性。英语称谓中 Mr.、Mrs. 和 Miss+

姓，是社交称谓中最普遍最常用的词。近几十年又出现了一个新词 Ms. 泛指一切成年女性。

在汉语中，职务头衔是一种重要的社会称谓。汉语中职务称谓语可以是“姓+职务”，例如：张部长、王主任，还可以是“姓+职称”，例如李教授、陈工程师。职务头衔不仅用于政府或行政部门，而且泛指一切工作场合，如工厂、学校的各类领导职位。在英、美社会中，社会称谓语所表现更多的平等观念。英语中，职业称谓语对象一般只局限于王室、政府上层、宗教界、军界或法律界人士，如 Queen Elizabeth、President Bush、Father White、General Paten、Mr. Judge 等。在学术界，Dr（博士）和 Professor（教授）的头衔称谓较为普遍，但 teacher、engineer 则不作称谓使用。

姓名作称呼语时，英汉两种语言中一般都是用姓（或全名或名）与其他称呼语组合使用，直接以全名称呼的情况较少。英语常用其他称呼（如 Mr.、Miss 等）+姓（正式场合也可加上全名）作称呼，而汉语可用姓+全名，也可用名（限于复名）+其他称呼语的形式。如 Andrew Lewis 和李雪莉两个名字，英语可称呼 Mr. Lewis 或 Mr. Andrew Lewis（正式场合），但不用 Mr. Andrew；汉语可称呼李小姐、李雪莉小姐、雪莉小姐，但不可称为莉小姐。英语中爱称使用比较广泛，尤其在同辈之间（如 Andrew、Andy）。而汉语中这种称呼一般仅适用于长辈与晚辈、恋人或关系特别亲密者之间。英语中不同年龄、辈分，甚至地位悬殊较大者之间常用名字称呼，如学生叫老师的名字，孩子可以用名字称呼年长者（限熟知者）甚至自己的父母。汉语中这样称呼就会给人以缺乏教养的印象。此外，中国文化中从古到今都奉行敬老尊老的传统，对张姓老人，汉语中的“张老”是对年长者的尊称，“老张”是同辈人中表示熟悉的称谓。但在西方文化中，比较忌讳“老”字，因为一些人认为，“老”意味着“年龄大、体衰、保守、无用、失去活力和创造力”等等。

5.4.2.3 敬语和谦词

汉语中人们在处理人际关系时常用敬语和谦词，以表示对他人的尊重和礼貌，如“请教”“高见”“久仰”“光临”“贵校”“大作”“拜读”“拙作”“愚见”“寒舍”“便饭”等词很难在英语中找到语用相同的表达。英语虽不像汉语有那么多的专用敬语和谦词，但同样存在表示尊重和礼貌的话语，如 will、would、may、might、can、could 等，这些表示尊重、礼貌的情态动词在汉语中也没有等同的表达方式。

汉语的谦词还常见于作报告、发表见解时说的一些并无实际意义的客套话。比如发言结束时说“不妥之处，请大家指正”“欢迎在座诸位批评指正”“以上只是个人的粗浅看法，很不全面”“浪费了大家的时间”等。英美国家的人在同样的场合就不会使用这样的话语，只会说一声“I hope you will enjoy my talk”“Thank you”等（何自然、冉永平，2006）。

5.4.2.4 禁忌和隐私

由于社会习俗或文化传统的不同，英语与其他语言一样，存在着一些交际中应避免使用的字眼或避免提起的话题，以免引起对方的不悦或反感，这就是人们常说的禁忌

(Taboo)。带有宗教色彩的如"黑色星期五"(the Black Friday),涉及动物的如黑猫(black cat),涉及种族歧视的如Nigger(黑鬼),涉及性别歧视的如crone(干瘪老丑婆)以及诅咒和骂人语(多由四个英文字母组成,称为四字词"four-letter words"),如shit(狗屎、胡扯)、hell(混蛋)、fuck(他妈的)、tits(蠢货)等。这些词在谈话中被认为是不得体的,尤其是男女皆在的场合,更被认为难登大雅之堂。此外,在日常生活中,汉英文化的人们都讳言疾病与死亡、大小便等生理功能、怀孕和性行为、聋、哑、盲、瘸等身体残疾等(陈俊森,2000)。

不同文化背景的人对隐私的概念截然不同。对大多数英美人来说,打听不大熟悉的人的年龄是很失礼的,尤其是打听女士的年龄更是如此;或者按照汉语的习惯尊称对方为"长者"同样也不可接受。婚姻状况也是个非常隐私的话题,他人不宜过问,在同英美国家的人谈话时皆应避免像"Are you married or single?"(你结婚了还是单身?)一类的问题。

5.4.3　话语结构层次

人们说话和写文章,为使听话人和读者在理解过程中建立起相应的期望,一定要遵循约定俗成的语篇或话语的组织规律。然而,由于不同文化在价值观念、思维方式等方面存在着差异,其语篇组织结构也会因文化而异,这就给不同文化背景的人们在交际时造成很大的困难(贾玉新,1997)。

语篇组织规律与其特定的思维模式紧密相关,有什么样的思维模式,就会有什么样的语篇组织结构。东西方在思维方式方面存在着明显的差异,其语篇组织结构也必然大相径庭。罗伯特·卡普兰(Robert Kaplan,1966)用图5－1表达了说英语、闪语、罗曼语和斯拉夫语民族的思维模式。而且很多交际学者也认为,这些思维模式基本上代表了不同文化的语篇结构特点。

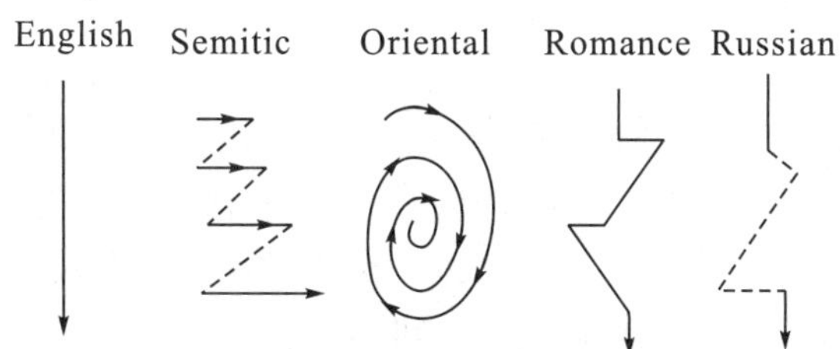

Diagram form Robert B. Kaplan."Cultural thought Patterns in Inter-Cultural Education"

图5－1　说英语、闪语、东亚语、罗曼语和斯拉夫语民族的思维模式

杨(Young,1994)指出,在大多数情况下,中国人在构建语篇的过程中遵循着与美国人不同的模式。中国人总是要把总结性的话语放在语篇的最后,所以我们就会看到或听到中国人总是用"因为"发起论述,最后以"所以"提出自己的论断;然而美国人构建语篇的形式恰好相反。杨(1994:30)还给出了如下例子:

American: Do you have any opinion about intermarriage or interracial dating and marriage?

Chinese：Ah，well，this is very hard to say. Because to the Chinese，if you want to keep it to the Chinese culture... I am in favor of the Chinese married to the Chinese. But，on the other hand，to the individual，for the one that you love，it doesn't make any difference. Ah，because if you find a Chinese wife，and if she doesn't love each other，well，it's not going to be a happy family. So the intermarriage will come in，ah，much better. So，it depends on which point.

这样的语篇形式使得美国人困惑不已，不知道在中国人所有的话语当中究竟哪些是主要信息，哪些是次要信息，也往往没有足够的耐心倾听到最后。这样的文化差异也存在于中国人和美国人的写作布局当中，我们在写作中也总是按照口语语篇的模式来组织信息，而美国人往往在文章的开头就亮出自己的观点，然后可能会把文章的大体布局讲一下，最后才会提供例证和（或）论据（何自然、陈新仁，2002）。

由于受“天人合一”及“关系”取向的影响，东方人的思维方式以直觉、具体和圆形为特征。他们说话、写文章也往往表现出把思想发散出去还要收拢回来、落到原来的起点上，这就使其话语或语篇结构呈圆形或呈聚集式。他们说话习惯于绕弯子，常常避开主题，从宽泛的空间和时间入手，从整体到局部，从大到小，由远及近，从总体到一般到个别，往往把诸如对别人的要求、自己的想法、对别人的意见等主要内容或关键问题保留到最后或含而不露，这是一种逐步达到高潮的方式。中国人在谈论某一问题时，不是采取直线式或直接切题的做法，总有一个由次要到主要、由背景到任务的从相关信息到话题的发展过程。人们在向别人提出要求时，总是先陈述原因、背景，以使对方有个思想准备，引起对方同情和理解，之后才提出自己的具体要求。西方则相反。他们径直提出要求，开门见山，对原因的陈述则可有可无。英语段落的篇章结构的特点是，首先必须是一个完整的统一体；其次，表达的思想必须做到语义直接相关。同时，段落语句、语义必须按一定连接手段按固定顺序、合乎逻辑、明晰地连接起来，形成一个直线流动的实体。每段段首经常有主题句，而且每段只有一个中心思想，段落内容必须与主题句直接相关，段落结构严谨。每个段落由话题、主体及结尾组成。主体部分陈述除必须与主题句直接相关外，还必须做到一般论述和具体论述、抽象和具体之间的平衡。主体论述由例句、事实、例证、数据，以及由表示对比、因果等关系的陈述或引语组成（贾玉新，1997）。以下关于“读书”和“自信”的中英文文章的开篇段落就可以看出中文的“拐弯抹角”和英文直入主题的行文方式的差别。

噼里啪啦……窗外，小雨不断如珍珠洒落下来，可是，我却沐浴着永不停息的书雨。

《书，伴随我成长》

—Studies serve for delight，for ornament，and for ability.

—*On Studies*

你是彩虹，认为天空伟大，但因你的点缀，太空才如此绚丽。一只小老鼠羡慕太阳光芒万丈的伟大，敬佩云朵遮住阳光的伟大，仰慕风吹散云的伟大，却忽视了自己钻过墙，也是一种伟大。这只小老鼠缺少了自信。

《谈自信》

—Faith is the confident belief or trust in the truth or trustworthiness of a person, concept or thing.

—*On Faith*

语用学作为研究语言使用者在具体的语境中使用和理解语言的一门学问，与跨文化交际有着天然的联系。语用学的研究对象就是人类语言的使用和理解，对于跨文化交际而言，它也是一种人类运用语言的交际形式，与一般交际的不同之处只是跨越了不同的民族和文化而已（于国栋，2003）。

5.5　跨文化交际的研究特征

跨文化交际学是一门交叉学科，具有“多学科性”“跨学科性”“交叉学科性”“边缘学科性”。何道宽将跨文化交际学视为一种狭义的比较文化，认为“跨文化交际”是“人类学、社会学和交际学的中间学科和应用学科”（何道宽，1983：71）。胡文仲指出跨文化交际学具有多学科性，“对它影响最大、与它关系最密切的有四个学科，即文化人类学、社会心理学、社会语言学和传播学”（胡文仲，1992：7）。与这门学科接壤的学科很多，其中影响较大的有“人类学、社会（语言）学、社会心理学、文化学，以及哲学、民族交际学等”（贾玉新，1992：52）。跨文化交际的多学科性促使学习者更应厘清这门学科的研究重点与研究方法，了解前沿研究课题。

5.5.1　跨文化交际的研究重点与方法

跨文化交际学在借鉴其他学科的研究成果时，也具有自身的研究重点，即不同文化背景的人在交际中（包括面对面交谈、书面交流、非言语交际、对行为的反应等）会是什么样、为什么会那样、如何避免出现消极不利的后果（林大津，1996）。可以用what、why、how概括跨文化交际研究的核心问题：来自不同文化背景的人在交际行为上存在有哪些差异；为什么会有这些差异；面对这些差异，该如何沟通信息，达到成功的跨文化交际。具体包含可以体现跨文化表层差异的言语和非言语行为以及为什么会有这些差异的深层文化比较。“信念、价值观、世界观、语言系统、思维模式、社会组织等等属深层文化结构。当然人们还可进一步探究为什么会有这样或那样的信念，为什么会有这种或那种思维模式等等。这就要从历时角度，从历史传统中去追根溯源了。但从共时角度看，完全有理由先将表与里作一粗略的划分。比如，有关时空问题，我们可将时空观念归入深层结构，而什么时间做什么事，以及如何利用空间又属表层结构。”（林大津，1996：25）

对于跨文化交际的研究方法，林大津（1996：48）认为，“从当前跨文化交际的迫切需要出发，利用归纳法搜集交际行为之文化差异的第一手资料尤为重要”，他强调“若以发现具体的交际行为之文化差异为目标，应该是先发现表层行为差异，而后才去探讨造成这些差异的探层文化因素”。由于跨文化交际的复杂性，研究者必须将表面上看来无序的社会现实划分为有序的各种结构或层次，注重材料的“结构或层次”；要分清表层结构的果与深层结构的因，厘清其中的“因果关系”；在描述交际行为差异时，要以一定量的事实材料为依据，进行“客观描述”。故此跨文化交际的研究步骤可以分为“收集素材、组织材料、分析材料”三大步。

在收集研究素材方面，可以通过观察法（observation）与调查法（survey，包括interview 和 questionnaire）收集第一手材料，或通过文献法阅读国内外他人的主张，收集第二手资料。组织材料时，可按材料性质将收集到的材料进行分门别类，然后选定研究专题。材料类别的划分没有明确的分类模式，取决于研究者的需要、兴趣等，如“有的以深层文化为纲，勾勒出几条影响交际行为的文化主线，进而描述表层行为差异；有的以交际事件为纲，分述事件中的种种言语和非言语行为，并探讨造成表层行为差异的原因；有的以交际行为为中心，探讨某一特定行为在各种交际事件中的分布（比如谈论较多的是英美人在各种交际事件中‘谢不离口’的习惯）”（林大津，1996：53）。分析材料时，首先客观地介绍各种交际行为、风俗习惯等，分析其存在的缘由，揭示出现象背后的历史原因；其次，避免陷入民族中心主义、民族沙文主义甚至是文化帝国主义的思维，不对任何国家、任何民族的总体文化风貌作“优越”或“低劣”的价值判断，但可以对个别文化现象作出个人评价。

高永晨（1998）归纳了跨文化交际学研究中的基本研究方法：实证分析法、比较对照法、系统整合法、本质揭示法和追根溯源法。实证分析法要求研究者从客观的事实出发，重视调查研究，进行实证分析，探寻事实的内在联系。比较对照法根据一定的规则，把彼此具有某种内在联系的两个或两类以上的事物进行比较对照，以辨明其异同和特点，并从中发现其本质和规律。系统整合法要求将宏观整体的鸟瞰与微观局部的剖析结合起来，从整体与部分、系统与要素、系统与环境的相互关系中把握问题。本质揭示法是指通过对大量现象的分析去捕捉事物的内在本质。追根溯源法要求研究者在对文化现象进行横向的共时态分析时，进行纵向的历时态研究，追踪这些文化现象的历史缘由以及在历史发展过程和阶段中的表现形式。

史兴松和单晓晖（2016）对 2010—2014 年国际权威 SSCI 来源期刊跨文化交际类论文的研究主题及方法进行实证调研和分析论证，指出国际主流研究大多采用实证研究方法，且研究主题相对更“务实”，比较侧重跨文化教育与留学、现实交际环境中的跨文化沟通动态、跨文化适应与移民等现实问题的结论。根据他们的研究，2010—2014 年发表在 SSCI 来源期刊的相关论文有 91％可归属在阿拉萨拉特南（Arasaratnam，2015）总结出的跨文化交际研究八大类别项下（文化认同，适应与移民，沟通动态，跨文化能力，理论、模型、量表和框架，观点、偏见、刻板印象和歧视，跨文化差异，跨文化教育与留学）。跨文化研究在语言与教育领域最受关注，在民族/人类学、经济管理学、社会学和传播学、心理学领域亦占有重要地位。在数据搜集阶段，近年来的绝大部分研究采用非概率抽样法，特别是方便抽样和判断抽样，“因采用非概率抽样容易导致较低外部效度，为避免这一问题，研究者往往会选择配对样本减少研究对象在文化因素之外的差异或者将人口因素作为协变量加以控制”（Arasaratnam，2015：600）。采集数据时，大多采用观察法，也有采用访谈（结构式、板结构式、深入访谈、焦点小组）或问卷的手段获取数据，要谨记所选样本的“社会代表性”。跨文化教育与留学、文化认同、跨文化适应与移民类主题明显偏好定性研究法，跨文化能力、理论、模型、量表和框架、跨文化沟通动态类主题采用定量研究法的频次相对较高，跨文化差异、跨文化适应与移民、跨文化沟通与动态类论文采用混合法的比率较高。在定性研究中，分析数据的研究工具如叙说分析、文献分析、内容分析和主题分析的使用频率较高，其次为语篇分析和扎根理论。

5.5.2　跨文化交际课题研究

对于跨文化交际学的研究课题，我们列举了第 11 届国际跨文化研究学会双年会暨第 15 届中国跨文化交际学会年会的前沿研究，以期给大家一些启发和思考。

迟若冰、翁立平和张晓佳（2020）在综述第 11 届国际跨文化研究学会双年会暨第 15 届中国跨文化交际学会年会时，分享了跨文化心理、跨文化适应、跨文化教育、跨文化关系、跨文化传播的前沿研究课题。

他们认为跨文化心理学的学术讨论重心正从“文化差异是什么”逐渐转移到“文化差异如何形成、如何变迁”，如芝加哥大学塔赫尔姆（Talhelm）教授团队分享的“水稻理论”，向与会者展示了如何利用历史、地理和实验数据对该理论进行验证。该理论认为，水稻种植需要灌溉等方面的协作，因此历史上的先民如果大量种植水稻，就会形成具有集体主义倾向、强调相互依存的文化。而种植小麦对协作的要求较低，因此容易形成个体主义倾向明显的文化。国内学者，如厦门大学吴胜涛教授团队关于中国社会变迁的大数据调查、上海外国语大学副研究员翁立平从汉语俗语角度解读大学生的价值观变迁、西南财经大学教授邓一恒关于中美文化的价值观表述对比等，从中国的宏观或微观语境出发，解读了中国文化语境下的心理特点。

跨文化适应主要研究移民和旅居者的跨文化适应策略、结果以及策略选择与结果之间的关系这三类问题。其中最值得关注的前沿议题有新西兰惠灵顿大学科琳·沃德（Colleen Ward）教授团队提出的规范多元文化主义（Normative Multiculturalism, NMC）构建（construct）。在跨文化适应语境中对身份认同的深入探索也值得关注，如沃德（Ward）等对跨文化适应因素“移民的身份认同与协商”的研究，日本庆应义塾大学亚当·科米萨罗夫（Adam Komisarof）教授团队有关民族国家认同与跨文化适应和归属感之间关系的研究。

跨文化教育研究大多着眼于教学、培训、海外学习项目等形式对提升学生跨文化能力的作用。主题有远程虚拟国际化课程的设计、元认知任务对同理心发展的影响、国际大学项目与多元文化性格形成的相关性、跨文化友谊对文化智商的决定性作用、学生跨文化情感能力的课堂教学实证研究、汉语作为第二语言教学的教师身份发展等。如为切实地让学生成为更加适应全球化的一代，英国华威大学教授海伦·斯宾塞-奥蒂（Helen Spencer-Oatey）创制了高等教育全球化的“全球适应模型”（Global Fitness Model）及“全球教育侧写分析工具”（Global Education Profiler）。上海外国语大学教授张红玲介绍了她的团队在中国外语教学语境中开发的跨文化能力一体化发展模型。香港中文大学的简·杰克逊（Jane Jackson）教授及其团队报告了一系列为短期留学项目参与者设计的、基于系统文化适应研究成果的教学干预项目（如行前指导、语言和跨文化过渡课程、家庭和东道国国民的跨文化交际课程等）。

跨文化关系主要关注自身的特点、功能、形成和发展机制以及冲突的管理。在实践层面，更多的是调研和解读不同语境下的跨文化关系。如上海交通大学和英国华威大学的合作团队关于教育环境中师生之间、学生和学生之间跨文化关系的系列研究（包括对英国高等教育机构中韩国学生与导师之间关系的语料库分析，通过混合方法对六所不同的欧洲大学中学生与学生之间关系及学生与员工之间关系的探索，对中国大学学历留学生学习过程中建立和维持跨文化关系所遇到的挑战与困难的初步调查，采用互动语用分析方法对多元文化团队的工作关系管理策略的案例研究）。商务沟通方面的研究课题，如社会资本如何影响外派员工的社会融入、中美对抗关系下如何通过商务谈判建立信任、中国能源电力企业在非洲地区的商务沟通案例、酒店员工如何应对客户在中英文社交媒体平台上的负面评价、文化多样性管理中的跨文化能力、文化多样性在管理方面产生积极或消极效果的条件等等。

跨文化传播主要关注大众传播与文化之间的相互关系。前沿的研究课题响应了通过跨文化传播与交际构建“共同体”的诉求，如对跨文化教育与共同体意识的关系的探讨，以及就故事、翻译、文学、体育等多元化跨文化传播形式的探讨。

课题研究

（1）文化比较视域下中西思维方式差异性研究
（2）“一带一路”背景下中国文化海外传播对……国际化的影响研究
（3）文明互鉴视域下中华……文化对近现代西方的影响研究
（4）多元文化视野下的……华裔跨文化……行为研究
（5）基于群际接触的来华留学生跨文化多维融入发展研究
（6）人类命运共同体视角下的孔子学院跨文化传播研究

文献阅读

一、外文文献

KAPLAN R B，1966. Cultural thought patterns in intercultural education [J]. Language learning (16)：1−20.

SCOLLON R，SCOLLON S W，2000. Intercultural communication：a discourse approach [M]. Beijing：Foreign Language Teaching and Research Press，Blackwell Publishers Ltd.

二、中文文献

陈建平，2012. 定性及定量分析在跨文化语篇研究中的应用 [J]. 当代外语研究（3）：60－68.

迟若冰，翁立平，张晓佳，2020. 跨文化研究的国际对话与交流互鉴——第 11 届国际跨文化研究学会双年会暨第 15 届中国跨文化交际学会年会综述 [J]. 外国语（5）：120－125.

史兴松，单晓晖，2016. 近五年 SSCI 期刊跨文化交际研究方法探析 [J]. 外语教学与研究（4）：594－605.

参考文献

一、外文文献

ARASARATNAM L，2015. Research in intercultural communication：Reviewing the past decade [J]. Journal of international and intercultural communication (8)：290－310.

AUSTIN J L，1962. How to do things with words [M]. Oxford：Oxford University Press.

BIRDWHISTELL R L，1970. Kinesics and context [M]. Philadelphia：University of Pennsylvania Press.

HALL E T，1959. The silent language [M]. New York：Doubleday Co.

HALL E T，1976. Beyond culture [M]. New York：Anchor Books.

GUDYKUNST W B，2003. Cross-cultural and intercultural communication [M]. Thousand Oaks，CA：Sage Publications，Inc.

KAPLAN R，1966. Cultural thought patterns in intercultural education [J]. Language Learning，16 (1)：1－20.

KROEBER E，KCLUCKHOHN I，1952. Culture：a critical review of concepts and definition [M]. New York：Alfred A. Knopf，Inc. and Random House，Inc.

LUSTIG M W，KOESTER T，1996. International competence：interpersonal communication across cultures [M]. New York：Harper Collins College Publishers.

MALANDRO L A，BARKER L，1989. Nonverbal communication [M]. Boston：Addison-Wesley Publishing Co.，Inc.

ROSS R S，1974. Speech communication：fundamentals and practices [M]. Englewood Cliffs，N. J.：Prentice-Hall，Inc.

SAMOVAR L A，1980. Understanding intercultural communication [M]. Wadsworth Publishing Company.

SAMOVAR L A，PORTER R E，MCDANIEL E R. 2009. Communication between cultures [M]. 6th ed. Beijing：Peking University Press.

SAMOVAR L A，POTER P，STEFANI F，2000. Communication between cultures [M]. Beijing：Foreign Language Teaching and Research Press.

SAUSSURE F，1959. Course in general linguistics [M]. Translated by BASKIN W. London：Peter Owen Ltd.

TING-TOOMEY S，2007. Communicating across cultures [M]. Shanghai：Shanghai Foreign Language Education Press.

TYLOR E，1871. Primitive culture [M]. Ithaca：Cornell University Library.

YOUNG L，1994. Crosstalk and culture in Sino-American communication [M]. Cambridge：CUP.

二、中文文献

爱德华·霍尔，1991. 无声的语言 [M]. 刘建荣，译. 上海：上海人民出版社.

白素，袁金月，2013. 跨文化交际视阈下空间语的语用张力 [J]. 西安电子科技大学学报（社会科学版）(5)：151—155.

毕继万，1999. 跨文化非语言交际 [M]. 北京：外语教学与研究出版社.

布罗斯纳安，1991. 中国和英语国家非语言交际对比 [M]. 毕继万，译. 北京：北京语言学院出版社.

蔡荣寿，2009. 跨文化交际通论 [M]. 苏州：苏州大学出版社.

陈俊森，2000. 外国文化与跨文化交际 [M]. 武汉：华中理工大学出版社.

陈欣，2005. 传统礼仪与中英文化差异 [J]. 江西社会科学 (12)：128—130.

程同春，2005. 非语言交际与身势语 [J]. 外语学刊 (2)：35—38.

迟若冰，翁立平，张晓佳，2020. 跨文化研究的国际对话与交流互鉴——第 11 届国际跨文化研究学会双年会暨第 15 届中国跨文化交际学会年会综述 [J]. 外国语 (5)：120—125.

池舒文，林大津，2014. 论中国跨文化交际研究的历史分期及特点 [J]. 中国外语 (3)：78—84.

戴晓东，2011. 跨文化交际理论从欧洲中心到多中心演进探析 [J]. 学术研究 (3)：137—146.

高光新，韩书庚，李东伟，2014. 言语交际基础 [M]. 长春：吉林大学出版社.

高永晨，1998. 试论跨文化交际学的研究方法 [J]. 苏州大学学报（哲学社会科学版）(2)：129—133.

顾曰国，1992. 礼貌、语用与文化 [J]. 外语教学与研究 (4)：10—17.

关世杰，1995. 跨文化交流学——提高涉外交流能力的学问 [M]. 北京：北京大学出版社.

郭珊，彭伟，2011. 刍议非言语交际形式的分类 [J]. 湖北社会科学 (11)：132—134.

何道宽，1983. 介绍一门新兴学科——跨文化的交际 [J]. 外国语文 (2)：70—73.

何道宽，1983. 比较文化我见 [J]. 读书 (8)：104—111.

何牧春，2007. 解析跨文化商务交往中的时间语 [J]. 商场现代化 (8)：204—205.

何自然，陈新仁，2002．当代语用学［M］．北京：外语教学与研究出版社．
何自然，冉永平，2006．语用学概论［M］．长沙：湖南教育出版社．
胡文仲，1985．不同文化之间的交际与外语教学［J］．外语教学与研究（4）：43－48．
胡文仲，1992．文化教学与文化研究［J］．外语教学与研究（1）：3－9．
胡文仲，1994．文化与交际［M］．北京：外语教学与研究出版社．
胡文仲，1995．英美文化辞典［M］．北京：外语教学与研究出版社．
胡文仲，1999．跨文化交际学概论［M］．北京：外语教学与研究出版社．
黄晓琴，2013．语用规则与跨文化语用失误——汉语第二语言言语行为语用失误原因及对策［J］．北京师范大学学报（社会科学版）（2）：36－44．
黄永红，2014．副语言符号的文化阐释［J］．北方论丛（3）：71－74．
贾红霞，2009．言语交际学［M］．北京：中央广播电视大学出版社．
贾玉新，1992．美国跨文化交际研究［J］．外语学刊（3）：9，50－53．
贾玉新，1997．跨文化交际学［M］．上海：上海外语教育出版社．
李朝辉，2007．理解日本人的非言语交际［J］．开放时代（2）：123－133．
李杰群，2002．非言语交际概论［M］．北京：北京大学出版社．
李炯英，2002．中国跨文化交际学研究20年述评［J］．解放军外国语学院学报（6）：86－90．
李力，2000．言语交际［M］．长春：吉林文史出版社．
林大津，1996．跨文化交际研究：与英美人交往指南［M］．福州：福建人民出版社．
林大津，1999．美国跨文化交际研究的历史发展及其启示［J］．福建师范大学学报（哲学社会科学版）（2）：87－93．
刘明阁，2002．非言语语的交际功能［J］．中国社会科学院研究生院学报（6）：72－74，109．
刘明阁，2009．跨文化交际中汉英语言文化比较研究［M］．开封：河南大学出版社．
刘润清，1987．关于Leech的“礼貌原则”［J］．外语教学与研究（2）：42－46．
刘艳秋，2007．跨文化交际与外语教学［M］．北京：中国科学技术出版社．
任瑞，2009．跨文化交际学理论概述［J］．山东外语教学（1）：3－7．
史兴松，单晓晖，2016．近五年SSCI期刊跨文化交际研究方法探析［J］．外语教学与研究（4）：594－605．
斯大林，1971．马克思主义和语言学问题［M］．中共中央马克思恩格斯列宁斯大林著作编译局，译．北京：人民出版社．
宋莉，1998．沉默中的不同“声音”——静默语之跨文化浅析［J］．外语学刊（黑龙江大学学报）（1）：3－5．
宋昭勋，2008．非言语传播学［M］．上海：复旦大学出版社．
拓欣，梁润生，2011．跨文化意识的培养：以语言教学中颜色词的语用功能为例［J］．中国大学教学（9）：68－70．
王恩圩，1994．身势语与身势语词典［J］．辞书研究（2）：60－67．
王秀琴，2011．跨文化非语言交际中的空间语探究［J］．河南师范大学学报（哲学社会科学版）（4）：205－207.
王玮，1999. 非言语行为与跨文化交际［J］. 北京林业大学学报（12）：297－299.
吴进业，王超明，2005. 跨文化交际与外语教学［M］. 开封：河南大学出版社.
肖德林，2004. 论跨文化中的非语言交际［J］. 山东社会科学（8）：97－100.
新渡户稻造，1993. 武士道［M］. 张俊彦，译. 北京：商务印书馆.
徐华，2011. 英语副语言在跨文化交际中的应用［J］. 继续教育研究（2）：145－146.
徐莉林，2005. 跨文化交际中的文化信息互动探索［J］. 内蒙古大学学报（人文社会科学版）（5）：93－97.
徐小明，2010. 跨文化非言语交际论析［J］. 贵州师范大学学报（社会科学版）（4）：119－122.
薛常明，2000. 非语言交际概述［J］. 福建师范大学学报（哲学社会科学版）（2）：82－86.
严辰松，高航，2005. 语用学［M］. 上海：上海外语教育出版社.
颜学金，2002. 非言语行为的跨文化交际研究［J］. 西南民族学院学报（哲学社会科学版）（9）：202－205.
杨平，1994. 非语言交际述评［J］. 外语教学与研究（3）：1－6＋80.
于国栋，2003. 语用学与跨文化交际［J］. 山西大学学报（哲学社会科学版）（5）：83－87.
云虹，2008. 论社会礼貌原则的民族性［J］. 学术论坛（5）：111－113＋128.
赵毅，钱为钢，2000. 言语交际［M］. 上海：上海文艺出版社.

第 6 章　话语分析

6.1　话语的概念

在社会语言学领域，话语不仅指语言的运用，而且被视为社会实践的一种形式，与社会事实存在着塑造和被塑造的辩证关系。那么，“话语”是 text 还是 discourse? 是书面语还是口语？是词、短语、小句还是段落、语篇？

6.1.1　字典释义

我们先比较 text 和 discourse 的字典释义。

Longman Dictionary of Contemporary English 对 text 的释义是，text 既是一个不可数名词又是一个可数名词。不可数名词指 the main body of writing, esp. in a book（尤指书的正文）。这就意味着，text 用于指书面语；或者是 the exact original words of a speech, article, etc.（演说、文章等的原文），这说明 text 可以兼指书面语言和口头语言；作为可数名词，指 any of the various forms in which a book, article, etc. exists,（任何形式的书籍、文章等，兼指书面语言和口头语言）。

Cambridge Advanced Learner's Dictionary 给出的 text 释义也包括不可数名词和可数名词，作为不可数名词，text 指 the written words in a book, magazine, etc., not the pictures，指（书、杂志等中区别于图片的）正文、文字材料，表明 text 专指书面语；the exact words of a speech, etc.（演说等的）原文，这表明 text 可以兼指书面语言和口头语言；作为可数名词，指 a book or piece of writing that you study as a part of a course（学习某课程必读的）课本、教科书，属于书面语言。该词典还给出了 text 的形容词 textual，有两个义项：一是 relating to written or printed material，指文本的，原文的；另一个是 related to the way in which something has been written，指书面形式的文本结构，如 textual analysis（文本分析）。这两个义项都将 textual 界定为书面语。

Collins Cobuild Dictionary 也将 text 分为不可数名词和可数名词，作为不可数名词，Text is any written material. 用于指书面资料；作为可数名词，A text is a written or spoken passage，兼指书面语言和口头语言。

从字典释义看，text 作为不可数名词时，主要指书面语言，作为可数名词时，则兼指书面语言和口头语言。而作为术语使用时，更倾向于书面语，尤其是文本结构。

discourse 一词源于拉丁语“diseusrus”，意思是“来回跑”，如 discursus argument，其动词形式“diseurrere”中，“dis-”意为“away”（离开），而“eurrere”意为“tourn”（跑），因此，discourse 一词最初的意思就是“到处跑动”，不受强制规则的约束。在现代英语中，discourse 的意思是 communication in speech or writing（对话，交流）（*Cambridge Advanced Learner's Dictionary*），也可以指 connected language in speech or writing（讲话或文章中的语段/话语）（*Longman Dictionary of Contemporary English*）或者是 spoken or written communication between people，especially serious discussion of a particular subject（口头或书面交流，尤其是就某个主题展开的严肃讨论）（*Collins Cobuild Dictionary*）。由此可见，discourse 既指书面用语，又指口头语言，但已见不到其拉丁语义项——到处跑动。在语言学中，Discourse is natural spoken or written language in context，especially when complete texts are being considered.（discourse 是语境中的自然口语或书面语，尤其是考虑完整语篇的情况下。）（*Collins Cobuild Dictionary*）

概而言之，主流字典中对于 text 和 discourse 的释义具有共性特征，但对于 text 和 discourse 到底指书面语还是口语并没有清晰的界定。

6.1.2 语言学释义

目前国际学术界对于 text 和 discourse 的术语使用、概念界定、内涵外延尚不统一。有些学者用 text（语篇、篇章）指书面语，用 discourse 指口头语言；有些学者则认为，text 既可以是书面语也可以是口语（如 Virtanen，1990：3）；有些学者用 text 指联接的句子（sentences in combination），用 discourse 指句子组合的使用（the use of sentences in combination）（如 Widdowson，1979：50），强调其分析单位和功能。韩礼德和哈桑（1976）、夸克等（Quirk et al.，1985）、沃达克（Wodak，2001）和费尔克劳（Fairclough，2003）等人研究的是 text，而格兰姆斯（Grimes，1975）与辛克莱（Sinclair）和库塔（Coulthard）（1975）讨论 discourse。

索绪尔（1980：101）在《普通语言学教程》中提到了“话语”的概念，“‘音位’这个术语含有声音动作的观念，只适用于口说的词，适用于内部形象在话语中的实现”。由此可见，他将“话语”界定为“口说的词的组合”，即有声的言语行为。系统语言学家斯蒂那（Steiner）和伟特曼（Veltmen，1988：38）把“话语”（discourse）界定为“作为过程的语言”，强调了话语的动态本质，显然是保留了 discourse 的拉丁语义项。

“话语”从一开始是作为一个语言学概念而出现的。希夫林（Schiffrin，1994）从语言学角度出发，对 discourse 进行三类解释和分析。第一种观点是从形式/结构主义范式（formal/structural paradigm）视角看，discourse 是大于句子的语言单位（a particular unit of language above the sentence），即 discourse 是一个结构/语法单位，将话语视作语言中具有灵活性的那一部分。持此观点的学者有斯塔布斯（Stubbs，1983：1）、查菲（Chafe，1992：356；2003：439－440）、理查德（Richards）等（1992，2000）等。例如，哈里斯（Harris，1952）在《话语分析》（*Discourse Analysis*）中将话语当作超出句子的语言结构（包括言说和书写），而斯塔布斯（1983：1）则将话语定义为"句子或分句之上的语言"，本维尼斯特（Benveniste，2008）称话语为以句子为单位进行的交际。第二种观点从功能主义范式（functionalist paradigm）出发，将discourse视为语言使用（language use），强调功能，持此观点的主要是功能语言学家和社会语言学家，如布朗和尤尔（1983：26）、韩礼德（1985：290；1994：311）、法索尔德（1990：65）、维尔塔嫩（Virtanen，1990：453）等；但究竟什么是语言的运用也是很复杂的问题。金内维（Kinneavy，1971）认为话语是一个建立起一个词语语境、位置语境和文化语境的语言过程；而福勒（1981）则把话语视为个人有意识地进入意识形态、经验和社会组织的语言工具。第三种是从语用视角看，discourse是"言语"（utterance），是介于形式/结构主义范式和功能主义范式之间的折中界定，持此观点的有希夫林（1994：41）。克拉伸（Kransch，1998）从社会语言学的角度把话语定义为讲话方式、阅读方式和写作方式，同时也是某一话语社区的行为方式、交际方式、思维方式和价值观念。

范迪克（van Dijk，1998：193－196）认为可以把话语看成是广义的交际事件和狭义的言语成品（verbal products），同时也要看到话语的社会性和符号性。广义的"话语"指的是某个交际事件，包括交际行为的参与者（说者/作者、听者/读者）或者特定的场景（时间、地点、环境）。交际事件可能是口语，也可能是书面语，可能是言语的，也可能是非言语的形式（如手势、面部表情等）。狭义的"话语"指的是"谈话"（talk）或"篇章"（text），是完成的或正在进行的交际事件的"成品"。语言学领域对于"话语"概念的多元界定和阐释从不同侧面反映了"话语"的复杂性。

约翰斯顿（Johnstone，2002）认为discourse既是一个不可数名词或物质名词，又是一个可数名词（discourses），两者各有各的涵义。"不可数的话语"用来区分"话语分析"和"语言分析"。语言只是一个抽象的规则或结构系统，而话语分析感兴趣的则是人们在使用这个系统时的具体情形。当然，语言规则是从话语中抽象出来的。所以，话语既是语言知识的来源，又是语言知识的结果。"可数的话语"指的则是各种传统的说话方式。这些说话方式既创造了传统的思维方式，又被传统的思维方式所创造。在这个意义上，可数的话语不但包含语言的型式，也包括信念和行为习惯的形式。话语不仅是说话，同时也是观念，两者相互影响、相互作用。各种说话的方式创造了不同的思想意识并使之得以发展，创造了对于世界的认识和观念（成晓光，2006：151）。

一些学者虽然认为text和discourse之间有区别，也尝试从不同视角释义，但界定依然模糊。例如，理查德等（1992，2000）将discourse界定为"Discourse：a general term for examples of language use，i. e. language which has been produced as the result of an act of communication. Whereas grammar refers to the rules a language uses to form grammatical units such as CLAUSE，PHRASE，and SENTENCE，discourse refers to larger units of language such as paragraphs，conversations，and interviews"

(Richards et al.，2000：138－139)。他们将 discourse 界定为句子以上的单位，即 discourse 是结构成分，是语法单位。与查菲（1992，2003）和斯塔布斯（1996）对 discourse 的定义并没有区别。理查德等（1992，2000：474－475）将 text 定义为："Text：a piece of spoken or written language. A text may be considered from the point of view of its structure and/or its functions，e. g. warning，instructing，carrying out a transaction. A full understanding of a text is often impossible without reference to the context in which it occurs. A text may consist of just one word，e. g. DANGER on a warning sign，or it may be of considerable length，e. g. a sermon，a novel，or a debate."他们认为 text 是比小句更大的单位，将 text 当作结构（语法单位）。比较后可以发现，尽管理查德等使用了不同的表述方式，但他们并没有完全厘清 text 和 discourse 之间的概念差异。

还有一些语言学学者根据 text 和 discourse 的字典义项，将 text 看作静态的"成品"(product)，把 discourse 看作动态的"过程"(process)（如 Brown & Yule，1983；Halliday，1985，1994；Virtanen，1990）。例如，韩礼德（1994：311）指出，"Discourse is a multidimensional process；'a text'... is the product of that process"；"Text is some thing that happens in the form of talking or writing，listening or reading. When we analyze it，we analyze the product of this process；and the term 'text' is usually taken as referring to the product..."与理查德等（1992，2000：474－475）将 text 视为语法单位的观点不同，系统功能语言学学家韩礼德在其著作《功能语法》(*Introduction to Functional Grammar*)（1994）中认为，text 是一个语义单位(semantic unit)（1994：xvii)。他明确指出，"A text is a semantic unit，not a grammatical one"(Halliday，1994：xvii)，"The organization of text is semantic rather than formal，and... much looser than that of grammatical units"（Halliday，1994：311)，"A text is the product of ongoing semantic relationships，construed by a variety of lexicogrammatical resources"(Halliday，1994：312)，"A text has structure，but it is semantic structure，not grammatical"(Halliday，1994：339)，"So a text does not consist of clause complexes"(Halliday，1994：339)。在他看来，text 与句子（小句复合体）、小句、词组、词等语法单位之间的关系是体现（realization）关系，即：text 的意义由小句或小句复合体（形式）来体现，或小句体现 text 的意义。text 与句子（小句复合体）之间不存在大小高低的关系，因为 text 与句子等语法单位不属于同一个类型的单位：小句、词组、词是语法单位，text 是语义单位（黄国文，2006：3)。

布朗和尤尔（1983：26）也从静态和动态视角厘清 text 和 discourse 的概念："the discourse analyst treats his data as the record（text）of a dynamic process in which language was used as an instrument of communication in a context by a speaker/writer to express meanings and achieve intentions（discourse)."话语分析家把语料看作一个动态过程的记录（即语篇），在这一动态过程中，说者或作者在某个语境中把语言作为交际的工具，用于表达自己的意思和实现自己的意图（即话语）。他们将话语(discourse）看作一个过程（discourse as process)。出现在一个话语的语篇记录中的词

汇、短语和句子都是说者或作者向听者或读者交流信息的证明。而语篇（text）则是成品（text as product），语篇语言学（textlinguistics）注重分析成品，如句间连接关系等。

维尔塔嫩（1990：453）也持这一观点。他认为，text 可以被视为结构（structure）和/或是被视为过程（process），是一个静止的概念（static concept）——过程的产品（the product of a process）；而 discourse 用于指动态概念——语篇生成和语篇理解的过程（the process of text production and text comprehension）。

我国学者陈平（1987：5）认为，"话语分析最典型的研究对象是超出单句长度的语段，由前后相连的句子构成的段落，如果在语言交际中表现为一个相对独立的功能单位，我们便称之为篇章（text）"。

不过一些语言学家认为没有必要严格区分 text 和 discourse。例如，查菲（1992：356；2003：439－40）指出：

The term "discourse" is used in somewhat different ways by different scholars, but underlying the differences is a common concern for language beyond the boundaries of isolated sentences. The term TEXT is used in similar ways. Both terms may refer to a unit of language larger than the sentence: one may speak of a "discourse" or a "text". （转引自 Widdowson，2004：6）

斯塔布斯（1996：4）也认为没有必要严格区分 text 和 discourse。他指出：

One brief point about terminology. There is considerable variation in how terms such as text and discourse are used in linguistics. Sometimes this terminological variation signals important conceptual distinctions, but often it does not, and terminological debates are usually of little interest. These distinctions in terminology and concepts will only occasionally be relevant for my argument, and when they are, I draw attention to them...

胡壮麟（1994：3）认为，可以用"语篇"统称"篇章"和"话语"，在使用场合确有特指的情况下才分说"话语"或"篇章"。此外，"语篇语言学"和"语篇分析"这两种说法基本上是同义的，视个人所好。

Text 将情景因素（situational factors）纳入其研究范畴，从描述结构（descriptive structural）延伸到过程单位（processual unit）。在英式英语中，discourse 的意思是 a unit of text used by linguists for the analysis of linguistic phenomena that range over more than one sentence（*Collins Cobuild Dictionary*）。这个释义表明，discourse 是语言学家用于分析语言现象的语篇单位。这样，在 text linguistics（语篇语言学、篇章语言学、话语语言学）和 discourse analysis（话语分析）之间的界限就模糊了。因此，在当前国际话语分析领域，text 和 discourse 可以互换，都可用于开展任何目的的语言研究或者事实（reality），可以是词、短语、小句，也可以是诗歌、日记、剧作、小说、文件、体育评论、政治演讲、访谈、广告、标牌、讲话、言语、对话、书籍、文章等不同的表达或表现形式。

6.1.3 其他学科释义

20世纪中期，“话语”概念逐渐从语言学领域扩展到其他学科领域，并被赋予更多的内涵和外延。例如，社会学认为话语是不同群体行为方式在语言层面上的反映，是社会交往的对话。传播学将话语视为信息的载体。文化人类学把话语视作语言、文化与社会关系的联结，文化本身就是话语。政治学认为话语是权力和权势的象征。这些学科领域中的话语概念借用了语言学中“语言运用”的含义，又突破了语言学的界限，使得话语具有了社会的、历史的、文化的维度。话语研究进入了多学科融合的发展阶段。麦卡锡（McCarthy）和卡特（Carter）（1994）认为，人们一旦从话语的角度来观察语言，那么他们的整个思想观念都将发生永久变化。

6.2 话语分析的概念和发展历程

6.2.1 概念

话语分析是一种语言研究方法。一些学者将话语视为静态的产品，分析是对“自然发生的连贯的口头或书面话语的语言分析”（Stubbs，1983：1）。斯塔布斯（Stubbs）的这个界定包括以下内容：第一，分析对象包括书面语和口语，而且是社会语境下使用的语言——“自然发生的”。第二，分析视角是结构分析，是对大于句子或从句的语言单位展开结构分析，而且这些语言单位是连贯的语言序列。第三，话语分析是对结构或形式的静态描述。第四，对语言序列展开的语言分析和社会语言分析实际上是一种社会行为理论。辛克莱和库塔（1975）认为话语分析是话语语法学，主要分析对象是语篇衔接和话语连贯——对语言结构的静态描述。

另外一些学者将话语视为动态的过程，话语分析是对交际过程意义传递的动态分析。其中一部分学者从话语功能的视角界定话语分析，认为话语分析是对交际过程中意义传递的动态分析。例如，威多森（1979：52）认为话语分析是对句子用于交际以完成社会行为的研究，强调话语的交际功能。布朗和尤尔（1983：1）将话语看作动态过程，说者或作者在某个语境中把语言作为交际工具，用以表达自己的思想并实现自己的意图。话语分析是对使用中的语言的分析，不仅仅探索语言的形式结构特征，更研究语言的使用功能：一是交流信息，二是建立和维持社会关系。“使用中的语言”就是“自然发生的语言”。也就是说，话语分析基本上不是分析话语分析家本人的言语输出，而是分析另一个人或另一些人的言语输出。话语分析的目标是考察人类怎样用语言进行交际（Brown & Yule，1983）。

还有一些学者从社会语言学的角度定义话语分析。例如，美国社会语言学家拉波夫（1972：252）指出，话语分析就是制定规则“把所做与所说或所说与所做联系起来”，话语分析的根本问题是要说明怎样按规则把前后两个语段联系在一起。她强调话语规则的先决条件，指出必须满足一定条件，话语才可以被看作某种特定的交际行为。韩礼德（1978）认为话语分析是一门具体研究人们如何通过“使用语言”，即通过真实的话语活动交换意义的学科。范迪克（1980）认为话语分析是一种社会分析方法，揭示人类如何理解彼此的话语。

话语分析的最大特点，就是紧紧结合语言的实际应用，探索语言的组织特征和使用特征。同时，从语言的交际功能和发话人与受话人双方的认知能力等角度出发，对有关特征作出合情合理的解释（陈平，1987：4）。

6.2.2　萌芽阶段

1952 年，美国结构主义学家泽林・哈里斯（Zelling Harris）在《语言》（*Language*）期刊上发表题为《话语分析》（*Discourse Analysis*）的论文，首先提出了 discourse analysis 这一术语并确定了其概念。哈里斯（1952：351）认为：“语言不存在于零散的词或句子中，而是存在于连贯的话语中。”但他所说的“话语”仅限于“超句子结构”。他建立了以分布为基础对语言单位进行切分和归类的一整套语言结构分析方法。“分布”指一个语言单位所出现的全部环境的总和（Harris，1952：15－16）。分布分析可以应用于语篇，旨在发现大于句子的结构。在研究中，哈里斯按照标准配列方法将比句子大的语篇材料切割成若干个基本成分，通过建立“分布分析”对语篇进行超句子结构分析，试图比照形态音位结构、语素和句法结构等，找出话语平面上的类似结构单位，从而确定篇章的结构组织。但他的研究并未兼顾意义和内容，结果证明，该研究对大于句子的语言单位作纯形式的分析是不可行的。尽管研究方法存在缺陷，并未被其他学者所采纳，但他确定了“话语分析”这一术语，还是引起了一些语言学者的关注。例如，米切尔（Mitchell，1957）采用语义分析方法，结合语境研究，分析了买卖对话的特点，并按照对话内容对买卖过程进行了步骤分类：①寒暄；②询问货物；③查看货物；④讨论。奥斯丁（1962）提出“以言行事”的观点。1964 年，法国的学术期刊 *Communication* 出版专刊，发表了巴尔泰斯（Barthes）、格雷马斯（Greimas）、托多罗夫（Todorov）、梅茨（Metz）等叙事学学者撰写的有关篇章结构分析的文章。1996 年该期刊又出版了一期专刊，发表了一系列叙述文结构分析的文章。这些文章作者的学术背景、学术观点、研究对象和研究方法不尽相同，但他们都在符号学（semiotics）的框架里对叙事话语（narrative discourse）和其他话语形式进行了分析（王得杏，1998：2）。海姆斯（1964）探索了言语交际形式，分析了讲话形式。韩礼德（1968）提出了系统语法观点，讨论了句子主位结构以及句子和话语的关系。塞尔（1969）讨论了言语行为（speech act）。

这个时期的话语分析主要运用符号学、叙事学和语言学的相关方法研究静态的篇章结构和动态的交际活动，表现出跨学科特征。不过，这个时期的话语分析研究并未形成系统的理论，研究方法也并不完善合理。

6.2.3 形成阶段

20世纪70年代，话语分析研究引起了社会学、人类学、心理学和语言学等诸多领域学者的兴趣，纷纷从不同学科领域采用不同的研究理论和方法展开了话语分析研究，该时期还出版发行了大量有关话语分析的专著与文集。

在社会学领域，一些社会学家对日常交际言语展开分析，试图发现其规律性特征。例如，美国社会学家萨克斯（Sacks）、舍格洛夫（Schegloff）和杰斐逊（Jefferson）（1977）开创了会话分析（conversational analysis），他们通过对大量真实录音材料的分析，对社会交往中的日常谈话展开微观分析，揭示其中隐现的语法规则和日常谈话的原则和规律。他们认为，意义相关的一轮发言交替（turn-taking）是对话的基本结构单位，并总结出相关规律。这一研究将社会学的研究方法引入话语分析领域，将语言和语言运用作为社会交往行为的一种形式加以研究。英国学者辛克莱和库塔（1975）也采用录音手段收集语料，对课堂话语进行了话语分析，建构了课堂话语分析的基本模式，提出“课程（lesson）—处理（transaction）—交换（exchange）—语步（move）—行为（act）”的阶梯式话语结构分析模式，并发现“处理”和“交换”是课堂会话中最常见的结构。

在人类学领域，甘柏兹（1968，1971，1976）提出了言语社团、语码转换等概念，强调社会团体中的语言以及语码转换的社会学意义。人类学家海姆斯（1972）提出了指导话语分析的言语社团话语模式的描述方法、概念、术语和理论框架，建构了各种言语社团的话语规则。他们的研究聚焦同一文化群体成员以及不同文化群体成员之间的社会交往，其中语言是重要的交往工具。海姆斯（1972）将一些著名的人类学语言学家和社会语言学家的论文收集汇总，主编了*Language in Culture and Society：A Reader in Linguistics and Anthropology*（《文化和社会中的语言：语言学和人类学读本》），其中一些文章涉及对话语结构交际活动的研究。这些研究基本上都同样采用录音或录像手段收集语料，然后进行定性分析和/或定量分析来处理收集语料，并最终归纳出言语交际特征。甘柏兹和埃尔南德斯-查韦斯（Hernandez-Chaves）（1975）从认知视域探究了双语交际的特征。这些研究成果逐步发展成为话语文化学（ethnography of speaking）或交际文化学（ethnography of communication），为话语分析奠定了良好的方法论基础，并成为话语分析的重要研究范畴之一以及现代话语分析的理论框架之一。

心理学领域的一些心理语言学家遵循实验心理学家的研究方法，探索短的语篇结构和书面语体句序的理解，将语义记忆和知识表达形式的认知研究推广到对语篇记忆模式和语篇理解及产生过程的模式研究（Carroll & Freedle，1972），一些学者还进一步细化了对话语分析具有借鉴作用的一系列概念，如“图式”（schema）、方案（script）、框架（frame）、情节（scenario）等。这些概念也进一步推动了计算语言学对话语加工模式和语篇构建模式的研究。

在语言学领域，话语分析突破了传统语法分析的局限，研究对象超越了句子范围。在传统语法分析中，增加了语言运用、语言变异、言语行为、会话、篇章结构、交际活动、认知等新概念，还引入了语境（context）、语域（register）、照应（reference）、指示（deixis）、回指（anaphora）、替代（substitution）、衔接（cohesion）、连贯（coherence）、宏观结构（macro-structure）和微观结构（micro-structure）等问题的研究。例如，韩礼德（1968）提出了使用中的语言的三个功能，即概念功能（conceptual function）、人际功能（interpersonal function）和语篇功能（textual function），并指出语篇功能与其他两个功能相互促进。拉波夫（1972）对黑人对话进行了话语分析。韩礼德与哈桑（1976）在 *Cohesion in English*（《英语的衔接》）一书中提出了五种语法衔接关系，即照应（reference）、省略（ellipsis）、替换（substitution）、连接（conjunction）、词汇衔接（lexical cohesion）；并将“连贯”界定为语篇内的潜在连接功能，通过交际制略因素、方案（script）理论、言语事件结构等表现出来。1978年，韩礼德出版了《作为社会符号的语言：语言与意义的社会诠释》（*Language as Social Semiotic: The Social Interpretation of Language and Meaning*）一书，书中将语言视为社会符号。可以说，语篇衔接与连贯往往是多层次的，最上层是包括语篇和语用学的社会符号层，第二层是包括及物性、逻辑连接、语篇结构等的语义层，第三层是包括结构衔接和主述位结构等在内的结构层，最后一层也是最低层就是词汇层和音系层（胡壮麟，1996）。范迪克（1977）进一步厘清了 text 和 context 的概念和关系，指出话语分析关注的不再是孤立于语篇语境之外的句子，而是语境之中句子之间或话语之间存在的模式和规律性。他还于1980年提出了宏观结构（macro-structure）概念，强调话语分析要超出语篇结构分析，将常规话语分析和语用学分析结合起来，相互弥补，从而理解一个完整的语篇，把握语篇信息及其交际价值。语言哲学家奥斯丁、塞尔、格赖斯等建立的言语行为理论（Speech Act Theory）也成为话语分析的一种理论框架。拉波夫和范舍尔（Fanshel）（1977）创建了用言语行为理论进行话语分析的理论模式和方法，并将其运用到对语言变体的研究中，成功地解释了社会和语言因素对某一语言社区中语言变体模式的影响。另外，言语行为理论的一些研究焦点也成为话语分析的研究内容，如话语如何能完成不止一个言语行为以及语境和言外之意的关系等。

该阶段取得的丰硕成果使得话语分析显现了独立学科的雏形，为后期发展和突破奠定了良好的基础，也成为社会语言学、语用学、人类文化学、语言哲学、心理语言学和计算语言学等共同关注的一个跨学科研究领域。该时期话语分析和其他语言学新学科的出现，使语言学显现出一个丰富多彩的多元化新局面，话语分析进入了正常的科学发展阶段（王得杏，1998：5）。

6.2.4 发展阶段

20世纪80年代后，话语分析进入了迅速发展阶段。1981年学术期刊 *Text* 在荷兰创刊（后迁至德国），标志着话语分析成为一门独立学科，吸引了其他学科学者的研究兴趣。1985年，荷兰语言学家范迪克邀请全球研究话语的学者撰稿，编辑出版了 *Handbook of Discourse Analysis*（《话语分析手册》）。本书分为四卷：第一卷是 *Disciplines of Discourse*（话语的多学科领域），第二卷是 *Dimensions of Discourse*（话语的诸多方面），第三卷是 *Discourse and Dialogue*（话语与对话），第四卷是 *Discourse*

Analysis in Society（社会中的话语分析）。范迪克（1985）明确指出，该书的出版标志着话语分析作为一门新的跨学科独立和自我体系的形成。

1987年8月，在柏林召开的第14届国际语言学家大会上，有关篇章和话语研究领域的论文是最多的，“从会议听众出席的情况来看，篇章与话语分组会也是最吸引人的几个场合之一。与会者对篇章与话语问题表现出如此浓烈的兴趣，这成了本届大会有别于往届的一个显著特征”（陈平，1987：11）。

在此阶段，话语分析成了一门独立学科，并初步形成了自己的研究框架。也正是在这个时期，我国语言学界开始引介国际话语研究成果，开启了国内话语研究之旅。例如，王福祥于1981年出版的《俄语话语结构分析》是我国最早的话语研究专著。

6.2.5 多元阶段

20世纪90年代后，话语分析进入了多学科、多领域融合的多元发展阶段。研究对象涉及各种语类，如日常对话、新闻报道、课堂话语、种族歧视、学术话语、医疗话语、法律话语、性别话语、儿童话语、意识形态话语、网络话语、外交事务、商务谈判、信件、教材等。研究方法包括质性研究、量化研究，更结合了语料库研究范式。人类文化学、社会学、认知语言学、结构语言学、翻译学、心理语言学、计算语言学、修辞学、系统功能语言学、语用学、语义学、教学法、人工智能、语料库建设和跨文化交际等诸多研究领域都被纳入话语分析。诸多理论，如评价理论、框架理论、关联理论、言语行为理论、合作原则、礼貌原则、会话含义理论、隐喻理论、心理空间映射理论等等都被广泛应用于话语分析，深入揭示人们在日常交际过程中如何运用真实的语言、社会文化背景与话语构建的关系以及话语大单位所揭示的语言现象和特征。

希菲尔恩（Schiffrin，1994）总结了早期的六种话语分析理论，包括：①语言哲学视角下的言语行为理论，分析句子所实现的言语行为；②人类学和社会学视角下的社会语言学的互动理论，分析在面对面互动中语言以及社会两个层面上的意义；③人类学视角下的交际人种学理论，将语言交际当作文化行为来分析；④语言哲学视角下的语用学理论，分析说话人的交际意图及其推断路径；⑤社会学视角下的会话分析理论，分析会话结构（如毗连对等）如何帮助社会成员建构社会秩序；⑥社会语言学视角下的变异分析理论，分析语言变异形式背后的社会以及语言本身的制约因素。

博格兰德（Beaugrande，1997）认为21世纪话语分析的重点将是知识共享和话语策略。话语分析的任务将是研究话语在团结社会文化群体中的作用，展示多元文化实现人类潜能的过程，探讨话语与社会化的关系以及语言资源的使用策略，分析话语在获得和使用知识中的作用（杨信彰，2000）。

6.3 话语分析的研究范畴

话语分析是一种语言研究方法，其最大特点就是紧紧结合语言的实际应用，探索语言的组织特征和使用特征，同时，从语言的交际功能和发话人与受话人双方的认知能力等角度出发，对有关特征作出合情合理的解释（陈平，1987）。

美国社会语言学家法索尔德（1990）认为话语研究主要有两类：语篇研究和交往事件（interactive events）研究。前者指书面语、口头语言的录音撰写材料、录像等的研究，主要内容包括连贯性（coherence）、衔接（cohesion）、照应（reference）、指示（deixis）、回指（anaphora）、替代（substitution）、衔接（cohesion）等。后者是研究人们在社会交往中如何使用语言，即话语行为研究，包括从文化背景和谈话的交际目的方面来分析人类的话语行为，以及发现支配谈话中的话轮、结束语和偏误改正等的显性规则。

范迪克（1977）认为话语分析既分析话语的线性特征，也分析整个话语的层次结构；既研究话语的语境，也研究与话语直接有关的社会因素；既关注话语的语用因素（van Dijk，1981），也关注话语的语义因素（van Dijk，1985）；既注意语言的使用，也注意语言理论建设；既探讨句子的话题，也探讨话语的话题（van Dijk，1977）；既讨论书面语，也讨论口头语（van Dijk，1992）；既提出有自己特色的话语结构，也提出系列话语分析原则（徐赳赳，2005：360）。话语分析还被纳入语言教学领域，如麦卡锡（McCarthy，1991）、哈奇（Hatch，1992）、麦卡锡与卡特（Carthy，1994）等的研究。

话语分析的研究领域不断扩展，理论视角也不断增多。由于话语主要涉及三种语境，即话语自身的环境、使用话语的外部环境（社会文化）以及内部环境（人类的大脑），所以话语分析在不断发展的过程中逐渐走向话语、社会文化和认知三个视角之下（杨雪燕，2012：35）。

6.4　批评话语分析

批评话语分析（Critical Discourse Analysis，CDA），也被汉译为“批评语篇分析”，是在20世纪70年代末兴起于英国的批评语言学（Critical Linguistics，CL）基础上继承和发展而来。1979年，福勒等四位学者在*Language and Control*（1979）一书中提出了“批评语言学”这一术语，并阐述了系统功能语法的理论来源和分析方法。他们认为“语言运用充满了意识形态，我们理应实践一种旨在理解这种意识形态的语言学，这就是批评语言学”（Fowler，1991：5）。其研究对象是社会语境中隐含的意识形态（ideology），关注语言是如何成为社会实践（social practice）的。意识形态是人们理解世界，整理归纳经验时所持的一般观点和看法；社会实践不仅仅是社会经济秩序，更是一种经意识形态再现的社会现实。不同于CL，CDA更关注社会现实中的不平等和不公正现象，解释话语所呈现的权力和意识形态，并致力于发现、改进不平等、不公平现象。不过，范迪克（1993：131）指出，“CDA and CL are at most a shared perspective on doing linguistic，semiotic or linguistic analysis”。两者都是做语言分析和符号分析的。沃达克（2001：1）也认为CL和CDA这两个术语可以互换，只是目前很多学者更倾向于使用CDA［The terms critical Linguistics（CL）and Critical Discourse

Analysis（CDA）are often used interchangeably. In fact，in recent times it seems that the term CDA is preferred and is used to denote the theory formerly identified as CL]。

6.4.1 批评话语分析的概念

在批评话语分析中，“批评”是一个重要概念。“批评”（critical）是一个中性词汇，并非对缺点和错误提意见的狭义语义，也并不局限于负面信息，而是具有“评论”“评价”等中性概念。康宁顿（Connerton，1976：18，20）从批评社会学视域界定了critique和criticism的术语义项：

“Critique”... denotes reflection on a system of constraints which are humanly produced：distorting pressures to which individuals，or a group of individuals，or the human race as a whole，succumb in their process of self-formation...

Criticism... is brought to bear on subjects of experience whose “objectivity” is called into question；criticism supposes that there is a degree of inbuilt deformity which masquerades as reality. It seeks to remove this distortion and thereby to make possible the liberation of what has been distorted. Hence it entails a conception of emancipation.

Critique（评论）与意识形态的社会限制条件以及社会化过程中的语言约束作用相关，意味着人们对一系列人为产生的限制的反思，这些限制曲解了个体、群体甚或整个人类在自我形成过程中所屈服的压力。Critique 就是揭示事物的内在关系（to make visible the interconnectedness of things）（Connerton，1976：11－39）。Criticism（批评）认为客观世界存在某种程度的畸形，批评的主要目的就是要使以前被隐蔽的东西显现出来，纠正那些被扭曲了的客观事实。“批评”即“解放”。

福勒（1991、1996）认为批评性话语分析中的“批评”与文学“批评”不同，而是来源于当代马克思主义（Contemporary Marxist）、后结构主义（post-structuralist）、解构主义批评（deconstructionist criticism），尤其是法兰克福学派（Frankfurt School），是一种蕴含于语言中的意识形态评判，它帮助人们通过浮于表面的现象认识到真正的本质，从而改变人们对某种社会现象的认知和判断。

沃达克（2001：9）认为，“批评”是从所分析对象（即话语）的外部把话语置于社会语境中，采取一种显性的政治立场，通过自我反思揭示社会问题。同时，批评也是运用批评的结果改变社会或政治行为。这就意味着，“批评”既要揭示社会不平等现象，更要改变这种不平等现象。这与康宁顿（1976：20）从批评社会学提出的“批评”的目的是一致的——改变：

Criticism... aims at changing or even removing the conditions of what is considered to be a false or distorted consciousness... Criticism... renders transparent what had previously been hidden，and in doing so it initiates a process of self-reflection，in individuals or in groups，designed to achieve a liberation from the domination of past constraints. Here a change in practice is therefore a constitutive element of a change in theory.

概而言之，批评不仅仅是停留在文字上，而是要付诸社会实践，一方面要以解决社会问题为目的；另一方面通过自身的话语实践消除社会的不平等，实现社会变革。“批评”就是通过揭示话语和权力的关系来了解、揭露并最终试图抵制权力的不平衡，社会不平等的非民主行为和其他不平等现象，从而达到消除社会不平等的目的。

话语分析中的“话语”指的是大于句子的语言结构或语言单位与其他语言单位的联系。在批评性话语分析中，“话语”（discourse）的界定并不统一。

福柯（Foucault，1972）认为，话语是人类科学的知识体系（Discourses are knowledge systems of the human sciences），这些知识体系构成了现代社会中的权力。大部分人类知识是通过使用话语获得的，历史文化由各种话语组成。因而，话语是产生于特定历史阶段并与社会实践关系密切的陈述，是社会生活的重要组成部分。

克雷斯（Kress，1985：6—7）将“话语”界定为：

Discourses are systematically-organized sets of statements which give expression to the meanings and values of an institution... A discourse provides a set of possible statements about a given area，and organizes and gives structure to the manner in which a particular topic，object，process is to be talked about.

话语一方面指人们在社会生活中使用的语言，包括书面语和口语；另一方面还包括人们运用语言的方式以及制约这些语言使用的规约。

费尔克劳和沃达克（1997：258）认为话语即社会实践（language as social practice）。范迪克（1998）认为，话语与社会和认知密不可分，是一种交际事件的表现形式。费尔克劳（2000：167—168）从社会实践角度界定话语。他认为，社会实践是社会生活成分的一种构型（configuration），涉及劳动形式、身份确认和对现实世界的呈现三个部分，同时又包含 4 个范畴：物质元素、社会元素、文化/心理元素以及抽象意义的话语。话语是社会实践的一个重要元素，既包括语言因素，也包括非言语交际因素和视觉因素。沃达克（2001）强调话语的知识和记忆特征，同时把文本看成其具体的口语和书面形式。莱姆克 Lemke（1995）则把话语看成一种知识，文本是其具体的实现。

目前大多数批判话语分析学者都赞成哈贝马斯（Habermas，1977：259）对话语的定义：“Language is also a medium of domination and social force. It serves to legitimize relations of organized power. In so far as the legitimations of power relations are not articulated... Language is also ideological.”话语是支配和社会力量的中介，亦是意识形态。意识形态并非“观点”（idea）这种模糊不清的范畴，而是与社会结构密切相关的物质实践，意识形态影响了人们的某种社会主体（subject）位置。费尔克劳（1985）也认为，社会制度在促成主体社会行为的同时，又限制了主体的社会行为（主要指言语交际）。而“主体”这一概念恰恰反映了这一辩证关系，它在承认人创造话语的同时，又强调了话语创造人。

从批评的角度看，话语是社会实践的形式和符号，产生于社会实践并作用于社会实践，是一种意识形态。因此，话语不仅是社会权力斗争的焦点，而且是社会变革的力量。社会机构、政党、新闻媒体都可以运用话语参与社会变革（Chouliaraki & Fairclough，1999）。

“分析”则是强调批评话语的解释（interpretation）作用，批评话语分析者通过对话语的解释来揭示那些话语使用者，尤其是引起或操控社会不平等现象的权势者的权力运用和意识形态反映，并以此来表达自己的观点和看法，积极参与社会变革，实现改变不平等现象的目的。语言分析基础主要是采纳现代语言学的各种理论，尤其是韩礼德的系统功能语言学。

由此可见，批评话语分析以解读话语为出发点——话语并不是仅仅客观中立地反映社会现实，更是一种社会实践，是社会过程的介入力量，直接参与社会事物和社会关系的构成。批评话语分析通过分析以语言为主要形式的社会实践活动，揭示其隐含的社会现实，并将隐含在文本中的意识形态明朗化，可以揭示处于主导地位的社会活动者按照他们的意愿维持控制的话语策略（Machin，2016）。

费尔克劳（1989）指出，批评话语分析不仅仅是分析，更是批评；意识形态通过自然化过程变成常识，并被人们所接受和熟识，而批评话语分析的目标正是将话语中的意识形态去自然化（denaturalize）、透明化，通过分析话语中的语言形式来揭示那些隐含的语言、权力和意识形态之间的关系以及统治阶级如何运用语言来实施意识形态控制和维护自己的权力地位。

费尔克劳和沃达克（1997）提出了批评话语分析的三个目的：①系统探索话语实践、事件、话语与更广阔的社会文化结构、关系和过程之间的因果关系；②研究这些话语实践、事件、话语与权力之间的关系；③探讨话语与社会的关系在维护权力和霸权中的作用。

范迪克（2001）认为，批评话语研究是一个理论分析和应用模式或视角。他指出，批评话语分析应该关注话语在权力操控下的社会实践中所起到的作用，研究话语、权力、权威（dominance）、社会不平等（inequality）之间的关系。沃达克（2001）指出批评话语分析更关注语言和权力的关系。批评话语分析的目标是探索社会政治语境中的话语交流是如何被实施和复制的，如何被用于抵制社会中的支配、控制和不平等以及权力的滥用等。因此，批评话语分析应主要关注社会问题和政治事件，不能单纯地描述语言结构，而应努力从社会互动和社会结构的角度来解释话语结构，揭示话语结构如何被实施、确认、合法化、复制，被用于挑战现存的社会结构和权力关系。这就意味着，要实现这些研究目标，批评话语分析需要多学科参与。

6.4.2　批评话语分析的理论原则

费尔克劳和沃达克（1997：268—280）以 1985 年 12 月 17 日 BBC（英国广播公司）播放卡尔登对撒切尔夫人的采访为例，概括了批评话语分析的八条原则：

（1）CDA addresses social problems. 批评性话语分析关注社会问题，具有极强的社会针对性，它以社会的、文化的实践和结构为出发点聚焦语言，而不是纯语言研究而分析语言使用。

（2）Power relations are discursive. 话语建构权力关系，权力关系是“话语的”，即话语是社会权力关系生成和再现的场所。

（3）Discourse constitutes society and culture. 话语建构社会和文化，话语是社会和文化再现和变化的场所。话语与社会文化是一种辩证的同构关系，相互包含，相互影响。

（4）Discourse does ideological work. 话语是从事意识形态的工具，话语结构展现、加强、再生社会中的权力和支配关系，并使其合理化或对其进行置疑。意识形态通过话语渗透于社会生活。

（5）Discourse is historical. 话语是历史的，应被置于语境中加以考察。

（6）The link between text and society is mediated. 话语是连接文本与社会的中介，或者说文本与社会的关系是经由话语这一中介产生的。话语和社会结构之间的关系是辩证的，话语构造社会结构，也被社会构造。

（7）Discourse analysis is interpretative and explanatory. 话语分析兼具诠释性（interpretative）和解释性（explanatory）。它试图根据社会互动的特征，尤其是根据社会结构特征对话语结构进行解释。

（8）Discourse is a form of social action. 话语本身也是社会实践，即社会行动的形式，揭示权力关系的隐晦性。

6.4.3 批评话语分析的研究理论和方法

批评话语分析在哲学和语言学上都有具体的理论做指导。哲学上的指导理论是西方马克思主义。该理论反对一切意识形态，认为电视、报刊等都是意识形态，都是为统治阶级利益服务的国家机器，本质上是为了压抑人性，因此需要得到诊断，接受批判（辛斌，2004）。

批评话语分析离不开语言分析，因此，其语言学上的指导理论主要是美国人类学家萨丕尔和沃尔夫关于语言与思维关系的假说以及英国语言学家韩礼德的系统功能语法理论。萨丕尔和沃尔夫（1921）认为，人类是通过语言来感知外部世界的，因此语言与思维之间有着十分紧密的联系，语言能影响思维方式，思维方式也能决定语言的使用方式。然而，语言并不是一个完全透明的中介，它既能客观反映现实，又能歪曲现实，甚至再创现实，从而影响和控制人类的思维和态度。这种双向支配对批评语言学家产生了很大的影响。系统功能语言学家主张把人看作是社会人，把语言系统看作社会符号，把语言使用看作社会行为。因此，他们高度重视对语言系统（system）、功能（function）、语境（context）、语篇（text）、语域（register）和语类（genre）的研究，从中探究语言与社会文化之间的关系（朱永生，2006：37）。例如，从主题性结构（thematic structure）分析话语和权力的关系，从名词化（nominalization）发现话语掩盖的事实真相，从话语预设揭示话语隐含的、冰山水面以下的成分，从话语的隐喻或修辞手段理解话语的联想意义。另外，话语的语调、语气、人称代词的选择都是话语与意识形态联系的标志（黄会健等，2007：2）。

批评话语分析是工具语言学的一个分支，关注的是语言与社会的辩证关系，将话语视为社会符号系统的具体体现，是社会介入的媒介，探讨话语在塑造（shape）社会与被社会所塑造（shaped）的过程中所扮演的角色。而学者们分析阐释的视角各不相同，因此形成了不同的派别和研究方法。哈里森（Harrison）和杨（Young）（2003：2）认为，从本质上看，批评话语分析既不是研究方法，也不是语言学理论，而是对表现在话语中的社会问题进行审视的一种角度。辛斌（2005：54）也认为，“批评语言学的产生和发展不过二十几年，我们还不能说它已经形成了自己完整的方法论。可以说它在语篇分析的方法上主要还是采取‘拿来主义’，无论是哪派的理论方法，只要能用于分析语言、权力和意识形态的关系并产生令人信服的结果，它都不会拒绝”。批评话语分析的多学科特征也使得它能够将各种语言理论都纳入其中。

费尔克劳和沃达克（1997：263－269）总结了八种批评话语分析的研究方法：

（1）以阿尔图塞（Althusser）的意识形态理论和福柯的话语理论为代表的法国话语分析（French Discourse Analysis）：强调语篇中话语构成的复杂性和异质性，关注政治话语、宗教话语和教材等，多以意识形态分析为主，但对具体社会实践的讨论不多。

（2）以克雷斯和福勒（Fowler）为主的批评语言学（Critical Linguistics）：受系统功能语言学（Halliday，1978，1985）的影响，将语言的语法形式特征视为意义选择，试图通过语言及物性、名词化等手段分析意识形态是如何通过语言渗透于社会生活中的，例如特定词汇所蕴含的范畴系统的意识形态力量，尤其是词汇化过程。该方法可用于分析各种类型话语，尤以新闻话语为主，近年来还用以分析教育语篇、口语对话、访谈等。

（3）以霍奇（Hodge）、克雷斯和范吕文（van Leeuwen）为代表的社会符号学（Social Semiotics）认为当代社会存在着各种符号形式的文本，如新闻照片、电视影像、图画等，利用系统功能语言学探索范畴价值，分析各种视觉图像并讨论这些范畴是如何通过图像得以实现的。社会符号学还关注语篇类型的产出和解释，采用语类学、互文性分析、媒体话语分析以及传统的语言学分析等方法，把语言和文化研究联系在一起。尤其是对于视觉图像的分析引领了对语言理论的反思，后来这一分析模式发展为多模态话语分析（Multimodal Discourse Analysis）。

（4）费尔克劳的社会文化变迁与话语变迁（Sociocultural Change and Change in Discourse），通过分析话语和各种语类的关系讨论话语变迁，以及话语在各种话语秩序（orders of discourse）中的作用，话语实践与特定的社会领域的关系。在强调社会制度对话语的限制作用的同时，充分地认识到话语对于社会文化变化和再生产所发挥的重大作用，例如医患对话、大学说明书、媒体访谈等。他还强调批评话语分析对教育的影响，呼吁学校和教育机构要注重培养学生的批评话语意识（critical language awareness），培养人们的语言批评能力，包括对教育过程本身的自我分析能力。

（5）范迪克的社会认知研究（Socio-cognitive Studies）：通过对认知的分析揭示社会结构与话语结构相互影响、相互制约的关系。这一方法多被用于揭示存在于各种种族歧视中的权力滥用和不平等。

（6）沃达克的话语－历史分析方法（Discourse-historical Method）：分析某一社会实践的历史背景，解释多层次的书面语和口语，其特色是实践应用，可用于挖掘种族歧视或其他社会不公平现象话语的隐性歧视表达识别并揭露歧视性话语中的暗指，将隐性信息显性化。

(7) 马斯 (Maas, 1984) 的阅读分析方法 (Reading Analysis): 他将话语界定为与社会实践相关的、历史形成的语言形式 (1984: 18)。换言之, 话语并非由时空限定的语篇的任意堆积, 而是有意识地根据内容限定而成的。因此, 话语分析就是研究构成某一特定话语的规则, 每一个话语与其他话语都存在共时和历时关系, 这种关系又界定了特定话语。马斯主张应从历史维度和阐释学视域调查某一特定领域的话语, 如政治话语、日常话语、口号、学生演讲、菜单等。

(8) 德国以雅格 (Jager) 为首的杜伊斯堡学派 (Duisburg School): 该学派受福柯理论的影响, 关注话语的语言和标志特征, 将话语视为与行为和支配相关的惯例化的 (institutionalized)、常规化的 (conventionalized) 讲话模式 (Discourses are institutionalized, conventionalized speech modes which relate to behavior and also to dominance) (Jager & Jager, 1993: 5), 所有的话语都有其历史根源, 对当前社会产生影响并决定未来社会。

这些方法之间并不是孤立的, 而是互相补充的关系, 它们从各个不同侧面分析了错综复杂的语篇和社会之间的关系, 阐释话语的秩序、社会参加者的实践以及他们的社会认知过程。目前批评话语分析的主要研究方法是费尔克劳的社会-文化、范迪克的社会-认知和沃达克的话语-历史。随着学科融合和技术发展, 语料库研究范式也被纳入批评话语分析。

6.4.4 批评话语分析的研究领域

布洛马埃特 (Blommaert, 2005: 26) 对 CDA 的研究领域做了宏观归纳总结: 政治话语研究 (如政治家的演讲、政党宣言、媒体对政治事件的报道等)、意识形态研究 (包括话语对社会事实的再现, 如种族研究、与种族有关的移民话语研究)、社会变革研究 (包括话语在政治、经济全球化进程中的作用, 如话语与网络、教育话语、广告话语、推销话语、经济话语、媒介话语等)、身份研究 (如媒体如何再现女性身份、性别研究)、机构话语研究 (在机构语境中如何体现权力关系, 如医患对话、工作环境中的等级关系、官僚话语等)。

这些研究课题都充分反映了批评话语分析关注社会问题的跨学科性特征。

6.5 积极话语分析

1999 年, 在英国伯明翰召开的批评话语分析国际研讨会上, 澳大利亚悉尼大学教授马丁宣读了论文 "积极话语分析——团结与变革", 首次提出了 "积极话语分析" (positive discourse analysis) 这一全新的概念, 并阐述了积极话语分析的动机、语料选择和分析方法。他认为, 话语分析的对象不应只是一些含有 "不平等" 现象的 "坏新闻" (bad news), 也应该包括主张 "和平" 与 "平等" 的 "好新闻" (good news), 主张用更加积极、友善、宽松、和谐的态度对待社会矛盾和不平等、不公平现象，解决社会矛盾和社会冲突，并期望通过积极话语分析来建构一个和谐、团结的社会。

在语料选择上，马丁（1999）指出，积极话语分析重视对“地域”（site）的选择。“地域”不是指某个事件发生的地点，而是话语所涉及的领域（locale of discourse），除了社会冲突外，积极话语分析还关心外交、斡旋、谈判、会议和咨询等话语。在这些话语中，最受重视的是那些政治性强、涉及重大社会问题的。马丁（2004）对比分析了澳大利亚两位总理霍华德（Howard）和基廷（Keating）对于澳大利亚政府强行驱使土著儿童与其父母分离的政策所做出的道歉。其中，霍华德以个人的名义就此行为做公开道歉，但认为那是当时的政府行为；而基廷代表政府向公众道歉，明确承认白人的错误。马丁对霍华德的道歉进行了批评话语分析，发现了霍华德推卸和掩盖责任的本质；而对基廷的道歉进行了积极话语分析，发现了基廷话语中主动承担历史责任的积极态度，表现出恳求谅解的极大诚意。马丁认为这有利于社会稳定与和谐。

在分析理论上，积极话语分析采用评价理论作为主要的理论基础。评价理论是马丁与怀特（Martin & White，2005）对系统功能语言学中“人际功能”所做的进一步拓展，关注话语中可以协商的各种态度。“评价理论是关于评价的，即话语中所协商的各种态度、所涉及的情感强度以及表明价值和联盟读者的各种方式。”讨论的是话语或话语主体表达、协商、自然化特定主体间的关系以及意识形态的意义资源。评价资源根据所评价的对象被分成三类：对事物价值的评价——鉴别（appreciation）、对人的性格和行为的评价——评判（judgment）以及对人的情感的表达——情感（affect）。

在分析方法上，积极话语分析主张“三多”，即“多模式”：语言与非语言符号系统的意义对意识形态的作用。“多层次”：对语言系统的语音、词汇、语法和语义等层面作分析。“多功能”：运用韩礼德的系统功能语法理论，围绕概念功能、人际功能和语篇功能展开分析（朱永生，2006）。

在话语分析的目的上，积极话语分析主张建设性（productive）的分析活动，而不是一味地消极批评；主张设计（design），而不仅仅是解构（deconstructive）。

批评话语分析与积极话语分析并不是矛盾关系，而是互补关系。正如马丁（2004：2）所言：“我追求的是一个补充重点，考虑如何使人民聚集在一起，在世界上有自己的空间——使权力得以重新分配，而不一定通过斗争……我提出一个关于语言和语义生成的补充视角。”马丁（2004）认为，批评话语分析包括两个方面：现实的批判话语分析（CDA realism）和非现实的批判话语分析（CDA irrealism）。前者指的是揭露和批判现实生活中的不平等、权势和反映统治阶级的利益和思想意识的批评话语分析；后者就是积极话语分析，但它不是现实的，是非现实的，有待人民或社团在一个共同目标指引下共同争取并实现。批评话语分析从“批判”“揭露”“否定”的立场揭示话语和权力以及意识形态的联系，目的在于消除不平等现象，解构现有的社会体制，最后达到权力重新分配的目标。积极话语分析以“友善”“宽松”“和谐”的态度，以“否定”和“肯定”相结合的方法，主张以和解、和平的方式消除社会矛盾和社会冲突，以“建设性”为目标对话语作分析，对社会发展具有积极的意义。概而言之，批评话语分析是解构的，积极话语分析是建构的，“建构”并不是优于“解构”，也不是以“建构”代替“解构”。

6.6　多模态话语分析

在具体的社会情境中，人们的意义传递和社会交往除了依靠语言完成之外，更多的是依赖非语言形式，如肢体、时间、空间、图像、声音等多元符号。这些符号资源就是多模态（multimodality）。在话语分析中，多模态指语篇中使用的多种符号资源，包括口语和书面语、图像、声音、空间以及其他可以用来构建语篇的资源（Baldry & Thibault，2006；O'Halloran，2004）。1977 年，巴尔泰斯在 *Rhetoric of the image*（《图像的修辞》）一文中讨论了图像在表达意义上与语言的相互作用，试图设计出一个能应用于所有符号模式的分析框架，并归纳了多模态语篇中的图文关系，即锚定（anchorage）、说明（illustration）、接递（relay）。但直到 1996 年，克雷斯和范吕文出版了 *Reading Images：The Grammar of Visual Design*（《阅读图像：视觉设计语法》）一书，才标志着多模态话语分析的真正形成，成为语言学领域的一个研究流派。

克雷斯和范吕文（1996）认为，话语分析并非仅限于语言系统，它同样适用于对包括图像、声音、颜色、版式等社会符号的分析。他们将话语分析的研究对象由语言扩展到其他多元形式，并提出了解读图像意义的方法。莱文（Levine）和斯科隆（Scollon）（2004）从社会语言学的角度出发，将多模态界定为交际时所采用的多种模式，如言语、色彩、味道、图像等。张德禄（2009：24）认为，多模态话语指运用听觉、视觉、触觉等多种感觉，通过语言、图像、声音、动作等多种手段和符号资源进行交际的现象。多模态话语分析突破了单一话语分析的局限，将言语信息和非言语信息都纳入分析范畴。

多模态话语分析的理论基础主要是韩礼德创建的系统功能语言学。克雷斯和范吕文（1996）参照韩礼德（1985）在系统功能语言学中提出的语言三大元功能，即概念功能、人际功能和语篇功能，建构了图像分析框架，认为图像可以分别体现三种意义关系：再现意义（representational meaning）、互动意义（interactive meaning）和构图意义（compositional meaning）。

克雷斯和范吕文（1996：119）指出，图像的再现意义与概念功能对应，表征图像中各种成分，如人物、地点和事件之间的交际关系或概念关系。在概念功能层面上，我们可以探讨不同图像之间或同一个图像中不同成分之间存在何种联系，哪个成分相当于及物系统中的行为者（actor），哪个成分是对象（goal），哪个成分表示环境（circumstance）。

图像的互动意义与人际功能对应，体现了图像观看者与图像中各种成分之间的关系。在人际功能层面上，我们可以探讨图像中参与者之间的社会关系、图像设计者的交际目的以及图像解读者对图像内容的介入（involvement）程度。图像的互动意义主要通过接触（contact）、距离（distance）和视角（perspective）三方面的共同作用，构建图像观看者和再现内容之间复杂、微妙的关系，也可以表示观看者对所再现的事物应持的态度。就“接触”而言，当图像中的表征参与者（represented participants）直视观看者时，表征对象即与观看者接触，尽管这种接触只是想象层面上的接触。这时，图像中的表征参与者似乎在向观看者索取什么，如表征参与者希望与观看者建立一种更加亲密的社会关系等。这类图像称作“索取”类图像（Kress & van Leeuwen，1996：123）。如果没有这种接触，图像中的表征参与者更像是展馆中的展品，只是客观地给观看者提供一些信息，因此，克雷斯和范吕文将这类图像称为“提供”类图像。所谓“距离”，是指可以通过表征参与者的框架大小来构建其与观看者之间的关系。例如，图像中只能看得见表征参与者的脸和头，这种近距离可构建出一种亲密的关系。以此类推，如果要构建一种不很亲密的关系，则图像中至少要显示表征参与者的头和肩或腰部以上；而要构建一种社会关系，就要显示整个人，甚至周围要有空间环绕，直至能看见四到五个人的躯干。观看者和图像中的成分之间的关系还可以通过“视角”来构建。实际上，对景物拍摄视角的选择暗示着拍摄者对图像中表征参与者的态度，而且，拍摄者也通过不同的视角影响观看者对表征参与者的态度。例如，正面的水平角度表明观看者属于图像世界的一部分，倾斜的水平角度则暗示观看者不属于图像世界（Kress & van Leeuwen，1996：143），而背面取景则暗示了更加复杂、微妙的意义。再如，垂直角度上的仰视、平视和俯视分别体现了表征参与者与观看者之间不同的权势关系。

图像的构图意义与语言的语篇功能相对应。克雷斯和范吕文（1996）指出，在语篇功能层面上，我们可以根据同一个图像的不同成分或不同图像之间所处的相对位置（如上下、前后、中心边缘关系）等版面安排的具体情况，分析多模态话语的信息分布（information distribution），确认哪些成分是已知信息（given information），哪些成分是新信息（new information），从而认清哪些信息是多模态话语的起点（point of departure），哪些信息是多模态话语想要传递的信息焦点（information focus）。他们认为图像的构图意义可以从信息值（information value）、显著性（salience）和框架（framing）三个方面进行分析。就“信息值”而言，图像的上下、左右、中心和边缘分别传递出不同的信息值，例如，从左到右的放置结构造成了“已知信息→新信息”的结构，从上到下的放置结构传递的是“理想→现实”的信息结构，从中心到边缘的放置结构传递出“重要→次要”的信息结构。“显著性”表明图像中的成分可通过被放置在前景或背景、相对尺寸、色调值的对比、鲜明度的不同等方式体现出吸引观看者注意力的不同程度；“框架”指的是图像中有无空间分割线条，这些线条表示图像中各成分之间在空间上被分离或被连接的关系。对图像中某个成分的分割越是明显，越是表明这个成分表达的信息与其他成分的不相容或不相关，或者表明这些成分不属于同一个领域或团体。

“克雷斯和范吕文建构的这种‘读图方法’为多模态话语分析提供了非常有用的分析工具，其对图像‘意义潜势’（meaning potential）的解释力不亚于系统功能语言学提供的对语言意义潜势的解释力。”（田海龙、潘艳艳，2018：26）

多模态话语分析将研究的对象从语言中的意义转向图像中的意义，进而扩展到其他的表意符号，可以是静态的（如漫画、玩具、图标、影视海报、建筑物、网页排版等），也可以是动态的（如影视作品、电视访谈、电脑游戏、舞蹈、话剧、戏剧、歌曲等）。梅钦（Machin，2013，2016）和哈特（Hart，2016）等学者吸收批评话语分析的理论原则和研究方法，将多模态话语分析的研究对象从多模态话语中蕴含的“意义”扩展到社会活动参与者利用（deploy）多模态话语进行社会实践，观察这些社会活动者通过运用多模态话语实现自身利益和目的的“意图”（intention）。

多模态话语分析的研究课题也越来越多。辛普森（Simpson，2003）对一次以多模态化为主题的国际应用语言学研究会的议题进行归纳，指出多模态话语分析主要涉及如下五个方面：多模态化和新媒体、学术和教育情境下的多模态应用、多模态与识读实践、多模态语料库的建立、多模态和类型学以及多模态话语分析及其理论问题。鲍德里（Baldry）和蒂博（Thibault）（2006）提出了六个主要课题：什么叫多模态话语；如何转录和分析这些话语；对多模态话语进行分析或建立多模态话语语料库时需要哪些技术；把多媒体的意义生成资源（meaning-making resources）综合应用到超级语篇（hypertext）后，怎样才能使意义生成潜势（meaning-making potential）成倍增加；在当前的电子学习时代，如何将语言研究与多模态和多媒体联系起来；多模态话语分析能以什么方式、在多大程度上给语言学带来新的变化。莱文和斯科隆（2004）还主张在社会、教育和工作场所等不同的语境中开展多模态化话语分析。

多模态话语分析领域的研究路径也越来越成熟，且呈现出多元化态势。范吕文和克雷斯（2011）认为，20 世纪有四个语言学流派的多模态研究。①布拉格学派，30—40 年代将语言学研究延伸至视觉艺术和戏剧中的非语言方面；②巴黎学派的符号学，将结构主义语言学（structuralist linguistics）的概念和方法运用于流行文化和大众传媒的研究；③美国语言学家在 60—70 年代对口语和非言语交流的研究；④源于韩礼德系统功能语言学的社会符号学派，该流派首次提出了“多模态”这一术语。奥哈洛兰（O'Halloran，2011）认为社会符号学、互动社会语言学和认知语言学是多模态话语分析领域最活跃的三个流派。杰维特（Jewitt）等学者（2016）认为，多模态话语分析主要有三个研究路径，即系统功能语言学、社会符号学和会话分析。其他学者将这三者与其他理论结合，又衍生出五种分析方法——地理符号学、多模态互动分析、多模态民族志分析、多模态语料库分析以及多模态感知分析。

多模态话语分析的意义在于它可以将语言和其他相关的意义资源整合起来（Gibbon et al.，2000），它不仅可以看到语言系统在意义交换过程中所发挥的作用，而且可以看到诸如图像、音乐、颜色等其他符号系统在这个过程中所产生的效果，从而使话语意义的解读更加全面、更加准确，进而发现人类如何综合使用多种模态达到社会交际的目的（朱永生，2007）。可以说，“这类话语分析既可以推动我们对语言学的研究，同时也可以加深对符号学的认识”（胡壮麟，2007：10）。

课题研究

（1）××电视节目中××对话的话语分析

（2）××节目的多模态话语分析

（3）中美主流媒体有关新冠肺炎报道的批评话语分析

（4）中美主流媒体有关××的积极话语分析

（5）教师课堂话语分析

（6）对中美国家领导人演讲中的互文性现象的批评话语分析

（7）美国总统竞选演讲的批评/积极话语分析

（8）美国主流媒体有关中国××相关报道的批评/积极话语分析

文献阅读

一、外文文献

BLOMMAERT J，2005. The pros and cons of critical discourse analysis [M] //BLOMMAERT J (ed.). Discourse：a critical introduction. Cambridge：Cambridge University Press，31－38.

FOWLER R，1991. On Critical Linguistics [M] //CALDAS-COULTHARD C R，COULTHARD M (eds.). Texts and practices：readings in critical discourse analysis. London：Routledge，3－14.

MARTIN J R，2004. Positive discourse analysis：power，society and change [J]. Revista Canaria de estudios ingleses (5)：49－62.

VAN DIJK T A，1993. Principles of critical discourse analysis [J]. Discourse & society，4 (2)：249－283.

二、中文文献

潘艳艳，李占子，2017. 国内多模态话语分析综论（2003—2017）——以 CSSCI 来源期刊发表成果为考察对象 [J]. 福建师范大学学报（哲学社会科学版）（5）：49－59.

朱永生，2006. 积极话语分析：对批评话语分析的反拨与补充 [J]. 英语研究（4）：36－42.

参考文献

一、外文文献

ALTHUSSER L，1971. Ideology and ideological state apparatus [M]. London：New Left Books.

AUSTIN J L，1962. How to do things with words [M]. Oxford：Clarendon Press.

BALDRY A，THIBAULT P J，2006. Multimodal transcription and text analysis：a multimedia toolkit and coursebook [M]. London/Oakville：Equinox.

BARTHES R，1977. Rhetoric of the image [M]. BARTHES R，HEATH S. (Trans.) Image music text. London：Fontana Press，32－51.

BEAUGRANDE R de，1997. Text，discourse and process—toward a multidisciplinary science of text [M]. London：Longman.

BEAUGRANDE R de，1997. The story of discourse analysis [M] //TEUN A，VAN DIJK T A (eds.). Discourse as structure and process. London：Sage Publications，35—62.

BLOMMAERT J，2005. Discourse：a critical introduction [M]. Cambridge：Cambridge University Press.

BROWN G，YULE G，1983. Discourse analysis [M]. Cambridge：Cambridge University Press.

CHAFE W，1992. Meaning and structure of language [M]. Chicago：University of Chicago Press.

CHAFE W，1992. Discourse：overview [M] //BRIGHT W (ed.) International encyclopedia of linguistics. New York：Oxford University Press，356—358.

CHAFE W，2003. Discourse：overview [M] //BRIGHT W (ed.) International encyclopedia of linguistics. New York：Oxford University Press，438—450.

CHOULIARAKI L & FAIRCLOUGH N，1999. Discourse in late modernity：rethinking critical discourse analysis [M]. Edinburgh：Edinburgh University Press.

CONNERTON P，1976. Critical sociology [M]. Harmondsworth：Penguin.

COULTHARD M，1985. An introduction to discourse analysis [M]. London：Longman.

FAIRCLOUGH N，1989. Language and power [M]. London/New York：Longman.

FAIRCLOUGH N，1992. Discourse and social change [M]. Cambridge：Polity Press.

FAIRCLOUGH N，1992. Text and discourse：linguistic and intertextual analysis within discourse analysis [J]. Discourse and society (3)：77—92.

FAIRCLOUGH N，1995. Critical discourse analysis：the critical study of language [M]. London/New York：Longman.

FAIRCLOUGH N，2003. Analyzing discourse：textual analysis for social research [M]. London：Routledge.

FAIRCLOUGH N，WODAK R，1997. Critical discourse analysis [M] //VAN DIJK T (ed.). Discourse as social interaction. London：Sage Publications，258—284.

FASOLD R 1990. Sociolinguistics of language [M]. Oxford：Blackwell.

FOUCAULT M，1972. The archaeology of knowledge [M]. London：Tavistock.

FOUCAULT M，1979. Discipline and publish：the birth of prison [M]. Harmondsworth：Penguin.

FOWLER R，1981. Literature as social discourse：the practice of literary criticism [M]. London：Batsford.

FOWLER R，1991. Critical linguistics [M] //HALMKJAER K (ed.). The linguistic encyclopedia. London / New York：Routledge，89－93.

FOWLER R，KRESS R，1979. Critical linguistics [M] //FOWLER R，HODGE B，KRESS G，TREW T（eds.）. Language and control. London：Routledge，185－213.

FOWLER R，HODGE R，KRESS G，et al，1979. Language and control [M]. London：Routledge & Kegan Paul.

GIBBON D，MERTINS I，ROGER K，2000. Handbook of multimodal and spoken dialogue systems [M]. Boston：Kluwer Academic Publisher.

GRIMES J E（ed.），1975. Papers on discourse [C]. Dallas，Texas：Summer Institute of Linguistics.

GRIMES J E，1975. The thread of discourse [M]. The Hague：Mouton.

GUMPERZ J，1968. The speech community [J]. International encyclopedia of the social sciences（28）：381－386.

GUMPERZ J.（ed.），1971. Language in social groups [M]. Stanford：Stanford University Press.

GUMPERZ J，1976. The Sociolinguistic Significance of Code-switching [M]. Berkeley：University of California.

GUMPERZ J，HERNANDEZ-CHAVEZ E，1975. Cognitive aspects of bilingual communication [M] //HERNANDEZ-CHAVEZ E，COHEN A，BERGAMO A（eds.）. EL lenguaje de los chicanos. Arlington，VA：Center for Applied Linguistics.

HALLIDAY M A K，1968. Explorations in the functions of language [M]. London：Arnold.

HALLIDAY M A K，1978. Language as social semiotic：the social interpretation of language and meaning [M]. London：Edward Arnold.

HALLIDAY M A K，1985. Spoken and written language [M]. Oxford：Oxford University Press.

HALLIDAY M A K，1985. An Introduction to functional grammar [M]. London：Edward Arnold.

HALLIDAY M A K，1994. An introduction to functional grammar [M]. 2nd ed. London：Edward Arnold.

HALLIDAY M A K，HASAN R，1976. Cohesion in English [M]. London：Longman.

HARRIS Z，1952. Discourse analysis [J]. Language（28）：1－30.

HARRISON C，YOUNG L，2003. Systemic functional linguistics and critical discourse analysis [M]. London：Continuum.

HART C，2016. The visual basis of linguistic meaning and its implications for critical discourse analysis：integrating cognitive linguistic and multimodal methods [J]. Discourse and society（27）3：335－350.

HATCH E，1992. Discourse and language education [M]. Cambridge：Cambridge University Press.

HODGE R，KRESS G，1988. Social semiotics [M]. Cambridge：Polity.

HYMES D，1964. Language in culture and society：a reader in linguistics and anthropology [M]. New york：Longman.

JAGER S，JAGER M，1993. Aus der Mitte der Gesellschaft [M]. Duisburg：Diss.

JEWITT C，BEZEMER J，O'HALLORAN K，2016. Introducing multimodality [M]. London/New York：Routledge.

JOHNSTONE B，2002. Discourse analysis [M]. Oxford：Blackwell.

KINNEAVY J L，1971. A theory of discourse [M]. Englewood Cliffs，N J：Prentice-Hall.

KRANSCHC，1998. Language and culture [M]. London：Oxford University.

KRESS G，1985. Linguistic processes in sociocultural practice [M]. Victoria：Deakin University Press.

KRESS G，HODGE R，1979. Language as ideology [M]. London：Routledge.

KRESS G，VAN LEEUWEN T，1990. Reading images [M]. Geelong，Vic.：Deakin University Press.

KRESS G，VAN LEEUWEN T，1996. Reading images：the grammar of visual design [M]. London：Routledge.

KRESS G，VAN LEEUWEN T，(eds.)，2001. Multimodal discourse：the modes and media of contemporary communication [M]. London：Arnold.

LABOV W，1972. Language in the inner city [M]. Oxford：Blackwell.

LABOV W，FANSHEL D，1977. The rapertic discourse [M]. New York：Academic Press.

LEMKE J，1995. Textual politics [M]. New York：Taylor and Francis.

LEMKE J，1998. Multiplying meaning：visual and verbal semiotics in scientific text [C] //MARTIN J R，VEEL R (eds.) Reading science：critical and functional perspectives on discourses of science. London/New York：Routledge.

LEVINE P，SCOLLON R (eds.)，2004. Discourse and technology：multimodal discourse analysis [M]. Washington D C：Georgetown University Press.

LUKE K，1984. Literacy，textbooks and ideology [M]. Brighton：Falmer Press.

MAAS U，1984. Als der Geist der Gemeinschaft seine Sprache fand [M]. Opladen：Westeutscher Verlag.

MACHIN D，2013. Introduction：what is multimodal critical discourse analysis [J]. Critical discourse studies，4 (10)：347－355.

MACHIN D，2016. The need for a social and affordance-driven multimodal critical discourse analysis [J]. Discourse and society，3 (27)：322－334.

MACHIN D，MAYR A，2012. How to do critical discourse analysis [M]. London：

Sage.

MARTIN J R, 1995. Interpersonal meaning, persuasion, and public discourse: packing semiotic punch [J]. Australian journal of linguistics (15): 3—67.

MARTIN J R, 1995. Reading positions/positioning readers: Judgment in English [J]. Prospect, a Journal of Australian TESOL, 10 (2): 7—37.

MARTIN J R, 2000. Close reading: Functional linguistics as a tool for critical analysis [M] //UNSWORTH L (ed.). Researching language in schools and communities: functional linguistics approaches. London: Cassel, 275—303.

MARTIN J R, 2004. Positive discourse analysis: Power, society and change [J]. Revista Canaria de estudios ingleses (5): 49—62.

MARTIN J R, ROSE D, 2003. Working with discourse: meaning beyond the clause [M]. London & New York: Continuum.

MARTIN J R, WHITE R R, 2005. The language of evaluation: appraisal in English [M]. London: Palgrave.

MCCARTHY M, 1991. Discourse analysis for language teachers [M]. Cambridge: Cambridge University Press.

MCCARTHY M, CARTER R, 1994. Language as discourse: perspectives for language teaching [M]. New York: Longman Publishing Company.

MITCHEL T F, 1957. The language of buying and selling in Cyrenaica: a situational statement [J]. Herperis (44): 31—71.

O'HALLORAN K L (ed.), 2004 Multimodal discourse analysis: systemic-functional perspectives [M]. London: Continuum.

O'HALLORAN K L, 2011. Multimodal discourse analysis [M] //HYLAND K, PALTRIDGE B (eds.), Companion to discourse analysis. London: Continuum, 120—137.

O'HALLORAN K L, 2013. Multimodal discourse analysis [M] //HYLAND K, PALTRIDGE B (eds.). The Bloomsbury companion to discourse analysis. London and New York: Bloomsbury Academic, 120—137.

QUIRK R, GREENBAUM S, LEECH G, et al, 1985. A comprehensive grammar of the English language [M]. London/New York: Longman.

RICHARDS J C, PLATT J, PLATT H, 2000. Longman dictionary of language teaching and applied linguistics [M]. Beijing: Foreign Language Teaching and Research Press.

SACKS H, SCHEGOLFF E, JEFFERSON G, 1998. A simplest systematics for the organization of turn taking for conversation [M] //KASPER A (ed.). Pragmatics: critical concepts. London: Routledge, 193—242.

SAUSSURE F. de, 1916. Course in general linguistics [M]. London: Gerald Duckworth & Co. Ltd.

SCHEGLOFF E A, JEFFERSON G, SACKS H, 1977. The preference for self corrections in the organisation of repair in conversation [J]. Language (53): 361−382.

SCHIFFRIN D, 1984. Meaning, form and use in context: linguistic applications [M]. Washington D C: Georgetown University Press.

SCHIFFRIN D, 1994. Approaches to discourse [M]. Cambridge, MA: Blackwell.

SCOLLON R, SCOLLON S W, 2003, Discourse in place: language in the material world [M]. London: Routledge.

SEARLE J, 1969. Speech acts [M]. Cambridge: Cambridge University Press.

SINCLAIR J, COULTHARD M, 1975. Towards an analysis of discourse: the English used by teachers and pupils [M]. London: Oxford University Press.

STEINER J M, VELTMAN R, 1988. Pragmatics discourse and text [M]. Norwood N J: Ablex Publishing Corporation.

STUBBS M, 1983. Discourse analysis [M]. Chicago: University of Chicago Press.

STUBBS M, 1996. Text and corpus analysis [M]. Oxford: Blackwell.

VAN DIJK T A, 1972. Some aspects of text grammars [M]. The Hague: Mouton.

VAN DIJK T A, 1977. Text and context [M]. London: Longman.

VAN DIJK T A, 1977. Context and cognition: knowledge frames and speech act comprehension [J]. Journal of pragmatics (1): 211−232.

VAN DIJK T A, 1977. Pragmatic macro-structures in discourse and cognition [M] // MEY M de, et al. (eds.). International workshop on cognitive viewpoint. Ghent: Communication & Cognition, 117−130.

VAN DIJK T A, 1977. Sentence topic and discourse topic [J]. Papers in slavic philology (1): 49−61.

VAN DIJK T A, 1980. Macrostructures—an interdisciplinary study of global structures in discourse, interaction, and cognition [M]. New Jersey: Lawrence Erlbaum Associates Publishers.

VAN DIJK T A, 1981. Studies in the pragmatics of discourse [M]. The Hague: Mouton.

VAN DIJK T A, 1985. Prejudice in discourse [M]. Amsterdam: Benjamins.

VAN DIJK T A, 1985. Handbook of discourse analysis [M]. New York: Academic Press.

VAN DIJK T A, 1985. Discourse and communication: new approaches to the analysis of mass media discourse and communication [M]. Berlin: de Gruyter.

VAN DIJK T A, 1987. News as discourse [M]. Hillsdale N J: Erlbaum.

VAN DIJK T A, 1987. News analysis [M]. Hillsdale N J: Erlbaum.

VAN DIJK T A, 1992. Text, elites and racism [J]. Discourse social/social discourse, 4 (2): 37−62.

VAN DIJK T A，1991. Racism and the press [M]. London：Routledge.

VAN DIJK T A，1993. Discourse and elite racism [M]. London：Sage.

VAN DIJK T. A1993，Principles of critical discourse analysis [J]. Discourse and society，4 (2)：193－223.

VAN DIJK T A (ed.)，1997. Discourse studies：a multidisciplinary introduction Vol. 1 [M]. London：SAGE Publications.

VAN DIJK T A，1998. Ideology：a multidisciplinary approach [M]. London：SAGE Publications.

VAN DIJK T A，2001. Multidisciplinary CDA：a plea for diversity [M] //WODAK R，MEYER M (eds.). Methods of critical discourse analysis. London：Sage Publications，95－120.

VAN DIJK T A，KINTSCH W，1983. Strategies of discourse comprehension [M]. New York：Academic Press.

VAN LEEUWEN T，1993. Genre and field in critical discourse analysis [J]. Discourse and society，4 (2)：249－283.

VAN LEEUWEN T，KRESS G，2011. Discourse semiotics [M] //VAN DIJK A (ed.). Discourse studies：a multidisciplinary introduction. London：Sage，108－122.

VIRTANEN T，1990. On the definitions of text and discourse [J]. Folia linguistica (6)：447－455.

VIRTANEN T，1990. Approaches to cognition through text and discourse [M]. Berlin：Walter de Gruyter.

WIDDOWSON H G，1975. Stylistics and the teaching of literature [M]. London：Longman.

WIDDOWSON H G，1979. Rules and procedures in discourse analysis [M] // MYERS T (ed.). The development of conversation and discourse. Edinburgh：Edinburgh University Press，255－273.

WIDDOWSON H G，1992. Practical stylistics [M]. Oxford：Oxford University Press.

WODAK R，1986. Language behavior in therapy groups [M]. Los Angeles：University of California Press.

WODAK R，1992. Strategies in text production and text comprehension：a new perspective [M] //STEIN D (ed.). Cooperating with written texts：the pragmatics and comprehension of written texts. Berlin/New York：Mouton de Gruyter，72－105.

WODAK R，2001. Disorders of discourse [M]. London：Longman.

二、中文文献

本维尼斯特，2008. 普通语言学问题 [M]. 王东亮，译. 北京：生活·读书·新知三联书店.

索绪尔，1980. 普通语言学教程［M］. 高名凯，译. 北京：商务印书馆.
陈平，1987. 描写与解释：论西方现代语言学研究的目的与方法［J］. 外语教学与研究（1）：4－18.
陈平，1987. 话语分析说略［J］. 外语教学与研究（3）：4－19.
成晓光，2006. 作为研究方法的话语分析——评《话语分析》［J］. 外语教学与研究（3）：151－153.
胡壮麟，1994. 语篇的衔接与连贯［M］. 上海：上海教育出版社.
胡壮麟，2012. 积极话语分析和批评话语分析的互补性［J］. 当代外语研究（7）：3－8.
胡壮麟，2007. 社会符号学研究中的多模态化［J］. 语言教学与研究（1）：1－10.
黄国文，2006. 语篇分析与话语分析［J］. 外语与外语教学（10）：1－6.
黄会健，冷占英，顾月秋，2007. 话语分析的建设性转向——从批评话语分析到积极话语分析［J］. 浙江工业大学学报（社会科学版）（1）：1－6.
潘艳艳，李占子，2017. 国内多模态话语分析综论（2003—2017）——以CSSCI来源期刊发表成果为考察对象［J］. 福建师范大学学报（哲学社会科学版）（5）：49－59.
田海龙，潘艳艳，2018. 从意义到意图——多模态话语分析到多模态批评话语分析的新发展［J］. 山东外语教学（1）：23－33.
王福祥，1981. 俄语话语结构分析［M］. 北京：商务印书馆.
王得杏，1998. 英语话语分析与跨文化交际［M］. 北京：北京语言文化大学出版社.
辛斌，2004. 略论批评语言学的哲学社会学背景［J］. 外语与外语教学（8）：1－4.
徐赳赳，1995. 话语分析二十年［J］. 外语教学与研究（1）：14－20.
徐赳赳，2005. van Dijk的话语观［J］. 外语教学与研究（5）：358－361.
杨信彰，2000.《话语分析入门：理论与方法》导读［M］. 北京：外语教学与研究出版社.
杨雪燕，2012. 系统功能语言学视角下的话语分析［J］. 外语教学（2）：31－36.
张德禄，2009. 多模态话语分析综合理论框架探索［J］. 中国外语（1）：24－30.
赵芃，田海龙，2008. 批评性语篇分析之批评：评介与讨论［J］. 南京社会科学（8）：143－147.
朱永生，2003. 话语分析五十年：回顾与展望［J］. 外国语（3）：43－50.
朱永生，2006. 积极话语分析：对批评话语分析的反拨与补充［J］. 英语研究（4）：36－42.
朱永生，2007. 多模态话语分析的理论基础与研究方法［J］. 外语学刊（5）：82－86.

第 7 章　社会语言学研究方法

社会语言学研究以其严格的方法论著称，包括两个步骤：收集资料和分析资料。收集到的资料主要分为定性资料和定量资料，定性资料有时可转化为定量资料。我们通常所说的定性研究和定量研究是指分析资料的方法。定性研究一般基于解释主义的理论基础，而定量研究则是源于经验主义哲学的实证主义。两种研究方法各有其优缺点。本章将从社会语言学的研究特征出发，简要叙述定性研究、定量研究中的常用研究方法，重点阐述语料库的建设及其在社会语言学研究中的应用。

7.1　社会语言学的研究特征

由于社会语言学的跨学科属性，其研究方法在许多方面一是要借助于其相关学科的研究方法，例如语言学、社会学和人类语言学等；二是随着社会语言学自身研究的发展，在研究方法上也逐渐形成了本学科研究方法的特征。因此本部分中，我们主要针对社会语言学的研究方法特征予以进一步阐述。

7.1.1　定性与定量研究结合

在社会语言学诞生初期，其学科研究就采用了定性和定量研究相结合的方式。从戴尔·海姆斯（Dell Hymes，1972）和约翰·甘佩兹（John Gumperz，1972）首次提出开展民族文化学（ethnography）的研究，并提出语言的使用受到了社会文化语境的影响之后，在学术界采用定性方法研究语言便风靡一时。此后，定性研究相继被应用到交际民族文化学（ethnography of communication）、交际社会语言学（interactional sociolinguistics）和话语分析（discourse analysis）的研究。而在上述研究类型中，时而采用定性研究，时而采用定量研究。由此可见，社会语言学采用的研究方法通常既不是完全意义上的定性研究，亦不是完全意义上的定量研究，而常常是将二者结合运用。

7.1.2 解释性特征

无论社会语言学研究涉及定量分析的范畴还是定性分析的范畴，其研究方法都是解释性的，要揭示研究过程中发生的事情，例如对语言使用中的一个语言事件、一个言语、一组数字、一种变异现象的研究——研究目的是对其意义进行解释。未经解释的资料可被视为原始资料。原始资料既不能用来证实假设，也不能用来否定假设。只有经过解释，其分析结果才具有意义，因此无论采取何种方法，对研究资料予以解释以及对研究结果进行讨论都非常必要（Johnstone，2000）。

比较而言，采用量化分析的社会语言学研究（such as the work reported in the journal Language Variation and Change）与采用质性分析的社会语言学研究（such as much of the work in Language and society）的差异通常在于研究者所寻求的结果是通过相对严格的方法（such as counting，calculating averages，performing statistical tests to see which factors vary systematically together or how likely results are to be random），还是通过非严格的方法（such as asking people about things，watching and listening）去获得（张廷国、郝树壮，2008）。要决定采取哪种模式或哪种方法获得研究的结果，均需采用解释法。例如，在社会语言学研究中，研究者常采用的观察法、访谈法，以及在研究语料的收集、分析中常涉及的数据统计法，任何一种研究结果或结论都离不开解释性分析。社会语言学研究常需要回答的问题是为什么人们在不同的语境中使用不同的表述方式，或者为什么语言会产生变异？而要回答此类问题，研究者只有对所发生的种种现象加以解释，而不是简单地描述，方能得到答案。

7.1.3 实证研究特征

作为一种研究范式，实证性研究产生于培根的经验哲学和牛顿-咖利略的自然科学研究。法国哲学家孔多塞（Condorcet）、圣西门（Saint-Simon）、孔德（Comte）倡导将自然科学实证的精神贯彻于社会现象的研究之中。他们主张从经验入手，采用程序化、操作化和定量分析的手段，使社会现象的研究达到精细化和准确化的水平。孔德撰写的《实证哲学教程》六卷本揭开了实证主义运动的序幕，在西方哲学史上形成实证主义思潮（曾毅平、杜宝莲，2004）。最早对实证研究的方法形成系统认识的流派为芝加哥社会学派，其主要特点是在实证研究中主张对研究对象的活动（如讨论、会话等）进行观察，在相互接触中保持一种超然的态度（又称间接观察法），亦可直接参与研究对象所进行的活动（又称直接观察法）。该学派所提倡的实证研究在社会学研究中产生了较大影响（Bulmer，1984）。

实证研究是社会语言学研究方法的重要特征之一。该研究方法依据现有的科学理论，在社会语言学研究的课题下，提出研究设计，并通过观察、试验、问卷调查等方式测定与此相伴随的现象变化，找出条件与现象之间的因果关系。其主要目的在于解释各种因变量与某个自变量的关系。在研究过程中，研究者可利用科学仪器和设备，通过有目的和有步骤地操纵、记录所需研究数据，使数据客观真实，从而使研究结果具有较高的信度与效度。

实证主义所推崇的基本原则是科学结论的客观性和普遍性，强调知识必须建立在观察和实验的基础上，通过观察的数据和实验研究的手段来揭示一般结论，而且要求这种结论在同一条件下具有可验证性。根据以上原则，实证性研究的方法可以概括为：通过对研究对象大量的观察、实验和调查，获取客观材料；从一般到个别，或从个别到一般，归纳出事物的本质属性和发展规律。

7.2　定性研究

定性研究方法最早起源于对社会科学的研究，其主要任务是用于对社会科学进行研究，并为研究者提供研究社会科学和文化现象的方法（Herbert & Schohamy，1989）。定性研究又被称为归纳性研究、启发性研究，是一种能产生假设的研究方法。在研究实践中，定性研究对研究对象进行“质”的分析，具体而言是用归纳与综合分析以及抽象与概括等方法，对获得的各种语料进行思维加工，从而去粗取精、由表及里，达到认识事物本质、揭示其内在规律。定性研究有两类：一类是研究结果本身就是定性的描述材料，没有量化或者量化水平较低；另一类是建立在严格的定量分析基础上的定性分析。定性研究方法常用于行动研究、案例研究、人种学研究等。定性研究的资料或研究数据来自观察、访谈、文献以及研究者自身对所研究对象的反应或印象。定性研究的目的是回答那些诸如“为什么发生”或“如何发生”等问题，而不仅仅是简单地对一些数据进行描写。

社会语言学研究中常用的定性研究方法有观察法、直觉与内省判断法、个案研究和访谈法。

7.2.1　观察法

观察法可分为参与式观察法和非参与式观察法。参与式观察法是指研究者直接加入观察对象群体，并作为被观察对象中的一员。社会语言学研究中的观察法大体可以分为如下几类：

（1）按实施的方法可分为结构式观察与非结构式观察；

（2）按观察者是否直接参与被观察者所从事的活动可分为非参与式观察与参与式观察；

（3）按观察的情境条件可分为自然情景中的观察与实验室中的观察；

（4）按操作的方式可分为公开观察与隐蔽观察；

（5）按观察的方式可分为直接观察与间接观察。

观察法是学术研究的常用方法，但运用观察法需做到以下几点：

（1）注意观察与分析相结合；

（2）大胆质疑、实事求是；
（3）培养良好的观察习惯；
（4）掌握必备的知识、不断积累观察经验；
（5）坚持不懈、锲而不舍；
（6）注意观察中的伦理道德问题。

7.2.2　直觉与内省判断法

7.2.2.1　直觉判断

直觉亦称直觉思维，是一种瞬间内省和直接感悟。所谓直觉判断，是一种以感知和内省为基础，但又突破了感知和内省限制所形成的关于认识对象的即时的、敏捷的、直接的观念。在哲学上，直觉主要是一种“体验性”的认识，其本质是对经验的“再认知”。缺乏经验就不可能“再认知”，没有“再认知”，直觉就无从产生。直觉最典型的表现形式是人们对所面临的情况具有一种特殊的洞察力和反应能力，是一种只可意会、不可言传的特殊认知方式。在心理学上，直觉是无需经过推理的，是对客观世界整体的、快捷的、主观的认识。

7.2.2.2　内省判断

内省法又称自我观察法（Johnstone，2000）。在社会语言学研究中，内省判断主要用于审视人们的思维形式和思维过程。内省是通过自己对事件的感受获得的一种认识经验，其主要特征表现在：第一，内省是人们的内在心理活动过程。第二，内省法，从某种程度上来讲，是参与式观察法的延伸或后续过程（Fasold，2000：48），或者说进行内省研究的前提是参与式观察。第三，内省法是对参与式观察获得信息的内省分析。任何研究过程都会伴有不同程度的内省判断。

7.2.2.3　个案研究

个案研究法是一种通过研究个体反映总体的方法。个案研究的对象是个别的，但不是完全孤立的，而是与其他个体相联系的，是某一个整体中的个别，其目的是通过个案研究揭示出一般规律。个案研究的特征主要体现在两个方面，即研究内容的深入性和研究方法的综合性。研究内容的深入性主要在于个案研究是对研究对象进行透彻深入、全面系统的分析与研究。既可研究个案的现在和过去，还可追踪其未来发展，既可做静态分析诊断也可做动态调查或跟踪。个案研究既可用于对偶发事件的研究，亦可用于难以控制的变量研究，其结果可透视和解释其他类似的情景或案例，但个案研究所获得的经验只是一种初步的认识、一种推论，有待进一步验证。

7.2.2.4　访谈法

访谈是指对调查对象的个别访问，并记录他的谈话内容，作为研究资料（游汝杰、邹嘉彦，1990)。访谈形式主要分为结构式、半结构式和无结构式访谈。无论是哪种形式的访谈，在访谈中，访谈者不是采用问卷调查方式，而是面对面（或通过网络、电话等）与被访谈者就访谈问题进行访谈。对访谈问题的精心设计既是访谈者智慧的体现，又是保证访谈信度和效度的客观条件。访谈问题类型大致可分为：封闭式问题、开放式问题、选择式问题、等级排序题、程度排序题。访谈问题的内容设计须根据访谈目的和访谈的具体内容灵活设计。在实际研究中，往往将访谈法与问卷调查、观察等研究方法结合使用，以获得更好的研究效果。

7.3 定量研究

定量研究方法最早源于自然科学研究，其主要任务是用于对自然科学进行研究，主要涉及调查研究、实验法、数学统计等研究范畴（Herbert & Schohamy，1989）。具体而言，定量研究指运用概率、统计原理对社会现象的数量特征、数量关系和事物发展过程中的数量变化等方面展开的定量研究。定量研究可使人们对社会现象的认识趋向精确化，并从量上对各种社会现象进行分析，是进一步准确把握事物发展内在规律的必要途径。在语言学研究中使用定量方法主要体现在语料库的建立，事实上它是计量语言学的一个分支。计量语言学已越来越多地把各方面的语言和语篇研究结合在一起，统计分析语言和语篇研究中反映出的频率或量化现象。社会语言学研究中常用的定量研究分析方法包括问卷调查、实验法、访谈、案例研究、观察。

7.3.1 问卷调查

问卷调查是通过设计严格、目的明确、内容易懂、回答简便的书面问卷进行调查的方法。它主要采用量表方式，进行量化测定；也可运用提问方式，让受试者自由做出书面回答。在社会语言学研究中，问卷调查方法被广泛应用于对语言现状、双语现象、多语现象、语言变异现象、语言变体、方言、语言表达术语、媒体语言、网络语言等方面的调查研究。对不同社会阶层的语言使用现象进行的问卷调查和结果分析，可发现语言变异的趋势；对以社会方言为目标的问卷调查，可了解某一社会方言的形成及其使用情况；对日常生活中人们使用称呼语的调查，能帮助我们发现称呼不仅是社会人际关系在语言中最系统、最直接的投射，而且还能折射出社会文化、政治、经济等各种因素的影响，并从中探究人际关系的方方面面。

问卷调查的基本类别包括全面调查和抽样调查两种。全面调查指对所有研究对象都进行调查。抽样调查指从被调查的整体中，用科学的抽样法抽取一部分单位或个体进行调查，并根据调查的结果推断或描述总体。抽样方法主要有两类：一类是概率抽样（probability sample)，亦称随机抽样；一类是非概率抽样（non-probability sample)，亦称目的抽样（purposive sample)。两者之区别在于：按照概率抽样，在总体样本中每个成员被抽样的概率是均等的。而在非概率抽样中，样本的选择主要靠研究者本人的主观判断和意图而定。

与采访类似，问卷调查也有三种结构形式：结构式、半结构式和无结构式问卷调查。问卷调查中涉及的问题主要包括如下几种类型：诱导式问题、封闭式问题、开放式问题、二选一式问题、多项选择题、等级排序式问题和程度排序式问题。研究者可根据具体研究目的选取恰当的问题类型。在进行问卷调查设计时，研究者首先需明确问卷调查的总体运筹、问卷调查的布局和所调查问题的排序三个层次的具体设计要求，以便更好地确定问卷的结构和设计重点。

问卷初步设计完成后，需选取与正式调查对象同质的测试对象进行试测，以提高问卷的效度、信度和问卷调查的可行性。试测结束，研究者需根据测试结果，修改完善问卷设计。在实施正式问卷调查后，需对调查结果进行数据处理。数据处理是课题研究中至关重要的一环，直接影响着研究结果的统计效度与信度。数据处理的首要任务是按问题的类型进行编码，然后借助相关处理软件如 SPSS 进行统计分析。随后，研究者需要对问卷调查的结果进行展示，该过程是数据处理的后续处理过程，因为在展示过程中需要对调查到的数据信息进行筛选加工处理，并以多样化的统计分析图形来展示问卷调查所获取的数据。

7.3.2　实验法

在社会语言学研究中，实验法主要用于测试人们对某种语言现象的态度或反应。实验研究法是指研究者通过运用一定的实验条件和物质手段有计划地干预、控制或模拟语言现象，以取得一些研究资料，通过对可重复的实验现象进行观察，从中发现规律的研究方法。

从研究过程的大体步骤来看，实验方法与一般实证研究（即经验研究）类似，通常可分以下几个步骤：

（1）在对现实社会生活中各种现象作观察思考并对有关文献进行回顾分析的基础上，确定研究问题；

（2）根据理论，作出合乎逻辑的推测，提出假设命题；

（3）设计研究程序和方法；

（4）搜集有关数据资料；

（5）运用这些数据资料对前面提出的假设命题进行检验；

（6）解释数据分析结果，提出研究结论对现实或理论的意义以及可进一步研究或改进的方向。

实验是对自然的有控制的观察。实验者需要建立一个这样的实验环境，即有明确的研究任务、确定的所观察的行为、具体的研究问题。

7.3.3　访谈、案例研究、观察

关于访谈、案例研究和观察的方法，本章已在上一部分关于定性研究的常用方法中

讨论过，在此不再详细赘述。但需要指出的是，在这些研究方法中，若研究者事前有目的地设计研究方案，在研究的过程中有意识地观察记录，那么研究者就会得到相关的数据，如记录下语言现象发生的频率或次数等。换句话说，这些研究方法同样可用作进行定量研究的手段或途径。

例如：在观察一次小组讨论时，观察者观察的目标是学生使用体态语的情况，并随时记录相关的体态语现象，见表 7－1。

表 7－1　学生体态语使用情况记录表

	smiling（微笑）	nodding（点头）	waving head（摇头）	lean back（后仰）
Student 1（学生 1）	///	//	/////	/////
Student 2（学生 2）	///	//	///	///
Student 3（学生 3）	//	////	////	///
Student 4（学生 4）	/////	//////	//	/
Total（合计）	13	14	14	12

注：表中的“/”表示相关体态语发生的次数。

在上述研究方法中，观察法同时也可视为定量研究的手段，研究者在观察过程中所获得的定量数据是定性分析的基础。

7.4　语料库方法

语料库和语料库方法的出现极大地推动了社会语言学研究的发展。语料库指按一定的语言学原则，在随机抽样基础上收集的有代表性的语言材料的汇总，是语言运用的样本。语料库方法能提供大量自然语言材料，有助于研究者依据语言实际得出客观的结论。研究者借助语料库索引工具对大量自然发生的语料进行统计分析，并可归纳出某些语言特征频率上的特点。不同文体中词汇、语法等语言特征的出现频率不同，而频率的不同能直接反映各种文体之间的差异。因此，利用语料库对语言变异现象进行研究或对文本进行文体分析研究是颇有价值的。

利用语料库进行社会语言学研究，大致有三个阶段：建库、数据提取、统计和数据分析。当然，若研究者已有现成的适用于其研究目的的语料库，便可略去第一阶段。但需要指出的是，现成的语料库数据不一定能满足研究者的需要，有时研究者需要对比语料或特殊语料，这时建库就十分必要，建库过程及应用将在下一部分进行详述。图 7－1 是基于语料库的社会语言学研究的主要步骤示意图。

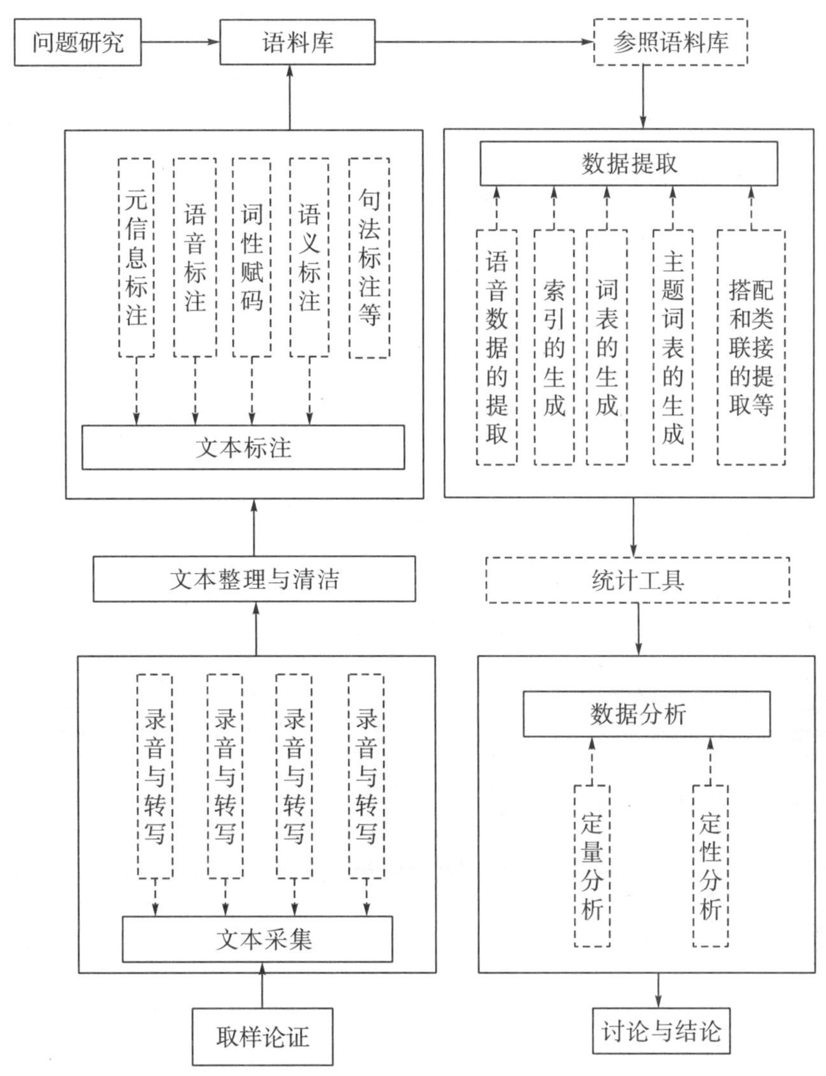

图 7-1　基于语料库的社会语言学研究主要步骤示意图

图 7-1 呈现了语料库应用的主要阶段，但并非所有语料库应用都涉及以上所有环节，虚线表示非必需的步骤。比如，若采用语料库驱动方法描述语言，此时可能不需要对比，那么就不需要参照语料库了。

本部分简要说明了定性与定量研究的常见方法。但定性与定量研究不是截然分开的，而是相互依存、相互渗透、相互补充的。定性研究与定量研究反映了客观事物质与量的辩证关系，任何事物的质与量总是统一的、不可分的。质是在一定量的基础上的质，量是在一定质的基础上的量。对于事物质的研究，必然牵扯对于事物量的研究，因此定性与定量研究是相辅相成的。

7.5 语料库建设及应用

开发创建大型语料库是一项浩大的工程，需投入大量人力、物力。但对一般使用者而言，自己动手搜集文本，自建小型语料库便足够了。本部分只针对希望快速自建小型语料库，满足自己研究需求的一般使用者。

7.5.1 语料库的建设

7.5.1.1 文本采集

1. 基本准备

确保手头有一些好用的文本编辑器，如 EditPad Pro、EditPlus、UltraEdi 等；从网络下载的多数文本都是压缩文件，需解压软件进行处理，如 WinZIP、WinRAR 等；一些其他格式文件需相应的浏览及转换软件，另存为文本文件，如 Adobe Acrobat Pro、CAJ Viewer 等；若是通过扫描而来的图形文件，需相应的识别软件，如 ABBYY FineReader 等。

2. 文献准备

在建库前，研究者需阅读一些语料库建库的基本知识，如由马丁·韦恩（Martin Wynne）编写的 *Developing Linguistic Corpora*：*A Guide to Good Practice* 是一本非常实用的语料库建设手册。此外，还可参阅语料库语言学入门教程中专门讨论语料库建设的章节，在此不一一赘述。在文献阅读中，要重点了解语料库建库基本原则、语料库标注、文本编码知识。

3. 物质准备

最好准备一个专门用于语料备份的移动硬盘或 U 盘，其容量应大于 1GB。定期把语料刻写在光盘上，以备长期存储。此外，每次备份均使用不同介质，多备份几个，确保万无一失。

7.5.1.2 语料库设计

语料库设计主要包括以下几个方面：

（1）确定需搜集的语料类型和文类以及各种语料所占比例，即语料的代表性与平衡问题。总的来说，设计时只是大概框定一个比例，语料库建成后再进行详细统计。此外，还需对所搜集的文本大小制定标准，如不收集少于 300 字的文本。图 7－2 显示 Brown 语料库对语料的分类及篇数。

A. PRESS：REPORTAGE (44 texts)
B. PRESS：EDITORIAL (27 texts)
C. PRESS：REVIEWS (17 texts)
D. RELIGION (17 texts)
E. SKILL AND HOBBIES (36 texts)
F. POPULAR LORE (48 texts)
G. BELLES-LETTRES (75 texts)
H. MISCELLANEOUS：GOVERNMENT & HOUSE ORGANS (30 texts)
J. LEARNED (80 texts)
K：EICTION：GENERAL (29 texts)
L：FICTION：MYSTERY (24 texts)
M：FICTION：SCIENCE (6 texts)
N：FICTION：ADVENTURE (29 texts)
P. EICTION：ROMANCE (29 texts)
R. HUMOR (9 texts)

图7—2　Brown语料库的基本构成

（2）确定语料来源及获取语料的方法，即从哪里获取语料。获取语料的主要渠道有三种。一是网络下载，包括网络图书馆、数据库、可供下载的自由百科全书网页、电子书、学术论文及其他公用资源。对于一般网站，可用离线浏览下载软件（如Webdup），把整个网站的文本下载到个人电脑，然后再慢慢整理文本。大多数电子书或学术论文采用pdf或caj格式，需用相应软件转换为纯文本格式。二是CD-ROM拷贝，包括各种刻写在光盘上的电子文本资源。三是印刷品，可扫描后获得图像文件，再用相关识别软件识别和转换，如FineReader对西方字母语言的文本识别功能很强，但对汉英混排文本识别效果不太好。

（3）确定入库文本的基本格式及编码。此处说的文本格式，指文本的换行及段落格式以及文本的内部元素。某些从网页拷贝的文本会有插入的换行符和空行，需在文本整理中删除（见文本整理）；一些文本中会夹杂非英语字符，或多语言混杂，在文本收集阶段要决定是否保留此类字符。文本编码，指文本的内码格式，主要是指Unicode、ANSI、Unicode big endian、UTF-8等。若是纯英语文本，建议使用ANSI或UTF-8编码保存文本。若文本中含有汉语，建议使用UTF-8编码，这种编码采用一个字母占一个字节，而汉字占两个字节，这对于存储汉英混排文本非常经济。具体的操作方法是，把文本拷贝到记事本，保存时选择编码，如图7—3所示。

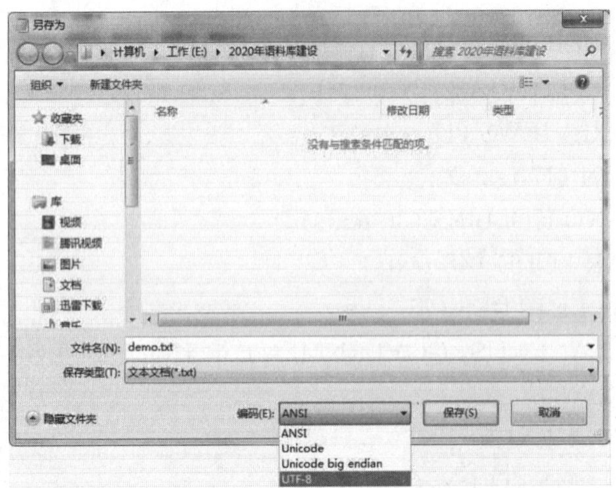

图 7-3　文本编码及保存

(4) 抽样及先导分析：在正式收录文本前，需决定文本的抽样原则并进行先导分析。抽样可分为简单随机抽样、分层随机抽样和聚类随机抽样。简单随机抽样，即按设定标准，对某一类文本划定一个抽样范围，如抽取数种杂志同年全年的文本，顺序抽取每期相同篇数。分层随机抽样是根据文类或主题先进行分类，然后按照分类抽取文本，比如先把某报纸新闻语料分为 Social、Political Sports、Financial、Cultural、Spot News 等类型，然后按类别抽取等量文本。聚类随机抽样是指在对文本分类后，集中抽取某一类文本，如 Sports。设计好抽样原则后，还要先抽取少量文本进行分析，主要是检查一下以下这些问题：第一，文本的大小；第二，文本存在的问题，如是否存在乱码、空行或嘈杂信息，是否包含其他语言文字；第三，是否包含混杂的标点符号或字符（如汉语全角字符）等；第四，是否存在无关文本等。

图 7-4 是从 *China Daily* 网站上拷贝的一篇文本，观察后可发现：第 6 行是插图的说明文字，不属于文本正文，应删除；段落之间有多个空行等问题。

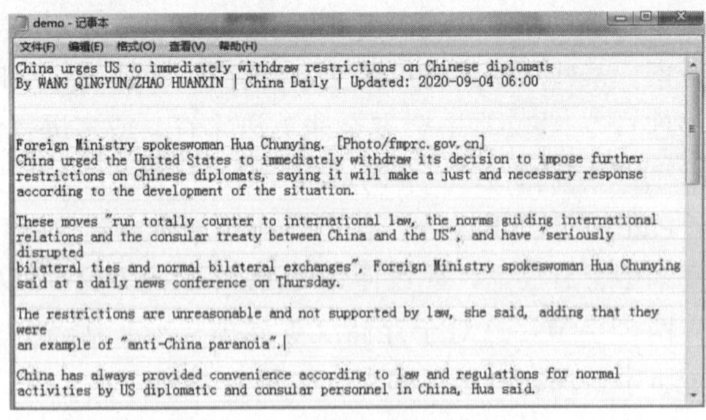
demo - 记事本
文件(F) 编辑(E) 格式(O) 查看(V) 帮助(H)

China urges US to immediately withdraw restrictions on Chinese diplomats
By WANG QINGYUN/ZHAO HUANXIN | China Daily | Updated: 2020-09-04 06:00

Foreign Ministry spokeswoman Hua Chunying. [Photo/fmprc.gov.cn]
China urged the United States to immediately withdraw its decision to impose further
restrictions on Chinese diplomats, saying it will make a just and necessary response
according to the development of the situation.

These moves "run totally counter to international law, the norms guiding international
relations and the consular treaty between China and the US", and have "seriously
disrupted
bilateral ties and normal bilateral exchanges", Foreign Ministry spokeswoman Hua Chunying
said at a daily news conference on Thursday.

The restrictions are unreasonable and not supported by law, she said, adding that they
were
an example of "anti-China paranoia".

China has always provided convenience according to law and regulations for normal
activities by US diplomatic and consular personnel in China, Hua said.

图 7-4　网页文本先导分析样例

先导分析的目的在于查找问题，制定解决方案，为下一步文本整理做好准备。

(5) 制定工作计划和工作流程。包含获取文本路径及完成时间、基本步骤与操作规范、文件存储方式及位置、备份方案及文件命名规则等。

（6）制作备检文件（documentation），指对语料库的构建原则、文本分类、文本抽样方法、文本预处理方法、文本格式、文本修改和更新等都需要作详细记录，以备回查。

7.5.1.3　文本整理

1. 清洁文本与问题文本

按前面介绍的要求和步骤，我们可获得所需的书面语或口语电子文本。但如果要基于这些文本开展语言研究及应用还需要做相应的加工和处理。这其中包括文本的整理、语料元信息的标注、分词、词性以及其他语言学信息的标注等。

本部分内容主要介绍语料文本的整理，也可称作语料清理或预处理。语料文本如果不加以清理会导致词汇分析、搭配统计不准确，以及词性赋码出现错误或无法进行。这里所说的文本清理主要是指对自建语料文本的整理方法及过程。当然，对于现成的语料库，有时我们也会根据需要做相应的编辑整理。之所以需对文本加以清理，主要是因为通过网络、手工录入、扫描识别等方法获得的文本存在各种不符合规范的符号、格式等。这些问题大体可分为：文字符号类、空格段落类和标点符号类。文本若不加以清理，会导致自动词性赋码时出错，有时也会影响到检索结果。常见的英文文本格式问题如表 7—2 所示。

表 7—2　常见英文文本格式问题

问题格式类别	实例
文字符号类	存在全角英文字母、数字
空格段落类	行（段）首、行（段）尾、文中多余半（全）角空格，跳格（Tab 符），软回车
标点符号类	存在全角标点符号

按上面所列常见文本格式问题，我们可推知，清洁的英文文本应该由半角字符构成。除去单词之间、句间，其他位置通常不应该有空格；除段与段之间的回车符，一般不需要保留多余的软硬回车。下面通过两个文本片段实例，比较一下清洁文本和问题文本的区别。

图 7—5 是一个符合规范的英文文本片段。我们可清晰地看出，单词与单词之间通过一个空格隔开。

CLEAN·TEXT↵
These·moves·“run·totally·counter·to·international·law,·the·norms·guiding·international·relations and·the·consular·treaty·between·China·and·the·US”,·and·have·“seriously·disrupted·bilateral·ties and·normal·bilateral·exchanges”,·Foreign·Ministry·spokeswoman·Hua·Chunying·said·at·a·daily news·conference·on·Thursday.↵

图 7—5　清洁文本示例

图 7—6 是人为编制出的一个问题段落的示例。其中存在全角标点（。）、全角字母、全角空格、行尾和文中多余空格、多余空行、软回车（↓）等问题。从视觉上，我们即可判断这不是一个整洁的文本。如前所述，问题文本会导致后续标注和检索出错。那

么，我们如何才可有效地将图 7－6 的问题文本整理成类似图 7－5 的清洁文本呢？通常我们可以借助 Microsoft Word 和 PowerGREP 等程序（或其他文本编辑工具）中的查找、替换功能实现上述格式的清理任务。其中前者只可以处理当前打开的单个文本，后者既可处理单个文本，也可以实现文本的批量整理。

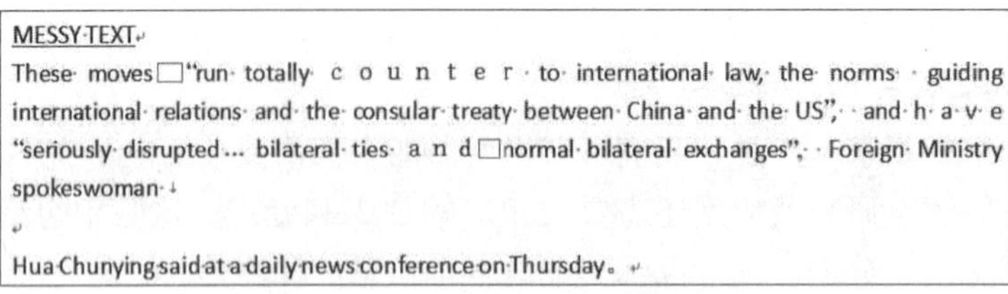

MESSY TEXT

These moves□"run totally c o u n t e r to international law, the norms guiding international relations and the consular treaty between China and the US", and h a v e "seriously disrupted… bilateral ties a n d□normal bilateral exchanges", Foreign Ministry spokeswoman

Hua Chunying said at a daily news conference on Thursday。

图 7－6　问题文本示例

2. 单个文本的整理

在创建语料库过程中可能需要同时处理成百上千个文本，因此 Word 便不是一个理想选择。PowerGREP 功能强大，但对于中文输入法下的全角字符清理起来并不顺手，另外 PowerGREP 需使用者掌握一定的正则表达式编写能力，因而门槛相对较高。这里要介绍的是一款叫作“文本整理器”的免费软件。这款软件是专为文本格式整理而编写，界面友好直观，操作简便，可以处理单个问题文本，也可以批量整理文本。该软件配有详细的中文帮助文档。在网上通过搜索引擎检索“文本整理器”便可很容易找到其下载链接。以下通过图解介绍其基本操作。

如图 7－7 所示，在文本整理器主界面上，我们可看到左手边的功能设置区，最上方有［整理空格、段落］，往下还可以看到［整理标点符号］和［工具］。界面中间和右边，两个大的空白区城可拷入需处理的文本内容。

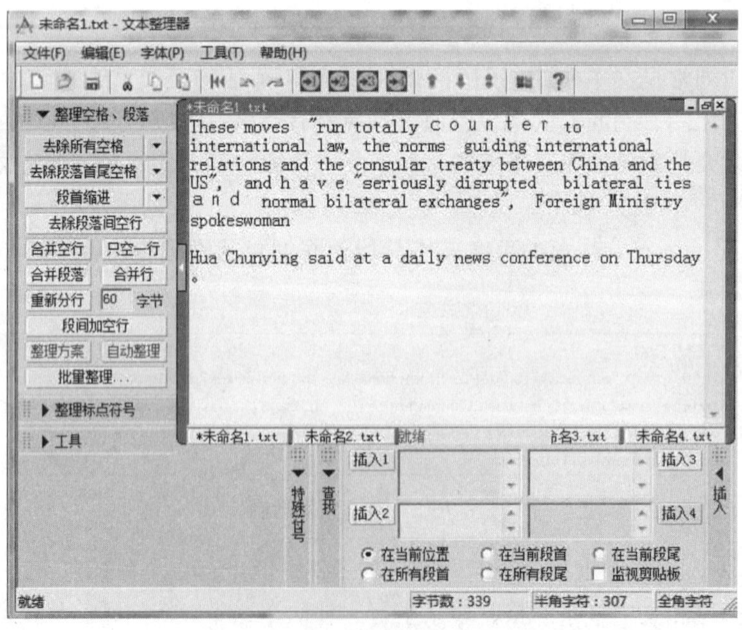

图 7－7　文本整理器主界面

在拷入文本内容后，可根据表 7－2 中所列的常见英文文本格式问题，点选界面左侧功能选项即可完成。比如，点击［整理空格、段落］部分的［合并段落］，原文本中的多余空行即可被删除。有些按钮，如［去除段首尾空格］后有▼，表明该功能还有子选项。如图 7－8 中，我们可看到其下还有［去除段首空格］、［去除段尾空格］、［去除段首全角空格］等子选项。对此处的整理任务来说，是要去除所有的全角空格和跳格。我们对于待处理的语料文本应该有充分的了解。如两个单词中如果是半角空格加全角空格（或跳格）的形式，那么清理全角空格（或跳格）后剩下一个半角空格，这正符合我们对英语清洁文本的要求。若没有半角空格，在经过同样的整理步骤后，前后两个单词则会连在一起。在这种情况下，需利用文本整理器［查找］（在主界面的下部中央）功能将全角空格替换为半角空格，而非去除空格。其他文本整理任务我们可参照表7－2，并结合自己的研究需要同理操作，即在软件界面左侧功能区找到相应选项，依次点选，即可完成对单个文本的整理工作。

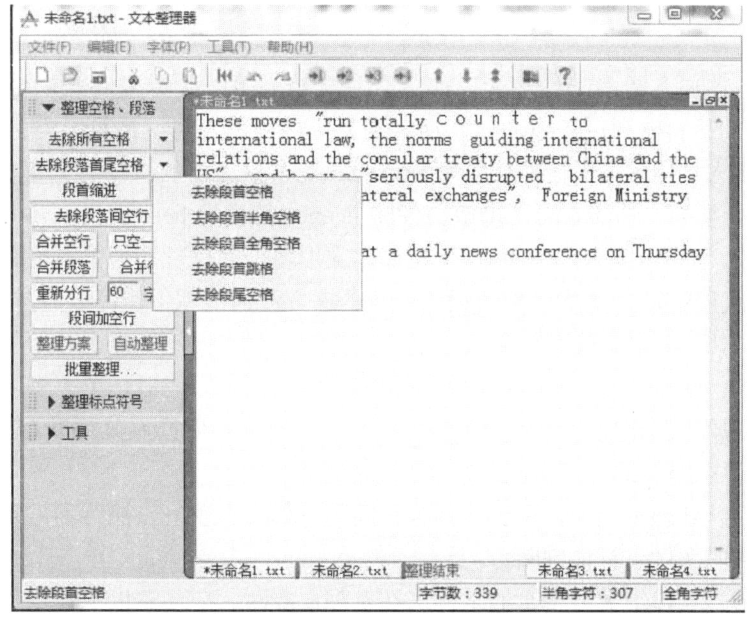

图 7－8　文本整理操作示意

3. 多个文本的批量整理

文本整理器的一大优点是可针对多个文本进行批量整理，且可设置整理方案，让它依次执行多个替换、转换功能。遗憾的是，目前版本的文本整理器无法批量进行全半角转换，因此全半角字母、数字的转换只能通过［▼工具］－［字母、数字］－［全角字母转半角字母］和［▼工具］－［字母、数字］－［全角数字转半角数字］在单个文本上实施。

文本整理器的操作步骤如下：

先在左侧功能设置区找到［批量整理］（见图 7－9），点开后，可添加需要处理的 10 个文本（如图 7－9）。接下来需要告诉软件我们希望做哪些整理工作。点击［编辑整理方案］可依次选择“去除段落首尾空格”“去除段首跳格”“去除段落间空行”以及全角标点变半角标点。然后重新命名该整理方案并保存。关闭［编辑整理方案］窗口后，即可［开始整理］。

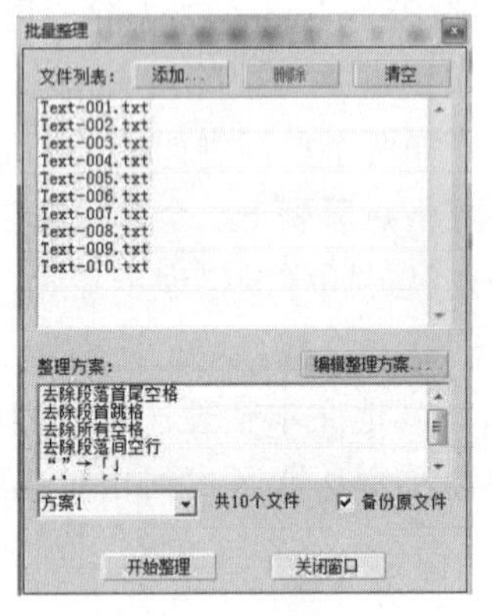

图 7－9　批量整理文本

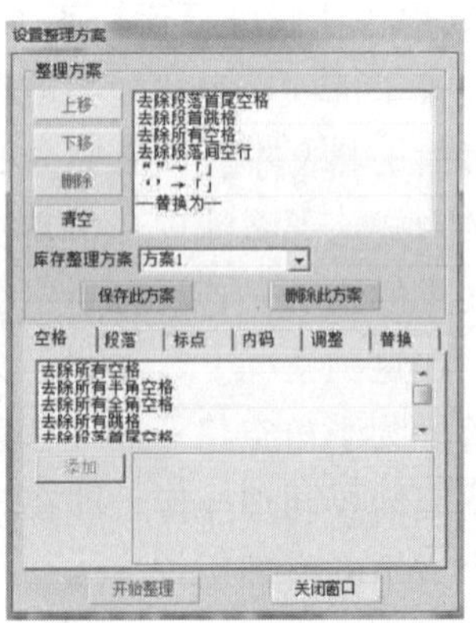

图 7－10　设置整理方案

文本整理器还有诸多其他功能，如［合并文档］等。读者可参照软件的“帮助文档”。在实际的语料清理过程中，会经常碰到文本内部的字母、单词、符号等问题。这通常是在由多人集体完成的工作中不可避免的。文本整理器的［设置整理方案］（见图 7－10）里的［替换］功能，可帮助解决像将 licence 替换为 license、elevator 统一为 lift 的问题。然而，一些其他方面的替换（比如，文中多个空格替换为单空格，删除不必要或不合适的标注码等），文本整理器无法完成。这方面的清理工作可以通过正则表达式、利用 PowerGREP 等来实施。

此外，值得注意的是，一方面我们希望得到清洁文本，但对于英语学习者文本，应尽可能保证其原貌。比如，其拼写错误、主谓一致问题等应按照其原始错误形式录入；口语语料转写中也应该运用相应手段，将错误记录下来。

在实际语料处理过程中，还会遇到各种问题，如文本重复、换行不一致问题等。这些需针对具体问题做出具体判断。

文本整理是一件细致且费时的工作。在整理文本时，应注意以下几点：

（1）为保证对于文本中可见字符的全面检查，建议借助正则表达式，在 PowerGRER 中查询 \ S+，从而列出文本中的所有字符串（设置选择 Display search matches without context）。这种做法可穷尽文本中的非空格字符串，非常便于发现问题。这一步骤可在文本整理最开始进行，也可在用文本整理器对格式问题处理完之后再进行。

（2）先批量处理，再逐一检查。最好是多人反复检查和抽查。

（3）做好原始文本备份（PowerGREP 和文本整理器的缺省均设置为“备份原文件”）。

7.5.1.4　元信息标注

元信息（metadata）指关于信息的信息。语料库的主要信息载体是文本，而标注即是关于文本的信息。此外，一些语料库对标注本身也附加某些说明信息，并标注在语料库文件中，因为是关于元信息的信息，故被称为元元信息（meta-metadata）。元信息标注可为语料库检索与分析提供查询条件和依据。运用元信息对语料库进行检索，是语料库的一种高级运用，比如利用元信息设定语料的条件，由一个大型语料库快速构建一个子语料库，或者在一个语料库中查找符合设定条件的文本。若仅仅使用一般的索引软件（如 AntConc 等）检索不包含或包含少量元信息的生文本，可省略元信息标注这一阶段。标注信息丰富且使用标准的标注语言（如 XML）的语料库文件，需使用对该标注语言兼容的软件，才能充分发挥元信息的作用。

1. 元信息的构成

元信息与元元信息一般会放在语料库文本的头部，故又称作头部信息。元信息按照其功能及插入位置，可以分为文本说明信息、文献信息、文本结构信息、语法信息与特殊标注信息等，具体如下：

元信息：包括标注方案、制定者、标注修改及时间等。

文本说明信息：包括文件序号、文本分类、其他分类、文本统计信息、版权声明等。

文献信息：包括作者、时间、标题、来源、出版者等。

文本结构信息：包括标题、章节、段落、句子，以及其他特殊文本内部结构的标注，如诗歌、戏剧等。

语法信息：包括词性赋码、句法标注等。

特殊标注信息：包括话语结构、文体标注、错误标注等。

语料库标注的深度，即在标注中包括哪些信息，取决于研究者的设计目标和研究需求。一个语料库既可以不加任何标注，也可以添加多层多次标注。标注信息越复杂，技术要求及开发成本也越高。

文本结构信息的标注可以分为简单标注与复杂标注。简单标注，是指对文本的呈现方式的标注，比如对标题、段落和句子进行标记，其中段落和句子可以包含序号属性（见图 7—11）。

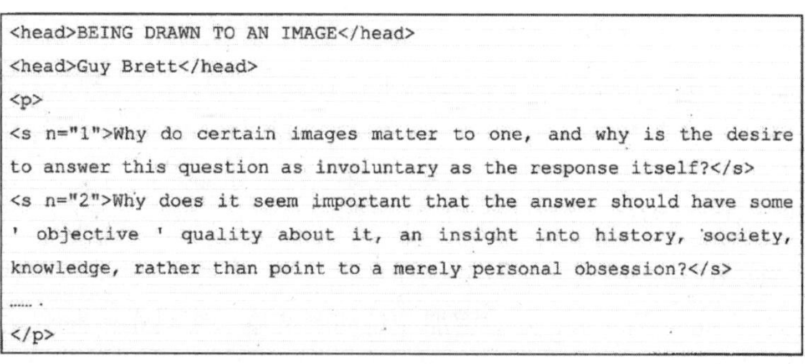

```
<head>BEING DRAWN TO AN IMAGE</head>
<head>Guy Brett</head>
<p>
<s n="1">Why do certain images matter to one, and why is the desire
to answer this question as involuntary as the response itself?</s>
<s n="2">Why does it seem important that the answer should have some
' objective ' quality about it, an insight into history, society,
knowledge, rather than point to a merely personal obsession?</s>
……
</p>
```

图 7—11　文本结构的一般标注

更细致的标注可把每个词的位置都标记出来，相当于对文本进行坐标化处理，处理后的文本允许多层多次插入标注，但需使用较为复杂的技术。复杂标注，指对某一特殊文本的描述性标注，比如诗歌等（见图 7－12）。

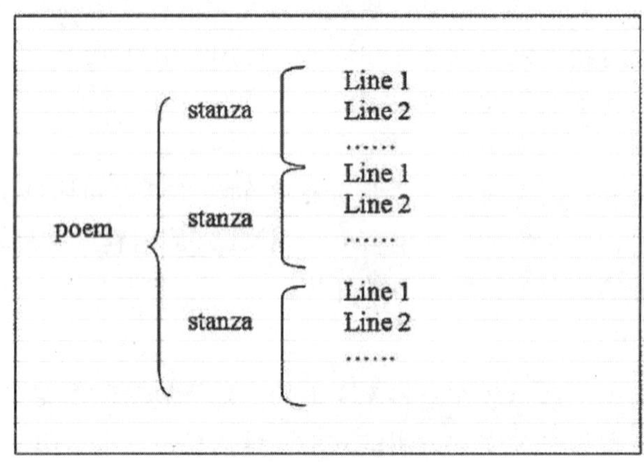

图 7－12　诗歌的标注结构

语法信息标注一般由程序自动完成，可以使用自由赋码软件，如 TreeTagger。文件头部信息标注、话语结构标注、错误标注及复杂结构信息标注需手工插入，为保证标注格式的规范和一致性，可以通过机助赋码或机助标注系统完成。

话语结构赋码和错误赋码可使用 MS Word 自带的宏功能（Macro）或者“自动图文集”功能，定制自定义标签，实现计算机辅助赋码，具体步骤如下：

（1）制定赋码方案及码集。假定你已经准备好了一套标注方案（该方案可以基于自己的理论框架设定，也可以来自对语料的先导研究），包括名称及对应的码，如<fm id＝“1”></fm>表拼写错误。设计的码既可以很复杂，也可以很简洁，主要按照自己需要来做。设计好的标注方案叫“码集”（tagset），设计前最好进行先导分析，设计好后做试验性赋码（trial tagging），确认无误后再正式赋码。另外，对每个码对应的意义及赋码格式、出现的难题及解决方案以及每次修改和讨论，都要随时以书面形式记录下来，以备回查。此外，对赋码操作阶段的所有技术环节，如文件格式、标注位置、样例、正字、符号以及文件名称等，都要做出严格规定，确保单个赋码者的前后一致以及多个赋码者之间的一致。如果你设计的码很多，你可能需要把这些码分成几个大类，如形态错误、动词错误、名词错误、句法错误等。制作机助赋码工具的目的，是避免手工输入时出错，再就是减少记忆负担和反复查询。比如你设计了 50 种码，而每一个码都有其对应的意义，记忆起来就非常麻烦。输入标注时最好不去记忆那些对应码，只明白对应的意义就行；也不要每次都重复手工输入每个码。如输入拼写错误标记时，不必记<fim id＝“1”>这个码，而只要知道有“拼写错误”，让电脑自动插入。

（2）打开 MS Word，单击［工具］→［自定义］，单击［工具栏］选项卡，单击选择［自动图文集］，此时 Word 上方应增加［自动图文集］工具条。注意此时的［新建］是灰色的，是不可用的。

（3）在 Word 中键入要插入的码并将其选中，这时［自动图文集］工具条上的［新建］不再是灰色，单击［自动图文集］→［新建］→键入该码的名称，最好采用意义明显的汉语名称。如使用“动词错误”就比“<fm id＝‘1’>”这个名称更容易让人看懂。重复此步骤，把所有设计的码都创建为自动图文集词条。

（4）单击［工具］→［自定义］→［工具栏］→［新建］，这样便出现了一个新的工具栏，可命名为［我的赋码栏］。

（5）单击［工具］→［自定义］→［命令］→［新菜单］→在右窗口把新菜单拖到新建的工具栏上，双击［新菜单］，在名称一栏输入分类名称，如［形态错误］，该名称不对应任何码，仅起分类作用。

（6）重复步骤（5），直到把所有的分类都做成空菜单，放在新建的工具条上。

（7）单击［命令］→［自动图文集］，在右边窗口找你做好的标记名称，找到后按类别拖到刚才建好的相应的菜单里。

（8）重复步骤（7），直到所有的标记码都被放在菜单中。

（9）关闭［自定义］对话框，此时的菜单已可以使用了。若不需要用到这个工具栏，可以在［视图］［工具栏］中去掉该栏选项。

赋码工具栏做好后，会被自动保存到模板文件 nomal.dot 中。需与他人共享该工具时，只需要把该模板文件拷贝到 Word 文件夹相应位置，替代原来的模板文件即可。

2. 标注语言

社会语言学研究所需要的语料库除了具有一般语料库所具有的特点外，还应该包含丰富完整的社会语言学信息，其中部分信息应该通过标注手段获得（苏金智、肖航，2012）。

目前常见的通用标注语言是 XML，亦即 Extensible Markup Language。XML 是一种元语言，与 HTML（Hypertext Markup Language）相比，前者更注重对信息意义的描述，结构灵活，而后者则注重文本格式的呈现。语料库原有的其他标注格式比如 COCOA、SGML 等由于 XML 的出现，逐渐淡出语料库标注。对一般使用者而言，掌握 XML 语言的基本结构，并应用于自己的语料库标注，是十分必要的。

XML 的主要特征有：首先，高度灵活，扩展性强，其自身并不包括任何预设的标签，而是由使用者自己设计；其次，XML 文件结构完整，句法严谨；最后，适用于意义的描述，而不是格式的呈现。XML 的基本结构是层级性的成对标签，标签内可以有属性和属性值（如图 7－13 所示）。

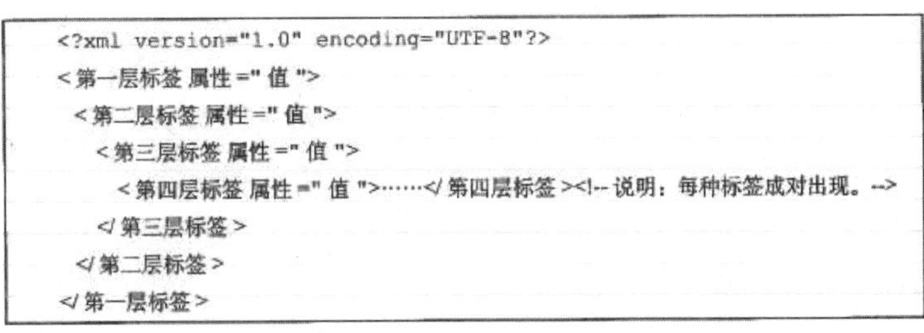

```
<?xml version="1.0" encoding="UTF-8"?>
<第一层标签 属性=" 值 ">
  <第二层标签 属性=" 值 ">
    <第三层标签 属性=" 值 ">
      <第四层标签 属性=" 值 ">……</第四层标签><!-- 说明：每种标签成对出现。-->
    </第三层标签>
  </第二层标签>
</第一层标签>
```

图 7－13　XML 的基本结构

至于把元信息设计为层级性标签，还是作为标签内的属性，取决于设计者的个人喜好，这里建议尽可能使用层级标签。

语料库的标注取决于语料库的整体设计与具体研究目的，同时也是重要的检索依据。尽管人们对语料库标注的观点不一，但设计严谨完备的标注方案无疑是至关重要的。它至少提供了一种观察文本、研究语言事实的视角和支点。当然，不添加任何标注的语料库文本亦有其价值。但若我们承认语言运用都是由不同交际目的决定的，具有语境依赖性，且文本的产生受各种复杂条件的制约，若在语言研究中对比分析不可避免，那么对文本的各种信息的记录就必不可少。当然，我们也应注意，基于标注文本进行的各种分析与研究结果，必定会受到标注自身的局限，在研究结论中应谨慎概括，避免自说自话。

7.5.1.5 分词、词形还原写词性赋码

1. 分词

分词（tokenization）指将一连串的字符转换成相互分离、容易识别的形符（tokens）的过程。在文本采集过程中，由于文本来源不一，格式各异，文本内部存在很大的不一致性，若不进行分词处理，一是容易导致检索困难，二是可能会使语料库的频率统计出现误差，还可能会影响语料库的标注和后期加工。

在对语料库中的文本进行分词处理之前，首先需要理解什么是“形符”，给“形符”一个操作层面上的定义。在处理英语时，较为通用的做法是，把所有的单词视为“形符”。这里说的形符，大概有这样几种类型：①全部由英语字母构成（如 computer 由 8 个英文字母构成）；②由数字或数字和字母构成（如 3、1985、21th、3D 等）；③除了数字和/或字母之外，还带有连字符（－）；④带有英语 26 个字母之外的外来字母（如德语中的音变）；⑤部分符号（如 &、$ 等）。统计形符时，我们通常不把标点符号（如逗号、句号等）包括在内，但有例外，比如数字 3.1415925 和整数的千分位分隔符（如 10，000）中的符号等。

为便于统计，对英语进行分词时通常在以上所说的“形符”后加空格，使得其与文本中的其他形符或符号分离开来。

汉语的分词比英语复杂得多，主要原因之一是汉语文本中的词与词乃至字与字之间不像英语那样本来就有空格。此外，研究者对汉语“词”的理解存在差异，也给分词带来了一定的麻烦，故汉语分词的准确率较英语低。

这里主要介绍两种分词方法：自动分词和手动分词。

（1）自动分词。

现有的部分自动分词程序都嵌入在一些软件系统中，独立运行的自动分词程序并不多。由梁茂成等（2010）自行设计的英语自动分词程序 Tokenizer 和汉语自动分词程序 Segmenter 可帮助研究者自动分词。第一个分词程序（分词器）Tokenizer 由两个文件组成，第一个文件是主程序，名称为 Tokenize.exe，另一个名称为 filelist.ini，是程序的配置文件，供用户指定需要分词的文本。在进行自动分词之前，先双击打开配置文件 filelist.ini，用文本编辑器对文件的内容进行编辑。

在配置文件 filelist.ini 中，用户需逐一指定需进行分词的文本文件名或文件夹名。配置文件创建以后，只需直接双击程序文件 tokenize.exe，程序会对配置文件中的所有指定文件进行自动分词处理，或对指定文件夹中的所有文件进行自动分词，并以.tok

为扩展名在原纯文本文件相同的文件夹下保存分词后的文件。

第二个分词程序 Segmenter 由主程序（segment. exe）和名称为 filelist. ini 的配置文件组成。研究者只需在配置文件中指定需分词的汉语文本文件名或文件夹名称，然后双击主程序，就可完成自动分词。汉语自动分词后得到的文本以. seg 为后缀名保存，图 7－14 为分词后的文本格式。

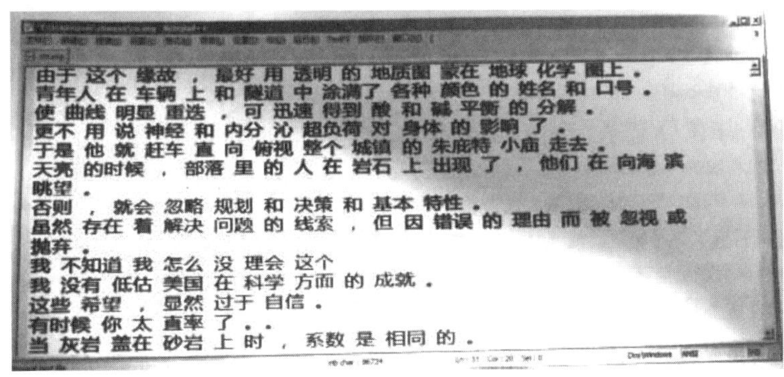

图 7－14　汉语自动分词的结果

（2）手动分词。

对于无自动分词程序的用户和对以上自动分词程序的结果感到不满意的使用者，也可自行手动分词。这里建议手动分词时借助文本处理工具 PowerGREP 的替换功能来实现。PowerGREP 可对多个文本甚至多个文件夹同时进行操作（替换操作前应先对文本备份）。

如前文所述，对文本进行手动分词时，主要进行的是一些替换操作。PowerGREP 的操作步骤如下：

第一，运行 PowerGREP，在主界面左上方的文件选择区域选择文件；

第二，在主界面上方的功能设定区，选择 Action type 中的 Search and replace，将 Search type 设定为 Regular expression；

第三，在被替换字符串编辑区输入需要被替换的字符串（用正则表达式，见表 7－3）；

第四，在替换字符串编辑区输入替换的字符串（见表 7－3）；

第五，点击功能设定区上方的［Replace］按钮，完成替换操作。

表 7－3　通过字符串替换实现简单的分词

目的	被替换字符串	替换字符串
去除行前空格	^\s+	无
去除行尾空格	\s+（[\r\n]）	S1
标点后加空格	（[a－zA－Z]+）（\，|\.|\?|\!\&|；|\：|"|'）（[a－zA－Z]+）	S1　S2　S3
省字符分离	（\w+）（'ve|'s|'re|'d|'m|'ll）\b	S1　S2

续表7—3

目的	被替换字符串	替换字符串
标点与词分开	(a−zA−Z) +) (\, | \. | \? | \! | \& | \; | \: |")	S1 S2
去除多余的空格	\s+	空格

通过表7—3所列的替换，基本可实现英语文本的分词。实现汉语文本分词要复杂得多，简单替换难以完成，但利用PowerGREP的替换功能可轻松实现分字，即在每个汉字后加空格，并在英文字符串（即英文单词）后也加空格。

2. 词形还原

在英语语料库文本中，一些实词（如动词、名词等）有大量的屈折形式，如GO这一动词就有go、goes、went、going、gone共5种不同的屈折变化形式。出于不同研究目的，有时需把同一个词的不同屈折形式归并到一起，视为同一个词。这种处理在信息检索领域极为常见。在其他领域也常常见到，如在二语习得研究领域，有时需分析学习者的词汇能力，若把go、goes、went、going、gone作为5个词来看待有时就显得不妥，可能需对这些词进行归并。将文本中词汇的屈折形式进行归并的过程被称为词形还原（lemmatization），还原之后文本中所有的词都被其原形所替代。许多语料库分析工具内嵌了词形还原程序，但常常需要用户提供一个用于词形还原的词表。现以AntConc为例，简要说明如何进行词形还原。

在利用AntConc进行词形还原之前，需有一个词表，表中列出一些常用词的词形屈折变化情况，并将用于词形还原的词表加载到软件中。然后需点击主界面上的[Tool Preferences]，激活对话框，单击其中Word List选项。

在对话框中，首先需选中"Lemma List Options"下的Use lemma list file选项，然后点击[Open]按钮，找到用于词形还原的词表文件e_lemma.txt，点击选中后返回到对话框中，再点击[Load]加载该词表，回到AntConc主界面。词表加载之后，运行Word List，即可得到词形还原结果。

如果在词形还原分析中需对复合词也进行还原处理，建议使用上文介绍的程序lemmatize.exe。研究者甚至可以对lemmatize.exe处理过的文本进行检索，在词形还原后的语料中观察词的语境。

3. 词性赋码

经过分词和词形还原后的文本可满足多种研究需要，但若我们需要分析词的语法特征，或者需检索如被动语态等语法结构，仅依靠分词和词形还原后的语料很难实现，这时我们需对语料进行词性赋码（part-of-speech tagging）。

（1）词性赋码的定义。

词性赋码指根据文本中的上下文信息，自动标注文本中所有词的词性的过程。即，利用现有的计算机程序，可以在文本中各类名词、动词、形容词等所有词之后加上对应的标签，以方便检索和语言处理。词性赋码是自然语言处理（Natural Language

Processing）中最基本的任务之一。

自动词性赋码工具大致可分为基于规则的（rule-based）、基于统计的（stochastic）和基于神经网络的（neural）三大类。研究表明，基于概率的自动词性赋码器和基于神经网络的词性赋码器准确率较高。

（2）自动词性赋码的操作方法。

此处介绍两款自动词性赋码工具，一款是兰卡斯特大学计算机语料库研究中心（Centre for Computer Corpus Research on Language）研制开发的CLAWS自动词性赋码器，另一款是德国斯图加特大学计算语言学研究所（the Institute for Computational Linguistics of the University of Stuttgart）赫尔穆特·施密特（Helmut Schmid）设计的TreeTagger。前者为商用软件，后者为免费工具。

●CLAWS4自动词性赋码器。

CLAWS4有两个版本。第一个是需要Java运行环境的单机版，另一个是基于网络的免费试用版。这两个版本使用都非常简单，可运行于Windows和Unix等操作系统。

CLAWS4单机版在Windows环境下的使用方法如下：

首先，安装Java环境；

第二，运行批处理程序“run _ jclaws. bat”，或在命令行输入命令“java－mx800m JclawsWorkBench”（其中800m是内存使用设定，可根据需要更改），激活程序主界面；

第三，从Jclaws菜单中选择“为左窗口中的文本赋码”（Tag Text in Left Window）（需要在此前将待赋码的文本复制到主界面的左窗口）或“为文件中的文本赋码”（Tag Text in Files）；

第四，选择“竖排”（Vertical Format）或“横排”（Horizontal Format）输出格式；

第五，若步骤“第三步”中选择“为文件中的文本赋码”，这时要找到并选定需进行赋码的文件，单击［OK］按钮，程序便会自动为所选的文本进行词性赋码。

以上介绍的单机版CLAWS4是付费软件。未授权用户可以使用CLAWS4的免费网络服务，具体操作方法如下：

首先，打开Internet Explorer或其他浏览器，在地址栏输入http://ucrel-api. lancs. ac. uk/claws/trial. html。

其次，在“Select tagset”后选择“C5”或“C7”（C5表示第五代赋码集，C7表示第七代赋码集）。

再次，把需要赋码的文本复制到文本输入框，或在文本输入框直接键入文本。

最后，点击［Tag text now］按钮。如果需要重新输入新文本，可点击［Reset form］按钮后重复以上步骤。等待数秒，待赋码后文本在网页上加载后，将赋码后文本复制到文本编辑器中并保存。需补充说明的是，CLAWS4词性赋码器的免费试用服务对来源网站和一次性输入文本的长短有一定的限制。

●TreeTagger for Windows（Mutilingual Version）自动词性赋码器。

TreeTagger是一个可训练且免费的自动词性赋码器，其网站上提供英语、法语、德语、意大利语等多种语言包供下载。据程序设计人的研究报告，使用该赋码器对英文赋码，准确率在96%～97%。这里主要介绍用TreeTagger对英语文本进行词性赋码的简单操作。

TreeTagger原本是在Unix系统下运行的，移植到Windows操作系统中，需进行的设置略显复杂。在不改变其性能的前提下，梁茂成等（2010）对程序进行了简化，编写了可更方便地在Windows环境中运行的程序。具体运行方法如下：

首先，双击程序文件treetagger.exe图标，激活程序；

其次，点击左上角的File菜单，选择其中的“Open File（s）”选项或“Open Dir...”选项，打开对话框；

其三，浏览到需要进行词性赋码的文本文件，选中后点击［打开］按钮；

其四，从界面上方“English，German，French，Italian”单选项中选中文本的语种类型；

最后，点击［Tag files now］按钮。

程序对所选文件进行词性赋码完成后，在原文件所在文件夹中，会生成名称与原文件相同、扩展名为.pos的对应文件，这些便是赋码后文件。

此外，在使用TreeTagger for Windows对文件进行赋码时，还可让程序同时给出原文件中所有词的还原形式，即对文本进行词形还原。若需对文本进行词形还原，只要在点击［Tag files now］之前选中程序界面上方的“With lemmata in output”复选框，便可生成词形还原文本。

为了便于分析，使用者也可通过PowerGREP的替换操作删除文本中的单词或词性赋码。

7.5.2 语料库在社会语言学中的应用研究

随着现代信息技术的不断发展，语料库方法成为一种定量研究与定性研究完美结合的社会语言学研究的重要方法。截至2020年，基于语料库的社会语言学研究越来越受到研究者的关注，相关研究主要从以下四个方面展开：一是话语分析方面的研究，二是语言与性别的研究，三是汉语社区词的研究，四是语域研究。其中，话语分析研究成果尤为突出。本部分将重点阐述语料库在话语研究中的应用，同时对其他三方面的研究成果进行简要概述。

7.5.2.1 基于语料库的话语研究

1. 基于语料库的话语研究方法概述

语料库应用于话语研究有其内容与方法上的合理性。语料库研究与话语研究都兼涉语言内容和分析方法两层含义。从话语及其特征来看，话语连贯、语境特征和互动性都会通过一定的词汇、语法特征体现出来，因而可以通过语料库技术提取和分析相关的词汇语法特征开展话语研究。

与传统的话语研究方法相比，基于语料库的话语研究有两大优势：一是语料库作为数据库，容纳了大量的具有代表性的某类话语。从中发现的语言事实、话语特征更能推广；其次，语料库分析方法中有其相对成熟的语言特征提取和统计方法，可帮助发现和回答话语现象之间的关联、差异等问题。而按贝克（Baker，2006）的归纳，基于语料库量化分析为主的方法可以减少研究者的主观偏见和发现大量话语中呈现的累积效应（incremental effect of discourse，即通过大量文本发现共性话语现象）。此外，贝克（2006）还提及，根据所掌握的不同语料，基于语料库的话语研究除发现大量语料中稳定的共性特征外，还会发现一些异例或反例（resistant）的存在以及随着时代发展体现出的话语变化；同时，语料库方法还可作为传统话语研究方法的补充，有助于发现新的话语现象和研究课题。

2. 基于语料库的话语研究及常见选题

比伯、康纳和厄普顿（Biber，Connor & Upton，2007）将基于语料库的话语研究分为自上而下型和自下而上型两种。前者从一定的理论前提出发，借助语料库方法，从大量语言事实中获取语言实例，经分类、概括等，通过量化数据对语言进行充分描写并回答研究问题；后者无理论预设，完全从文本数据中自动挖掘语言事实。

语料使用也可分为两大类。一种是从特定选题出发，如针对全球化、全球变暖、金融危机、法律诉讼话语、学术口语、学术论文、英语教材等，收集大量的相关语料，这些称为专门用途语料库（specialized corpora）。第二种是利用现成的通用型语料库，比如反映英国英语一般特点的英国国家语料库（British National Corpus，BNC）和反映中国学生英语状况的一些学习者语料库。语料选择由研究目的来决定。有些研究试图对语言一般状况加以描写，常需从整个语料库中提取数据；为回答特定领域的语言现象，则可利用专门用途语料，或从通用语料库中抽取部分具有特定属性的语料构成子库。

表 7—4　话语的典型特征及语料库研究思路

话语特征	分析思路	语料库技术	研究选题举例
衔接连贯	关注词汇语法衔接手段，某个（些）词汇在多个文本中的分布	词项的单独、批量检索	所有名词，所有地点名词，情态动词等
语境特征	点—线—面方式扩展语境	词项检索、主题词、搭配、框合结构等，结合预提、语体信息等元信息	按性别、国别等开展的各种词汇、短语、语法结构分析
互动性	关注互动词汇、短语	互动性词汇、短语批量检索、批量词块提取再筛选、主题词分析后分类再筛选等	停顿、修补、反馈语、书面语作者/读者能见度、口语化、互换词块

除了表 7—4 所列举的话语研究的三个典型特征——衔接连贯、语境特征和互动性——及其语料库技术和相关选题外，语料库方法还特别适合分析这些特征在不同语言变体间的异同以及不同时间维度上的变化。代表性研究包括语域变异（Biber，1988，2006；Biber，Connor，& Upton，1999）、跨学科学术话语对比（Hyland，2004，2006）、语料库文体学（Semino & Short，2004）和中介语对比分析（Granger，1998；

Granger，Hung，&Petch-Tyson，2002）等。

此外，在实际语言交际中，说话人通过衔接连贯、语境特征和互动方式，传达一定的主观认识或展现某种社会意识形态。所以话语特征中蕴含的说话人的主观性（如有关评价、情态、立场研究）和社会性（如身份认同、性别差异、意识形态）也是话语的重要方面。

3. 基于语料库的话语研究案例

（1）衔接连贯。

以英语单词 something 为例，在 https://www. english-corpora. org/bnc/中检索 something [j＊]，可得到 something 后接的形容词列表，其中出现频率排名前 5 的形容词分别为 wrong、new、different、special、similar（见图 7－15）。

British National Corpus (BNC)

SEARCH　FREQUENCY

ON CLICK: CONTEXT　TRANSLATE (ZH)　BING　IMAGE

HELP		CONTEXT	ALL
1		SOMETHING WRONG	479
2		SOMETHING NEW	377
3		SOMETHING DIFFERENT	330
4		SOMETHING SPECIAL	252
5		SOMETHING SIMILAR	191
6		SOMETHING IMPORTANT	117
7		SOMETHING GOOD	81
8		SOMETHING TERRIBLE	70
9		SOMETHING INTERESTING	69
10		SOMETHING POSITIVE	68
11		SOMETHING STRANGE	67
12		SOMETHING NICE	59
13		SOMETHING USEFUL	59

图 7－15　something 后接形容词列表截屏

检索发现，something 这个极常见的英文单词后接的形容词往往表示令人关注的事。从频率最高的 5 个后接形容词可看出，表示“有什么问题”（wrong）、“有什么新发现”（new）、“有什么特异的事发生”（different、special）等诸如此类的语义是出现最多的。可见，对于一个中性平常词，通过语料库也可能发现一些隐藏其背后的主观性。洪斯顿（Hunston，2002：62）将这种通过一些固定的常见词语获得语言背后话语信息的做法称为“探针法”（using probes）。她用 something ADJ about him/her 在语料库中检索，获得了人们在谈及男性和女性时一般都用什么样的形容词。

此外，还可在检索结果界面获得 something [j＊] 的语体分布，something ADJ 的表达多见于口语体以及与口语体接近的小说语体（见图 7－16）。

CONTEXT	ALL	SPOKEN	FICTION	MAGAZINE	NEWSPAPER	NON-ACAD	ACADEMIC
SOMETHING WRONG	479	103	226	25	33	25	19
SOMETHING NEW	377	37	65	58	31	46	41
SOMETHING DIFFERENT	330	64	69	38	36	37	23
SOMETHING SPECIAL	252	21	75	28	55	22	5
SOMETHING SIMILAR	191	32	31	26	10	21	35
SOMETHING IMPORTANT	117	9	55	6	1	18	7
SOMETHING GOOD	81	9	31	13	8	6	2
SOMETHING TERRIBLE	70	6	49	1	3	6	
SOMETHING INTERESTING	69	17	20	5	2	9	7
SOMETHING POSITIVE	68	12	10	5	12	6	9
SOMETHING STRANGE	67	4	43	3	4	2	4
SOMETHING NICE	59	28	20	2		4	
SOMETHING USEFUL	59	8	29	3	2	5	4

图 7－16　something 后接形容词语体分布截屏

通过进一步分析可知，学术语体中，something ADJ 出现最多的是 something new，共计 41 次（见图 7－17）。

In terms of political style and policies there is **something new** and radical about the Conservative party under M

why try to highlight the condition and pretend it is **something new**? Surely, there can be no intention of instituti

n indicates. 1. Enthusiasm and the Hawthorne effect -- the stimulant of **something new** and exciting produces e

olumn? An article is more likely to be accepted if it says **something new** but this might annoy some of his party

so disastrous for Britain and her economy. Now, there is **something new** and strange about all this. Since the c

the bureaucracy, people with open minds who are prepared to try **something new**. That such projects should ev

be another ingredient -- the spark and the quick glimpse of **something new**. That spark can set light to further p

new way of making something old or an old way of making **something new**. A patentable invention could relate

r remarked,' It seems to me that we came very close to **something new**.' Close, but not quite close enough. On

npression, whether pleased or panicky, that recent theoretical work represents **something new** is broadly corre

y publish articles each of which must say, or seem to say, **something new** about some literary work... By foreigr

process, and its relationship to meaning: the process whereby **something new** is created that can not simply be

ted by means of some appearance'; and this seems to suggest **something new**. It seems to allow that, although

图 7－17　something 在学术语体中后接的形容词索引行截屏

这与学术研究的宗旨“探索新知”相吻合。可见，即便通过单个词语的跨文本分析也可得出其话语含义。这里突出体现了学术文本的语体特征。从某种意义上说，特定语体的存在是众多相关词语和结构共同作用的结果，something ADJ 恰好是其中之一。

在连续话语内部，众多词项又是如何共同作用从而保证意义的连贯表达呢？这是话语研究中一个常见的基本问题。何安平和徐曼菲（2003）采用语料库方法观察话语连贯的研究可作为研究设计的参考借鉴。该研究以 19 个词项（just、like、okay、oh、right、well、I know、I mean、sort of、kind of 等）作为检索项，对口语小品词进行了研究。这些词语是口语中经常用于起承转合。通过批量检索（file-based concordancing），得到 19 个词项在语料库中的分布和频数。在此基础上，按出现位置（话轮的前、中、后）和话语功能（接续、转移话题、修补等）分别讨论。作为学习者语料库研究，还可对比中国学生和英美学生以及不同母语背景英语学习者在上述结构和功能方面的异同。此外，利用语料库考察衔接词项同外部特征的相关性，也是一种可以在实践中进行尝试的研究方法。

（2）语境特征。

上述研究主要是从单个或多个词项出发，分析其频数、分布及话语功能。这类研究的观察点可以是 something、fact、happy 等抽象词语，也可以是相对确定的词，如 China、Jewish、知识分子等，还可是关联词、(元) 话语标记、情态表达等某类词，甚至可以是某一个语法构式，如"名词 and 名词"及被动语态等。但只关注这些词汇、语法单位的频率和分布还远远不够。根据话语研究的思路，研究者还需要结合语境来综合认识相关话语的特征。语境可以是局部上下文、语言单位（段落与段落、前后篇章、不同文本等）间的互文性以及文本之外的社会文化语境。

结合语料库语言学方法，梁茂成等（2010）提出了"点—线—面语境扩展分析法"。分析始于词项的检索，检索项可以是单个或多个单词、短语、句法结构，这是所谓的"点"；可以在索引行里分析上下文特点，主要做法是观察搭配、类联接、语义倾向和语义，这是所谓的"线"；利用语料库提供的元信息和其他文内标记以及检索项在文本中出现的相对位置（如可利用索引词图功能），分析检索项的来源或原始说话人的身份和态度等主观性特征和其他社会语言学特性（如性别、社会阶层、说话场景等）。点、线加上外部语境共同构成话语分析的"面"。

梁茂成等（2010）开展的一项研究是"点—线—面语境扩展分析法"的一个典型案例。该研究通过检索 China 的语境共现词，对中国在哥本哈根气候大会上的角色进行了分析，可以说是媒体话语中的中国形象研究的一个简单案例。研究者首先以单词 China 为检索词，借助 BFSU Collocator 软件，计算出 China 左右各 5 个词的跨距范围内的强搭配词。按对数似然比（log likelihood）的搭配力指标排序，得到 USA（这里将 US、U. S. 、USA、U. S. A. 、States 等合并为一个词项，命名为 USA merged，同时在操作时标点和介词等虚词被删除）targets、put、first、numbers、Brazil、India、specific、announced、yesterday 等核心语境共现词语（见图 7—18）。

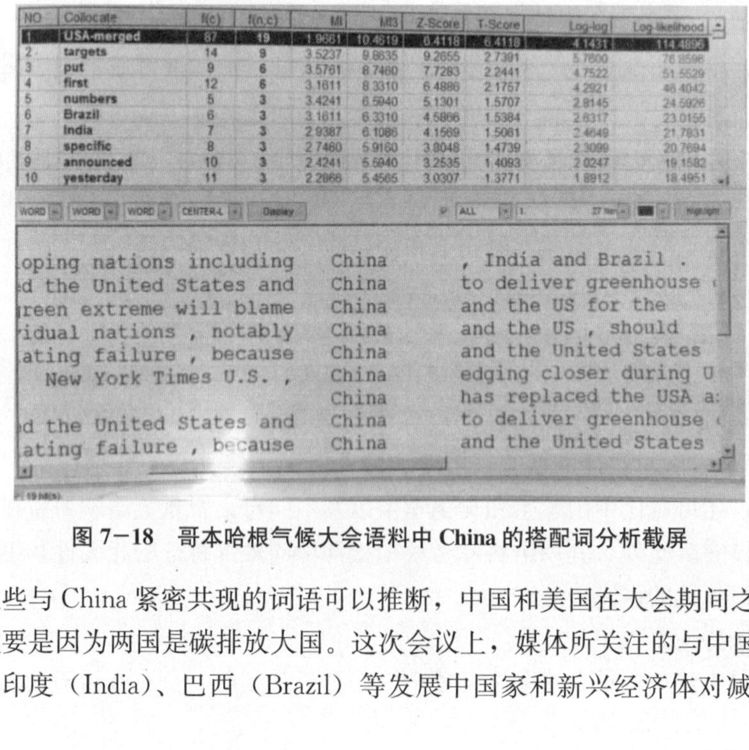

NO	Collocate	f(c)	f(n,c)	MI	MI3	Z-Score	T-Score	Log-log	Log-likelihood
1	USA-merged	87	19	1.9661	10.4619	6.4118	6.4118	4.1431	114.4896
2	targets	14	9	3.5237	9.8635	9.2655	2.7391	5.7600	76.8598
3	put	9	6	3.5761	8.7460	7.7283	2.2441	4.7522	51.5529
4	first	12	6	3.1611	8.3310	6.4886	2.1757	4.2921	48.4042
5	numbers	5	3	3.4241	6.5940	5.1301	1.5707	2.8145	24.5926
6	Brazil	6	3	3.1611	6.3310	4.5866	1.5384	2.6317	23.0155
7	India	7	3	2.9387	6.1086	4.1569	1.5061	2.4649	21.7831
8	specific	8	3	2.7480	5.9160	3.8048	1.4739	2.3099	20.7694
9	announced	10	3	2.4241	5.5940	3.2535	1.4093	2.0247	19.1582
10	yesterday	11	3	2.2866	5.4565	3.0307	1.3771	1.8912	18.4951

oping nations including China , India and Brazil .
d the United States and China to deliver greenhouse
reen extreme will blame China and the US for the
idual nations , notably China and the US , should
ating failure , because China and the United States
New York Times U.S. , China edging closer during U
China has replaced the USA a
d the United States and China to deliver greenhouse
ating failure , because China and the United States

图 7—18　哥本哈根气候大会语料中 China 的搭配词分析截屏

通过这些与 China 紧密共现的词语可以推断，中国和美国在大会期间之所以常被相提并论，主要是因为两国是碳排放大国。这次会议上，媒体所关注的与中国最相关的议题是中国、印度（India）、巴西（Brazil）等发展中国家和新兴经济体对减排所需承担的责任。而会议期间，最热门的议题之一便是“前一日（yesterday）”中国“第一次(first)”“宣布（announced，put）”的“具体（specific）”“减排指标（targets、numbers)”。上述结论的得出，除了背景知识，主要是依据 China 这个词的语境共现词。为获得对上下文的准确认识，双击 China 的某个搭配词，即可在下方窗口得到索引行信息。同时，在每一个索引行的右侧会显示该行所在的新闻文本。在对 China 的词语搭配进行检索的同时，BFSU Colligator 支持对检索词的类联接的考察。研究者在对词语搭配进行深入分析时，可将搭配词语按语义归类，分析其语义倾向和语义韵。

此外，研究者还可按国别对新闻机构加以分类，从而获得诸如西方媒体、中国媒体或其他发展中国家媒体在对中国新闻的报道中对中国形象的建构。

同理，上述分析方法还可用于奥运、中国经济、金融危机、四川及海地地震、农民工、春运等话题的相关研究中，具体可参考许家金（2009）的话语身份建构研究。

（3）互动性。

在话语分析时，无论是独白式还是对话式的，都不能忽略话语互动的另一方。话语双方的互动总会通过特定的词汇语法形式体现。因此，通过抓取互动语言形式来探究话语的互动性成为一种研究趋势。从语料库的视角，可通过检索相关的互动话语形式，进而从语言特点和话语功能角度分析其特点。事实上，何安平、徐曼菲（2003）的研究也可归属于这一类。佩奇－泰森（Petch-Tyson，1998）和文秋芳等（2003）等对学生书面语中的互动性做了考察，得到了有价值的发现，如学习者书面语有口语化倾向、作者/读者能见度高等。

许家金和许宗瑞（2007）基于学习者语料库对中国英语学习者口语中的互动话语词块进行了研究。该研究利用 COLSEC 语料库中的学生口语语料，自动提取其中 2—6 词的复现词块，然后人工筛选出其中具有典型话语互动作用的词块，如 I think、I don’t know、you can see that、first of all、by the way、more or less、or something like that、if you like 等。筛选出的互动词块按功能表现被划分为认知传递、内容指向、语气调节、认知制约四类，并从形式和功能方面与英语母语者语料库 ICE-GB 中的口语部分提取出的相应互动词块做了对比分析。从而得出如下结论：形式上，许多中国学生用于话语互动的英语短语形式单一，往往是汉语的简单对译，还表现得特别以自我为中心。这一点在基于中国学生的类联接研究中也得到了印证（许家金、熊文新，2009：20－21）。在话语功能方面，许多中国学生在英语口语中表现得过于直率生硬和缺乏技巧，往往“慷慨陈词”“直抒胸臆”，缺乏缓和语气的表达形式。

从上述对衔接连贯、语境特征和话语互动的分析例证中可以看出，话语的几个核心特征不易完全分离开。在分析词语的衔接时，很自然地会考虑到话语连贯与语境的同构作用；同时，研究者还必须认识到，无论是书面语还是口头话语，真实话语是说话双方同构的结果。因此，说话双方的互动也不能忽略。

在描写话语特征时，可专注于单个语言变体的话语特征的描写和分析，为揭示某些话语特征的特点，研究需要将不同的语料加以比较。比如，中西方媒体对制裁伊朗报道的比较、口语和书面语的比较、英汉语话语特征的比较、法律文本与通用文本的比较，甚至是学术语体内部不同语步（move）之间的对比等。

不管是对单个语体的话语特征的分析，还是跨语体、跨语域、跨语言的话语特征比较，话语研究都试图寻求语言形式及其语用功能，语言形式与主观情态和社会文化之间的关联。这其中，语料库的主要作用是借助计算机手段发现和提取相应的话语特征，并提供频率数据和话语特征的分布情况。

4. 基于语料库的话语分析选题的选择与发现

基于语料库的话语分析研究课题的选定，可源自日常观察或偶然发现，但更多的是通过文献阅读获得。然而，因为语料库是基于概率的量化分析方法，研究设计也可以考虑借助语料库帮助发现和挖掘隐藏在文本背后的话语现象。

根据目前的语料库技术，我们通常借助词表、主题词、词块、主题词块整合结构等。在分析开始前，我们并没有确定的检索项或分析对象，往往是穷举式地列出所有词项，包括单词、短语或非连续的词汇字列。

以主题词和主题词块为例，通过比较 BNC sampler 中的口语和书面语子库，可得到排位靠前的主题词是 you、er、I、yeah、erm、it's、oh、got、it、know 等；排位靠前的主题词块为 you know、I mean、I think、I don't、don't know 等。这些自动生成的词汇和短语有助于我们进一步分析典型的英语口语词汇和短语。这种方法得到的词表和短语列表具有穷尽性和标准一致性。而传统选择口语性词项的做法往往是基于以往文献和直觉，难免遗漏。

本部分主要通过概念梳理和案例分析，简述了如何借助语料库以及相关分析手段进行话语研究。我们将诸多话语特征加以提炼，概括为衔接连贯、语境特征和话语互动三个核心特征，同时这些特征还可以用于不同语体、语域等的对比分析。另外，本部分还特别强调，话语研究的一个基本任务就是在语言形式和功能之间建立联系。语料库方法在其中的作用就是对语言形式的量化描写，并辅助完成话语形式和功能之间关联的建立。而研究问题的最终回答还是在于研究者对量化数据的解读。

从操作角度看，基于语料库的话语研究可以很简单，比如从一两个单词入手，如 man 和 woman；也可能需要设计很复杂的检索和计算，如毕伯（Biber，1988）、比贝尔等（2007）的多特征/多维度（MF/MD）语体变异研究。可以是语言层面的，比如个别词汇衔接手段的语料库考察（Flowerdew & Mahlberg，2009），也可以是社会层面的批评话语分析和话语身份认同研究。

当然，基于语料库的话语研究也有其局限性。语料库方法对语言的描写主要还是以词项为主。对话语现象的分析解读主要还在于研究者。首先，语料库在其中的核心作用是获取和发现包含研究现象的语言事实。其次，语料库方法更偏重于抓取形式特征，只是选取了计算机容易提取的特征。最后，语料库方法相当于是一个“望远镜”（Partington et al.，2004：144），在需要对文本进行细读时，研究者仍然需要回到单个文本中去解读字里行间的隐含意义。

7.5.2.2 基于语料库的其他类型研究

基于语料库的社会语言学研究除了话语研究外，还有语言与性别的研究、汉语社区词研究、语域研究等。相较于话语研究，这些研究成果略显薄弱，但关注度越来越高，有着较强的现实意义。本部分主要简述这几类研究案例，作为研究者研究设计的参考借鉴。

1. 语言与性别的研究

耶尔默（Kjellmer，1986）和赫尔姆斯（1994）利用语料库方法对语言与性别进行了研究，并取得了一些重要成果。耶尔默（1986）运用 Brown 语料库和 LOB 语料库来检验美国英语和英国英语中的男性偏爱。他特意检索了男性代词与女性代词（he 和 she）的出现情况以及词项 man/men 与 woman/women 的出现情况，结果发现在这两个语料库中，女性词项的出现频率均大大低于男性词项的出现频率，但英国英语的女性词项出现频率却高于美国英语。研究还发现这种差异的比率是由体裁决定的。总体而言，女性更富于想象，爱情小说中女性出现的频率最高。耶尔默通过分析认为，女性相对缺少主动性，但经常出现客观动词而不是主观动词的假定是没有根据的，实际上男女都有类似的主客观比率。

赫尔姆斯（1994）则对比了 Ms. 与 Miss 和 Mrs. 的出现频率，分析了带有男权主义色彩的后缀和作为普通类别词语 man 的用法。赫尔姆斯的研究在方法上有两个重要看法值得注意：一是要注意语境和是否有合适的替代成分，如 policeman 或 police women 可以用 police officer 代替，但在 *Duchess of York*（《约克的公爵夫人》）中后缀 -ess 没有合适的替代成分，因此这类后缀在计算男权主义的后缀时不应该算进去。二是指出语义形式的分类很难。例如 man 什么时候指男性，什么时候作为普通的类（不分性别），判别起来并不容易。

2. 汉语社区词研究

游汝杰和邹嘉彦（2016）利用香港城市大学语言科学资讯研究中心在 20 世纪 90 年代建立起来的共时语料库（Linguistic Variety in Chinese Communities，LIVAC），进行了中文五地（中国的香港、澳门、上海、台湾，以及新加坡）社区词的研究，取得了令人瞩目的成果。该语料库不仅可以从共时层面进行语言变异的研究，也可以从历时角度进行语言变化的研究。游汝杰和邹嘉彦（2016）从共时角度比较了各地中文词汇使用的不同情况，分析了新词的发展变化，并从港澳报刊的名词的演变观察社会的变化。该研究调查分析了 42 组 157 个新外来词以及 5 组 23 个带方言特征的词汇。研究发现，方言词汇在不同地区间相互渗透。比如“的士”本是粤语词，现在北京和上海两地也常用（见表 7—5）。

表 7—5　“的士”等词汇在各地的使用频率

序号	词语	中国香港	中国澳门	中国台湾	新加坡	中国上海	中国北京	频率	比例%
1	的士	58.48	38.63	0	0.13	2.86	0.90	101	40.24
2	出租车	1.76	2.40	0.24	0.80	85.35	9.45	100	22.50
3	德士	0	0	0	100	0	0	100	21.76
4	出租汽车	1.03	1.29	0	3.09	80.93	13.66	100	6.99
5	计程车	4.59	4.32	88.30	3.78	0	0	100	6.66

续表7－5

序号	词语	中国香港	中国澳门	中国台湾	新加坡	中国上海	中国北京	频率	比例%
6	小车	8.84	9.80	2.94	3.92	53.92	21.57	100	1.84
7	差头	0	0	0	0	100	0	100	0.02

该研究将一些在不同地域产生的新词进行比较研究，分别利用语料库统计了这些词汇在各地的使用频率，发现新词有从南向北扩散的倾向，比如"写字楼、巴士"等，这些词始用于中国港澳地区，现在中国台湾地区也用，新加坡少用，中国上海使用频率比北京高。文化"兼容性"是制约词汇输入的最重要的因素。游汝杰和邹嘉彦利用LIVAC共时语料库开展的研究开拓了我国社会语言学变异研究的新路子，同时也为研究者开展此类研究提供了参考。

3. 语域研究

"语域"（register）是语言使用的场合或领域的总称，是社会语言学的一个重要概念。语言使用的领域种类很多，如新闻广播、广告语言、课堂用语、演说语言、口头自述等。语体与语域关系密切，语体（style）是指说话的方式。口语和书面语是两大最高层次的语体。黄昌宁等（2007）认为，语料库方法是解决不同语域的语言特性描写问题的最好方法，并且介绍了毕伯进行口语和书面语两种不同语域变体的研究。因各种语体又可细分为若干小类，如书面语的下位语体有新闻语体、科技语体等，新闻语体又可分为报道语体、评论语体等。钱志安（1998）曾利用LIVAC中的华语六地语料库1995—1996年的语料，比较研究报纸新闻标题语言与新闻全稿或一般书面语，发现新闻标题有三大特点：首先，双音节词汇占绝大多数，单音节词汇较少；第二，实词占绝大多数，虚词较少；第三，地理名词较多。陈水墩（Chan Shui Duen，2000）对祖国大陆、香港和台湾三地的科学语体、事务语体和报道语体的许多语言成分进行过定量分析。

顾玉兰（2019）以某特定语法结构的语体倾向性为出发点，调查了美国当代英语语料库中"不及物动词＋形容词"类双重谓语结构的语体特征。研究发现，英语双重谓语结构有比较明显的语体倾向性。大多数双重谓语结构更倾向用于文学类语体语篇，其次是杂志或报纸类语体，较少甚至从不用于学术和/或口语类语篇。英语双重谓语结构的这种语体倾向性是由该结构的描绘类修辞本质和文学类语篇对形象化语言的需求决定的。

这些研究是社会语言学利用语料库方法在语域研究方面的开拓性研究，为我们积累了经验，也为后续研究指明了方向。

本章主要介绍了社会语言学研究方法，包含定性和定量研究的常用研究方法等，其中重点介绍了语料库建设及其在社会语言学研究中的应用。近年来，基于语料库的社会语言学研究成果不断涌现，语料库方法越来越得到人们的重视，相信在计算语言学界和社会语言学界的共同努力下，语料库建设会进一步适应社会语言学研究的需求，推动社会语言学向定性研究和定量研究完美结合的方向发展。

社会语言学研究方法不仅是描写性的，更重要的是解释性的，解释语言在社会中发生的变化。语料库方法能为语言变化的研究提供现代化的手段和工具，可使这一领域的研究发生质的变化。我们期待计算语言学家更多关注语言变化研究，关注社会语言学研究，为社会语言学研究提供更多的理论方法和技术支持。

课题研究

（1）广州老夫少妻称谓双方父母的用语调查

（2）基于××语料库的情态动词研究

（3）基于××语料库的转述语研究

（4）基于语料库的大学生英语议论文中的语块使用特征研究

（5）基于语料库的中国学者英文学术论文中的模糊限制语研究

文献阅读

一、外文文献

CORMIERK A，SCHEMBRI A，2014. Describing sociolinguistic variation in verb directionality in British sign language：a corpus-based study [R]. Final report to the economic and social research council.

ENIKO C，SIEW M W，2020. Language variation in university classrooms [J]. Register studies，2（1）：131－165.

HAFISSATOU K，2020. Language variation：a case study of gender differences in Wolof-French codeswitching [J]. International journal of language and linguistics，8（4）：122－127.

二、中文文献

方强，王义娜，李银美，2020. 英汉语话语标记组合能力的比较研究 [J]. 外语与外语教学（4）：113－123.

桂诗春，2009. 基于语料库的英语语言学语体分析 [M]. 北京：外语教学与研究出版社.

李银美，袁凤识，2020. 汉英主题结构的典型特征束：基于口语语料库的话语分析 [J]. 外语与外语教学（4）：124－137.

王义娜，李银美，2016. 汉英主题结构的标记性：基于口语语料库的话语认知分析 [J]. 外国语（6）：34－35.

参考文献

一、外文文献

BAKER P，2006. Using corpora in discourse analysis [M]. London：Continuum.

BIBER D，1988. Variation across speech and writing [M]. Cambridge：Cambridge University Press.

BIBER D，2006. University language：a corpus-based study of spoken and written registers [M]. Amsterdam：John Benjamins.

BIBER D，CONNOR U，UPTON T，2007. Discourse on the move：using corpus analysis to describe discourse structure [M]. Amsterdam：John Benjamins.

BIBER D，JOHANSSON S，LEECH G，et al，1999. The longman grammar of spoken and written English [M]. London：Longman.

BULMER M，1984. The Chicago school of sociology [M]. Chicago：University of Chicago Press.

CHAN S D，2000. Linguistic characterization of three written Chinese registers [D]. Hong Kong：The Hong Kong Polytechnic University.

FASOLD R，2000. The sociolinguistics of language [M]. Beijing：Foreign Language Teaching and Research Press.

FLOWERDEW J，MAHLBERG，2009. Lexical cohesion and corpus linguistics [M]. Amsterdam：John Benjamins.

GRANGER S，1998. Learner English on computer [M]. London：Longman.

GRANGER S，Hung J，PETCH-TYSON S，2002. Computer learner corpora，second language acquisition and foreign language teaching [M]. Amsterdam：John Benjamins.

GUMPERZ J J，HYMES D H，1972. Directions in sociolinguistics：The ethnography of communication [M]. New York：Holt，Rinehart and Winston.

HERBERT W S，SCHOHAMY E，1989. Second language methods [M]. Oxford：OUP.

HOLMES J，1994. Inferring language change from computer corpora：some methodological problem [J]. ICAME journal (18)：27—40.

HUNSTON S，2002. Corpora in applied linguistics [M]. Cambridge：Cambridge University Press.

HYLAND K，2004. Disciplinary discourses：Social interactions in academic writing [M]. London：Longman/Ann Arbor：University of Michigan Press.

HYLAND K，1971. Disciplinary differences：language variation in academic writing [M] //HYLAND K，BOND I (eds.). Academic discourse across disciplines. Bern：

Peter Lang，2006：17－48.

HYMES D，1972. On communicative competence ［M］ //PRIDE J，HOLMES J (eds.). Sociolinguistics：selected readings. Harmondsworth：Penguin，269－293.

JOHNSTONE B，2000. Qualitative methods in sociolinguistics ［M］. New York：Oxford University Press.

KJELLMER G，1986. The lesser man：Observations on the role of women in modern English writings ［M］ //AARTS J，MEIJS W. Corpus linguistics II：new studies in the analysis and exploitation of computer corpora. Amsterdam：Rodopi，163－176.

PARTINGTON A，MORLEY J，HAARMAN L，2004. Corpora and discourse ［M］. Bern：Peter Lang.

PETCH-TYSON S，1998. Writer/reader visibility in EFL written discourse ［M］ // GRANGER S (ed.)，Learner English on computer. New Jersey：Addison－Wesley Publishing Company，107－118.

SEMINO E & SHORT M，2004. Corpus stylistics：speech，writing and thought presentation in a corpus of English writing ［M］. London：Routledge.

二、中文文献

顾玉兰，2019. 语料库驱动的双重谓语结构语体倾向性个案研究 ［J］. 西安外国语大学学报，27 (1)：33－38.

何安平，徐曼菲，2003. 中国大学生英语口语 Small Words 的研究 ［J］. 外语教学与研究 (6)：446－452.

黄昌宁，李涓子，2007. 语料库语言学 ［M］. 北京：商务印书馆.

苏金智，肖航，2012. 语料库与社会语言学研究方法 ［J］. 浙江大学学报（人文社会科学版）(4)：87－95.

文秋芳，丁言仁，王文宇，2003. 中国大学生英语书面语中的口语化倾向——高水平英语学习者语料对比分析 ［J］. 外语教学与研究 (4)：268－274.

文秋芳，王立非，梁茂成，2009. 中国学生英语口笔语语料库 ［M］. 北京：外语教学与研究出版社.

许家金，熊文新，2009. 基于学习者英语语料的类联接研究：概念、方法及例析 ［J］. 外语电化教学 (3)：18－23.

许家金，许宗瑞，2007. 中国大学生英语口语中的互动话语词块研究 ［J］. 外语教学与研究 (6)：437－443.

毅平，杜宝莲，2004. 修辞学实证研究的意义与方法 ［J］. 修辞学习 (3)：8－14.

游汝杰，邹嘉彦，1990. 社会语言学教程 ［M］. 上海：复旦大学出版社.

张廷国，郝树壮，2008. 社会语言学研究方法的理论与实践 ［M］. 北京：北京大学出版社.

第 8 章　社会语言学热点分析及前景展望

社会语言学如今已发展成为语言学科下的一个重要分支，该学科的研究成果深化了语言本质研究，推动了语言学发展。本章将分析其发展前景，推介研究热点。

8.1　社会语言学的研究前景

本部分将从社会基础、物质基础和自身发展三个方面阐述社会语言学研究的广阔前景。

8.1.1　社会基础

语言的演变总是与社会因素有着紧密的联系，没有社会环境这一土壤，语言就无从发展和变化。本部分将从国内和国际两个方面分析社会语言学研究依托的社会基础。

我国有着社会语言学研究非常好的社会基础，正如著名语言学家、翻译学家尤金·奈达（Eugene Nida）曾说：中国是社会语言学研究的天堂（杨永林、司建国，2003：420）。具体而言，有以下几方面的基础优势：第一，我国幅员辽阔，高原、盆地、平原等不同地形在古代就形成了天然的人类交互屏障，在这一地理资源上滋生了不同的民族构成，继而形成了丰富的方言，这为我国的社会语言学研究提供了丰富的语言资源。第二，随着经济和科技的飞速发展，原来的自然屏障被打破，有着不同地域背景、文化背景、民族背景、教育背景的群体交流日益增多，有些民族方言成为濒危语言，需在更进一步研究的情况下得到保护。而在我国城镇化建设政策的影响下，大范围、大规模的农村人口迁移，在城市形成言语社区，刺激着语言的交互和演变，产生了一种新的语言——城市方言。第三，互联网和科技信息化时代的到来，尤其是现在新媒体的盛行，提供了更快速便捷的交流平台，滋生了网络语言这一新形式。第四，全球经济体的形成，使各国在各行各业的合作日益增多，双语双言和多语的出现也成为社会语言学的主要研究内容之一。第五，我国经济、科技、文化和军事实力的增强，推动我国在国际上扮演更重要的角色，行使自己的政治使命。“一带一路”倡议得到了多个国家的支持和参与，这一建设需要语言铺路搭桥，对语言政策、外语教育、对外汉语教育、汉语国际教育、语言规划等都提出了新的要求。以上五方面为我国社会语言学的研究提供了良好的社会基础。社会的变化与语言的演变是密不可分、互相作用、互相影响的。总之，我国是社会语言学研究的天堂，一方面在于丰富的自然语言资源，另一方面则在于我国社会快速发展不断催生的语言变化以及国家发展对语言研究的新要求。

在国际范围内，由于全球化的推进或战争的爆发，各国人民或难民大量迁移，他们的语言也在迁移和与他国人民的交互过程中变化。这些移民或难民的母语及变体、与他国语言交互形成的变体等都为社会语言学提供了新的语料，新的研究领域随之不断蔓生，如“跨国间的多话协商”“语言与城市”“语言、时间、空间”“态度与声望”等，形成时空、社会、心理等多层面的研究，同时全球化背景也成为全球化社会语言学理论探索的社会基础。全球化为语言变体、方言学、语言社区等研究提供了更为广阔的背景，使社会语言学传统领域焕发生机；全球化在经济、政策、法律等多层面的表现使社会语言学的研究热点不断涌现，语言教育成为社会语言学的关注点，全球化多维度变迁的背景下，社会语言学家不断反思，越来越多地探讨“反身性”命题（梁砾文等，2018）。

8.1.2 物质基础

社会语言学研究还需要物质基础的支撑。美国学者拉波夫在 20 世纪 60 年代所开创的社会语言学就得益于新的研究工具——录音设备，这一新技术的支持使得语言采集更为便捷、准确、省力，可以得到更多数量的语言资料，更便于寻找语言规律。现在，科技和网络的发展提供了更多技术上的支持：SPSS、EXCEL 和 R 语言可搜集、处理、分析和统计语料，FAVE 或 DARLA 可转写语料，EndNote 和 NoteExpress 可管理文献。这些软件将语言研究者从烦琐的语言整理和文献管理工作中解放出来。同时，数据库技术的普及和广泛使用，提供了许多可共享的语料资源库，提升了语言研究的物质基础。

8.1.3 自身发展

有了以上两个方面的基础，社会语言学自身发展的需要也是该学科有广阔前景的动力之一。

20 世纪 60 年代，社会语言学打破了索绪尔提倡的只注重“内部语言学”的研究，开始研究使用中的语言，即语言的社会属性。结合不同社会科学，采用不同视角、理论或方法在社会环境中研究语言，研究成果颇丰，深化了对语言本质的认识，但社会语言学研究至今还存在着从一开始就有争议的问题——缺少元理论。社会日新月异的变化还会出现更多有待探索的语言现象以及相应的理论探讨。

第一，社会语言学研究内容和范围庞杂。社会语言学是一个交叉性、边缘性的学科，结合不同社会科学学科研究语言，必然导致内容交叉的问题。此外，社会语言学是研究使用中的语言，这就涉及个人或群体，只要有个体或群体的存在或变化，必将导致其所使用的语言变化，那么社会语言学的研究内容和范围也将无处不在，没有界限，形成杂乱无章、没有核心的现象。为解决这一问题，社会语言学还有待在研究对象、研究目的和研究性质方面做出更明晰的探讨。

第二，研究学科界限模糊。社会语言学与文化语言学都涉及语言与文化的关系，社会语言学与语言社会学都涉及语言与社会的关系。

第三，理论庞杂，但缺乏联系或相互冲突。付义荣（2011）就指出，社会语言学中的语言分层模式、社会网络理论和认同理论主要是针对单语或单方言中的变异现象，标记性模式针对的是多语或多方言区的语码转换现象，而语码理论则是探讨由语言歧视引发的教育不平等，这些理论各有自己的地盘而不相往来，至今亦没有一个元理论能将它们连在一起；语言分层理论与认同理论、拉波夫的“变项规则”与贝利（Bailey）等的方言理论则存在冲突。

第四，尽管中国社会语言学在宏观和微观层面的研究都取得了长足的进展和丰硕的成果，但理论研究还比较薄弱，有待深入。

社会语言学有待在以上几个方面不断深化，尤其是理论层面的系统化和体系化，这一自我完善的需求也必将推动社会语言学进一步发展。

8.2 研究选题推介

本部分推介社会语言学中的研究热点，共包括以下几个领域：语言变异、语言接触、语言态度、语言政策与规划。

8.2.1 语言变异

使用中的语言因社会因素或语境的变化而产生的变异，就是语言变异。20 世纪 60 年代，美国社会语言学家拉波夫开启的语言变异研究是在现代语言学的研究基础上发展而来的。索绪尔区分了“语言”和“言语”，强调研究“语言”的同质属性和有序结构，忽视对“言语”的研究。社会语言学家认为语言是社会中的语言，应该研究有差异的、异质的语言事实。从沃德哈弗在《社会语言学通览》（2001）一书中的篇章布局来看，“变异”概念可以看作整个社会语言学体系的核心和枢纽，如果将“变异”概念在共时维度上加以扩展，那么语体（口语体、书面语体）、语域（指某一行业或领域所使用的语言）、不同变体的选择和混合（双言、双语、语码转换、皮钦语与克里奥尔语等）均可纳入变异研究的范畴；如果从历时角度将“变异”概念加以延伸，那么便可将语言的演变、语言的消亡也纳入变异研究的范围，而语言演变和消亡的过程又和语言接触密不可分（赵蓉晖，2003）。因此，语言变异是社会语言学的核心概念，是主要研究内容之一，也是持续的研究热点。

社会语言学“变异”概念背后的语言观是“异质有序”。其中“异质”是语言现象，但语言变异不是偶然的，而是语言的普遍属性，那么这样的普遍属性就有一定的流向；“有序”则是变异的流向终点，也是语言变异研究的目标，通过对形式相异的语言变体的动态研究探索或提炼有序的语言结构。该语言观突破了语言单一的同质性研究，在语言学研究中是一次转折和飞跃。同时，这一语言观也革新了语言研究方法论，不再选取研究理想化的个人方言，而是收集语言生活中活生生的语言实例；不再把语言看作是一个共时的、静态的、自足的系统，而是在共时和历时两个维度，研究变异形式与社会影响因素之间的关系。

语言变异发生在时间、空间和社会范围内，体现在各个语言层次，如语音、词汇、语法和语域，这些层面都可以成为语言变异研究的内容。汉语变异、民族语言变异、特定地区语言变异、网络语言变异、语体变异等研究内容皆可涵盖以上各语言层次结构，探索语言变异与社会因素的关系、语言变体所反映的语言在各个层次上的结构变化以及语言变异的应用，如课程建设、教材编写和语言教学等。

近年来，语言变异研究在国内外成果丰富，研究内容涉及西方最新成果介绍、理论探讨、语内变异、语用中的语言变异、变异的社会因素、变异的社会效力、应用研究等；研究方法包括定量研究和定性研究，以及从其他学科的视角研究语言变异。

1. 国内的研究内容

（1）西方成果介绍。

对西方的成果介绍一般以书评和综述两种形式为主，如佴云国（2017）撰写的《第一与第二语言语境中的语用变异：方法论问题》；姜昕玫（2017）从研究内容和分析数据的手段两方面对西方社会语言学语言变异研究新进展进行了综述；张宇辰和赵蓉晖（2019）评介了《语言与地方感：语言与地域研究》，引进了语言变异与地方身份认同研究的新成果。

（2）理论探讨。

近几年来，国内在理论方面的探讨持续不断。房娜与张炜炜（2015）基于研究论文的统计分析，进一步肯定了认知社会语言学视角下的语言变异研究；胡青青与李伦（2015）对网络语言变异现象进行了哲学反思；刘立华（2015）从研究视角、研究对象和功能三个层面梳理了语体变异研究的范式流转；马楠（2015）探讨了语言变异界定问题；战菊等（2015）对中国英语这一英语变体的本质、根源和发展进行了探讨；黄慧和邵今是（2016）论述了语言变异和二语社会化两大社会语言学理论对二语习得研究的贡献；韦理（2016）梳理了反思参数是生物语言学视角的变异研究新进展；杨彩贤（2016）探讨了语言变异理论在中国的拓展及应用；田莉和田贵森（2017）从语言观、研究方法和研究技术三方面探究了变异社会语言学的研究方法论；郭茜（2018）探讨了第二语言变异的影响因素，并分析了第二语言变异领域的重点研究课题；刘永厚（2019）梳理了语体变异研究的四个路径，指出了研究热点，并对研究趋势进行了预测；黄嫣（2020）探讨了语言变异与认知科学交叉研究的内容和意义，为变异社会语言学研究提供了新的思路和方法。

（3）语内变异。

语内变异指由语言内部音系、形态、句法层面的因素引起的语言变异（刘永厚，2019）。其中语音变异是语言变异研究中最多的一个层面，如马楠（2013）、丁存越（2015）、高玉娟和邵钟萱（2016）、高玉娟（2017）、王佳琳（2017）、王萍等（2017）

的研究。在词汇和句法层面的变异研究相对较少，且均以汉语为研究对象，如曹起（2013）、解正明（2013）、杨彩贤（2015）、唐青叶和伊丹丹（2016）、肖慧（2017）、张欢（2018）等的研究。

（4）语用中的语言变异。

李慧等（2015）对在线购物会话中的寒暄语变异进行了研究；卢志鸿与李肖微（2016）以语言变异为视角，通过解析流行语“土豪”一词，探讨不同人群对这一词义变化的内涵与外延的多维度分析的认知情况；付义荣和柯月霞（2019）研究了闽南农村父母称谓变异。另外，翻译与变异研究也是这两年备受人们关注的一个热点，如曹顺庆和王苗苗（2015）认为译者需要根据目标语文化的变化进行适当的语言变异，只有遵循变异的路径，文学作品翻译才能够真正融入目标语国家；熊建闽（2018）提出了要重视原文语篇中变异语言的形式特征和既定连贯模式；陈莹（2019）在系统功能语言学的框架下，分析了《论语》英译的宏观变异与微观变异。

（5）社会变异。

社会变异指与社会特征相关的、说话人之间的语言变异（刘永厚，2019）。这一领域的研究主要涉及语言变异的社会因素。社会因素方面的研究多涉及年龄和性别（杨文波，2012）、性别（郭鸿杰、管新潮，2016）、年龄和受教育程度（张耕，2018）、身份建构（夏丹、廖美珍，2012；董洪杰，2017）。

从以上研究内容可以看出，国内的语言变异研究还有很大的发展潜力，尤其是语内变异研究领域缺乏对句法和词汇层面的研究，有待不断挖掘；社会变异研究的范围较窄，研究对象尚可拓展；语体变异的内容很少，主要在理论层面进行探讨（刘立华，2015；刘永厚，2019），未来可向实践层面（曹金波等，2020）进行拓展。

语言变异作为社会语言学的核心议题，已经发展出了系统完整的研究方法体系。徐大明（2006）归纳了语言变异的六种主要研究方法：①田野调查（fieldwork）；②定量范式（quantitative paradigm）；③实验语音学（experimental phonetics）；④文献研究（document analysis）；⑤语料库研究（corpus approach）；⑥语言态度研究（attitudinal studies）。目前，国内的研究都运用了上述方法，但相较国际研究还是缺乏创新。

2. 国际上的研究内容

（1）语内变异。

该领域与国内研究的不同之处在于，句法变异研究的比例较大（Eitelmann，2016；Barbiers et al.，2018；Rosemeyer，2019；Simonenko et al.，2019；Suárez−Gómez et al.，2020），还有词汇变异（Cerruti & Regis，2020）和语音变异（Schilling，2017；Tamminga，2019；Domange，2020）。

（2）社会变异。

这一领域的研究内容很丰富，主要聚焦社会因素和社会效力。

社会因素包括语言变异与身份建构（Newlin-Lukowicz，2015；Ding，2019）、城市发展（Duncan，2019）、对语言外显和内隐的信仰（Murchadha & HIfearnáin，2018）、社交网络（Sharma，2017），以及宗教（Germanos & Miller，2015；Kulkarni−Joshi，2015）。社会效力主要是语言变异对言语者及言语群体的影响（Hadodo，2019；

Johnson，2020；Lauro，2020；Palfreyman，2020）。

（3）语言变异与教学。

德弗洛（Devereaux），和帕默（Palmer）（2019）出版的专著《课堂语言变异教学：教师和语言学家的策略和模式》（*Teaching Language Variation in the Classroom：Strategies and Models from Teachers and Linguists*）汇集了教师和语言学家多方面的专业知识，提供了基于前沿研究的实用工具，用于进行语言和语言多样性的教学。乔毛伊（Csomay，2020）讨论了大学课堂里的语言变异。

（4）应用研究。

胡等（Hu，et al.，2019）为探索"翻译共性"（即翻译文本相对于原语重复出现的共同特征）这一有争议的假设，基于两个平行语料库（COTE 和 Freiburg-LOB），进行词汇、语法和语篇特征的多特征统计分析，找出英语译本的显著特征，并建构一个语言变异分析的多特征统计模型（style-statistical model）。西蒙年科等学者（Simonenko，et al.，2019）建构了一个基于语料库的动词主语一致化的量化模型。

（5）研究方法。

国际上的语言变异研究不满足于已有的传统研究方法，在这一方面不断创新。如，贝里（Berry，2016）提出通过认知控制的双重机制处理语言变异，将认知控制机制分为主动控制和被动控制，通过一个双重机制框架可以有效地描述个体处理语言变异时所采用的策略，而且当这一双重机制框架融入语言处理模型中时，可以对个体差异的源头和传播做出新的、可测试的预测。约翰逊和怀特（Johnson & White，2020）介绍社会语言学一个新的分支——发展社会语言学（Developmental sociolinguistics），这是一个快速发展的跨学科框架，其理论和方法论来自多个学科（如社会语言学、语言习得、言语科学、发展心理学和心理语言学），这使得儿童早期语言变异习得研究发生范式转变。

概而言之，语言变异研究是国内外社会语言学研究领域的主体。

8.2.2　语言接触

语言接触指不同语言或同一种语言内的不同方言之间的经常交往及其所产生的结果，它并不是理论上指两个抽象实体即两种语言之间的接触，而是一个发生在两个语言社团说话人之间互动的动态过程（戴炜华，2019）。随着城镇化、全球化的不断深入推进，人与人之间的接触和交互变得越来越频繁，交互过程中的语言接触引起语言变异，丰富语言多样性，影响语言的结构变化，反映族群互动背后的经济、文化等因素的变化，因此研究这一领域具有重要的价值和意义。语言学家经过多年来的探讨，对语言接触研究的重要性已经有了共识，普遍认识到要描写好语言事实、理清语言的历史演变，必须研究语言接触问题（戴庆厦、罗自群，2006）。

许多学者就语言接触研究的理论进行了探讨，如语言接触引起的语言变异存在多种运动形式，但其中最重要的是什么（戴庆厦，袁焱，2002）？语言接触是否有界？语言接触是否会产生系统的同构和对应？语言接触的决定性因素是社会因素还是结构因素（彭嫣，2007）？语言类型差距的大小不同，是否会使深度语言接触所发生的语言质变现象在语音、词汇、语法诸方面的结构变异存在指向差别？什么是混合语？语言质变的结果是不是混合语？在怎样的情况下语言会发生质变呢（曾晓渝，2012）？

除了理论探讨，语言接触研究还涉及不同语言变体的接触、不同类型的接触和不同程度的接触。对不同语言变体的接触研究可以具体化为三大领域：汉语和方言的接触、汉语不同变体的接触以及汉外的接触。这些语言变体之间的接触研究又可以涉及语言结构的每一个层面：语音、词汇和语法。但“语言接触与语言结构变异的研究必须放在历史环境、社会文化的大背景中考查，并从语言的共性和类型的特征着手，作分层研究和对照分析，才有真正的语言学价值”（余志鸿，2004：27）。同时，语言接触和语言结构变化之间的研究要既注重接触的结果，也关注接触的过程。在汉语与周边语言接触方式的研究上，洪波和意西微萨·阿错（2007）提出了跨地缘文化交流性接触、地缘接壤性接触和治化教育性接触三种基本类型，且各种接触类型有着不同的变异结果。罗美珍（2000）对不同族群语言接触的结果进行了研究，发现在接触中某个群体的语言使用功能逐渐萎缩，最后为另一个群体的语言所替换；相接触的不同群体，其语言在结构上互相渗透、扩散，在相互影响下各自丰富、发展；相接触的不同语言在结构上发生混合或融合，最后由于渗透的深入而产生一种质变的语言。戴庆厦和罗自群（2006）归纳了语言接触研究必须处理好的三个问题：鉴别语言影响成分是研究语言接触的基础和前提；在研究步骤上要由近及远，在研究范围上要由小到大；对语言的敏锐性和耐心求证相结合。

语言接触研究也要着眼时代现状，满足时代需求。全球化要求语言具有通用性，这将导致部分语言流失和语言消亡，那么语言如何传承？而全球化也带给中国更广阔的空间发展，这必然要求汉语能在国际上通用，除了政治、经济、军事条件外，语言如何使我国更好地国际化？陈保亚（2013，2016）从语言接触的视角对以上两个问题进行了研究。全球化过程中，英语的地位及其未来也会在语言接触中受到影响和发生变化。麦肯齐（MacKenzie，2018）出版专著《语言接触与英语未来》（*Language Contact and the Future of English*），探讨语言接触如何影响英语的未来以及同英语的接触又将如何影响其他语言、多语种英语使用者的语言变体和社会语言学现实。在这个大背景下，语言接触研究还涉及多领域研究：①不同内容的研究，如语音方面的研究（Mooney，2017；Morris，2017）、语用方面的研究（Peterson，2017）、语义方面的研究（Arroyo，2015）；②不同研究视角，如奥尔科（Olko，2017）从历时和共时角度研究语言接触与语言生存；威瑟谢特（Wasserscheidt，2019）提出基于使用的方法研究语言接触中的“语言”；③不同地域范围内的研究，如南美洲（De Carvalho，2018）、亚马逊西北部（Epps，2018）、美国（Kozminska，2013；Limerick，2017）、德国（Walkden，2017）、法国（Mooney，2016）等地区。

语言接触是社会语言学研究的重要组成内容，而且基于这一内容，已产生了一个新的分支——接触语言学。接触语言学从共时和历时角度研究语言接触的理论和概念，其研究范围包括语言、语言使用者和语言领域，涉及语言维护、语言转用、语言磨蚀、语言接触的社会语境、语言接触引发的语言演变、语言借用、语码转换、洋泾浜语和洋泾浜语化、克里奥尔语和克里奥尔语化、语言死亡等（戴炜华，2019）。

我国历史悠久，多民族多语言共处，且各民族群体之间的交流互动和语言接触还在不断继续，这为语言接触研究提供了丰富的材料，该领域的研究使我们可以在历史中总结出语言演变的方向。“可以看出‘趋同’将是今后语言演变的主要方式。然而怎样表现出‘趋同’，这就需要深入研究族群互动中的语言接触后所能产生的后果。从而帮助我们认清顺应客观形势发展的语言演变发现，也能为制定和执行好语文政策提供理论依据。”（罗美珍，2000：20）

语言接触研究是国家社科基金和教育部项目的重要内容，表 8－1 和表 8－2 分别是 2017—2019 年和 2017—2020 年语言接触研究的立项项目。

表 8－1　2017—2019 年度国家社科基金语言接触研究项目

年度	项目名称
2017 年度	语言接触视角下的广西汉语方言语音演变研究
	明清官话与闽语的接触研究
	朝汉语言接触与延边汉语变异研究
	满族与蒙古族语言接触研究
	阴山地区语言接触研究
2018 年度	桂东南粤客方言接触与演变研究
	延安方言的接触和演变研究
	语言接触视角下的回辉话语法演变研究
	新疆汉维语言接触及其影响因素调查研究
	语言接触与湘西土家语苗语的汉借词研究
	语言接触视角下的青海湟源方言研究
2019 年度	苗族跨国语言接触与影响研究
	语言接触视域下中古北方地区汉语语词分层研究
	语言接触视域下的中古道经佛教词语研究
	语言接触下的辽东半岛三调方言的语音变异研究
	接触视域下的苏浙皖地区河南方言岛语言变异研究
	语言接触视角下的贵州彝族语言使用现状及其演变调查研究
	语言接触下的粤西北粤语语音特征研究

表 8－2　2017—2020 年教育部语言接触研究项目

年度	项目名称
2017 年度	语言接触视野下的广东清远地区汉语方言研究
	语言接触对京津冀汉语方言历史演变的影响研究
	语言接触视角下城市青少年的方言使用与变异研究——以沪宁杭为例
2018 年度	语言接触视角下的切弟哈尼语调查与比较研究
	语言接触视角下的东干语陕西方言语法研究

续表8－2

年度	项目名称
2019 年度	语言接触与延边朝鲜语词汇变化及其机制研究
	不同语言接触视角下的广西客家方言岛研究
	晋语志延片方言接触研究
	语言接触视域下的明清笔记借词研究
	语言接触视角下的满语与东北方言词汇研究
2020 年度	语言接触视角下现代汉语介词结构历时演变研究

8.2.3　语言态度

在双语和多语社会中，由于社会或民族认同、情感、目的和动机、行为倾向等因素的影响，人们会对一种语言或文字的社会价值形成一定的认识或作出一定的评价，这种认识和评价通常称为语言态度（王远新，1999：87）。语言态度是社会语言学研究的重要内容，也是社会心理语言学态度研究的重要组成部分。在社会语言学研究中，语言态度经常与语言使用、语言认同、语言学习动机等联系起来考量；在社会心理学研究中，语言态度往往是社会认同、群体刻板印象、群际关系等问题的组成部分（高一虹、许宏晨，2015）。该领域的研究开始于 20 世纪 50 年代，但到了 60 年代，这一领域研究才变得有影响力。

语言态度研究大致分为三个领域：①语言态度对语言使用者或言语群体语言行为的影响（Lehnert，2018；Hawkey，2020；Peng，2020；Peterson，2020；徐真华，2008；李金凤等，2017）；②形成语言态度差异的社会因素（Saito，2014；Chakrani，2015；McCullough et al.，2017；Miller，2017；Salmon & Menjívar，2017；薛亚丽，2012；刘莉芳，2013；杨薇、苏娟，2016）；③言语群体对所在语言区的语言变体的语言态度调查（Kaur，2014；Yang & Zhang，2015；许宏晨、高一虹，2014；谢俊英，2015；徐晖明、周喆，2016；高一虹等，2019），语言态度研究的族群往往有少数民族区、双语区或多语区言语群体、参与国际活动的大学生志愿者以及高校英语教师和在校留学生等。

在语言态度的研究方法方面，邬美丽（2005）总结了五种对语言态度的调查方法：直接发放问卷法、间接测试法、配对变语法、语义微分量法、访问法与观察法。加勒特（Garrett，2010）总结了三种语言态度研究方法：直接方法（direct approach）、间接方法（indirect approach）、社会方法（societal treatment approach）。其中间接方法，即配对变语法，是语言态度研究的标志性研究方法，也是国内语言态度调查研究最常用到的方法。高一虹和许宏晨（2015）也沿用了加勒特的分类。这些方法各有利弊。如何将认知、情感和行为层面的语言态度联系起来，如何考察态度的动态发展和多元性，也将是今后的方法发展议题（高一虹、许宏晨，2015）。除了以上传统研究方法，也有新方法的开拓。麦肯齐（2010）吸收了社会心理学和第二语言习得领域的强大传统，并利用了直接和间接的态度测量方法来研究英语作为全球语言在日本语境中的态度、意识和身份认同；苏库普（Soukup，2012）将传统“语言态度”社会心理学研究（特别是使用配对变语法）与建构主义理论相融合，研究语言—态度之间的联系；梁（Liang，2015）用语言民族志方法研究语言态度在小学中是如何被建构话语性和互动性的，以及会产生什么样的语言和教育后果；霍基（Hawkey，2018）运用混合方法研究语言态度与少数民族权利。

语言态度是言语个体或群体对语言变体的价值判断和取向，属于语言的社会心理范畴，对语言选择、语言使用、语言变化乃至语言演变都有重大影响。因此，研究语言态度，不仅有理论意义，还有实际价值，如了解言语群体的社会心理和语言变体的地位、制定语言政策和语言规划、改革语言教育等。

8.2.4　语言政策与规划

语言政策和语言规划已成为社会语言学领域的主要研究内容之一。语言政策通常是指政府制定并实行的大规模的、国家层面的方针、措施、规划、改革，旨在改变全社会的说话方式或识字方式；语言规划跟语言政策的名称不同，但内涵多有重合，而且语言规划的内涵比语言政策更宽，语言规划除了包括国家层面，还包括非国家层面；除了包括政府层面，还包括非政府层面（周庆生，2019：60）。规划是为了制定政策，制定政策时又要考虑对全局的规划，因此，语言政策与语言规划在文献中经常被交替使用。

美国语言学家豪根（1959）首次提出了“语言规划”这一术语，意指为了改变一言语群体的语言行为而采用的所有尝试。至今，语言规划已发展成了社会语言学领域中的重要阵地，并诞生了语言规划学这一分支。而在中国，这一概念可以追溯到秦朝，秦始皇统一中原后，推行“书同文”政策，统一了文字，使各地的政治文化形成一个整体，从而促进了各地之间的经济交流，推动社会快速发展。到了中国现代，在前人的经验和成果基础之上，结合本国的实际情况和特点，逐步建设和形成了科学的、成体系的语言规划，为我国经济文化的快速发展做出了巨大的贡献。

语言学家、人类学家、民族学家从不同角度定义语言规划，致使概念繁多，“目前得到广泛认可的主要是以下两种概念：第一，语言规划通常指宏观层面、大范围的国家规划，它通常由政府执行，意在影响整个社会内的话语方式和文化实践活动（Kaplan & Baldauf，1997：254）；第二，语言规划是一种有意识的、面向未来的对语言代码及语言使用的系统改变，一般由政府来进行”（张蔚磊，2017：80）。由此可见，语言规划具有科学性、权威性、应用性、多样性等特征。语言规划不仅属于学术范畴，也属于工作范畴，二者相辅相成，互相促进。

自新中国成立以来，我国在语言政策与规划上取得了相当大的成就，近年来该领域的研究依然如火如荼，从研究类型来看，多以理论介绍、研究述评为主，内容涉及以下几类。

1. 对国外研究的介绍和评述

近年来大都以书评的形式介绍国外的研究，如杜宜阳与赵蓉晖（2016）、赵蓉晖

（2016）、王寰与赵蓉晖（2017）、杭亚静和赵蓉晖（2019），分别对国外相关研究的理论和方法进行了推介和评述。冯佳和王克非（2014）采用 CiteSpace 这一计量学方法，对 2001—2010 年国际语言规划和语言政策研究的 536 篇 Web of Science 论文的共被引数据进行可视化分析，探讨了该领域的国际研究现状以及热点研究课题。谢倩（2015）论述了英国语言政策规划实践与经验及其对我国语言战略研究的重要启示意义。董晓波（2016）探讨了西方语言规划取向的嬗变以及对我国语言教育政策制定的启示。张天伟（2016）综述了国外语言政策与规划研究的主要路径与方法。陈新仁（2017）追溯了美国语言政策的历史沿革，揭示其背后指导思想的变迁，并探讨了对我国制定语言政策、实施语言规划、开展（外语）语言教育与实践的启示。张蔚磊（2017）述评了国外语言政策与规划的现有理论。胡壮麟（2018）探讨了自 20 世纪 90 年代末至今，特别是进入新世纪后，美国的语言规划和语言政策所发生的变化。

2. 对国内研究的综述

洪爱英和张绪忠（2016）述评了近 10 年（2006—2015 年）来国内语言规划研究。李英姿（2016）探讨了中国语境中语言政策和规划的出现时间、意义演变等，认为今后对语言规划与政策的研究应该更加深入与细化。李琳和王立非（2019）采用定量方法考察 2008—2017 年间我国语言服务研究现状，发现语言服务研究范围较广，研究热点为语言规划、语言政策、语言生态、语言景观等，非实证研究方法占主流，实证与非实证性研究之间差距较大，混合研究方法应用逐年增加。周庆生（2019）梳理了中国语言政策研究的脉络，提出并论证了中国语言政策发展流变的两大动向：一是语言战略贴近国家战略的趋势越来越明显，二是 2006 年以来，"主体多样"语言政策出现合流。

张晓传与唐子恒（2013）梳理了我国少数民族现代语言规划历程，并提出了当代发展规划策略。孙宏开（2015）总结了近百年来中国少数民族语言规划。周庆生（2015）撰写专著研究中国少数民族的语言生活与语言政策。黄行和许峰（2014）则通过具体跨境语言案例和数据分析，认为我国的语言状况和影响力与周边国家相比，在语言身份认同、文字书面语体制的完善、语言社会使用等级等语言本体和地位规划方面，总体上处于劣势，因此应将我国复杂丰富的语言文化资源放到特定的国际环境视野，重新审视和调整现行的民族语言功能规划，在国家语言规划的国际战略方面更加有所作为。

3. 理论及政策研究

郭熙（2013）从规划动因和效果的关系出发，把中国语言规划实践中的一些案例放到特定的背景下，分析政府、社会思潮、语言理念、政治目标（认同建构）等对国语运动、推普、汉字改革、语言文字标准化和规范化等的影响。周庆生（2013）从主体性和多样性的视角，描述近半个多世纪以来中国语言政策的发展脉络。赵蓉晖（2016）对 1992 年以来发布的 5 个国家语言文字工作规划纲要进行了文本分析，总结了语言政策的变化与发展。李宇明（2018）提出构建人类命运共同体和参与全球治理需要充分发挥语言的作用，加强语言学学科建设，制定科学的国家语言规划。刘丹青（2019）回顾了中华人民共和国成立以来语文工作在时间维度的差异化，分析了改革开放以来方言的衰退大势和衰亡危险，并提出有效保护方言资源或减缓方言萎缩速度需要一些差异化的语文政策。

国内该领域研究从研究内容看，涉及面广，包括以下这些方面：①国家安全（戴曼纯，2011；沈骑，2014；刁晏斌，2018；张治国，2018；赵蓉晖、阿衣西仁·居马巴依，2019；赵世举，2019）；②经济（张卫国，2011；张卫国、刘国辉，2012；韦钰，2017；付慧敏、洪爱英，2020）；③服务（袁军，2014；王传英，2014；王宇波、李向农，2016；姚亚芝、司显柱，2016）；④减贫（李宇明，2019）；⑤国家语言能力（赵世举，2015；连谊慧，2016；姚喜双，2016；赵蓉晖、王寰，2016；文秋芳，2017；张天伟，2017；李德鹏，2018；文秋芳、张天伟，2018；戴曼纯，2019；文秋芳，2019）；⑥外语教育（程京艳，2015；张蔚磊，2015；仲伟合等，2016；沈骑，2017；张治国，2017；沈骑、魏海苓，2018；沈骑、曹新宇，2019；蒋洪新等，2020）；⑦“一带一路”倡议（沈骑，2015；张日培，2015；卢俊霖、祝晓宏，2017；张日培、刘思静，2017；梁昊光、张耀军，2018；施旭，2018；张慧玉，2018；程彤、邓世平，2019；王雪梅、赵双花，2019）；⑧语言战略（董晓波，2016；胡壮麟，2019；殷俊、徐艺芳，2019）

近年来国际上该领域的研究相较国内的研究，有以下几方面差异：

（1）研究内容更关注微观层面。如阿利米（Alimi，2015）分析博茨瓦纳的微观语言规划和本地文化复兴的关系；马科尼（Makoni，2017）通过聚焦南非案件和南非警察服务，探讨语言和语言规划如何解决多语环境下的安全问题；霍奇斯与普莱斯（Hodges & Prys，2019）梳理了威尔士语言规划的宏观与微观的契合点，以及这些契合点对社区语言使用的实际影响；索莱尔和维赫曼（Soler & Vihman，2017）、冯与吴（Vong & Wu，2019）、卡尔松和卡尔松（Karlsson & Karlsson，2019）均讨论了语言规划与高等教育的相互关系及其对教育的影响和作用；卡弗里等（Caffery，et al.，2015）、贡萨尔维斯与施吕特（Gonçalves & Schluter，2016）、安福和安德森（Amfo & Anderson，2019）则都研究了语言政策与双语问题；卡特德拉尔与朱拉耶娃（Catedral & Djuraeva，2018）、刘和林（Liu & Lin，2019）、郑与梅（Zheng & Mei，2020）探讨了家庭语言规划。

（2）研究方法上追求创新。孟赛尔（Mensel，2015）将微观政治法和民族志的研究方法相结合，探讨可以实施哪些教育政策以满足跨国父母这一现实情况；特拉萨瓦（Terasawa，2019）对语言政策和语言教育政策研究中的循证方法（evidence-based approach）进行了理论检验，并结合实际研究对循证语言教育政策研究的可行性进行了方法论检验；米尔瓦赫迪（Mirvahedi，2019）从社会学现实主义的观点出发，探讨语言政策研究的民族志方法。

（3）理论上不断突破。如霍恩伯格（Hornberger，2020）重新审视了语言政策与规划的民族志概念。

中国学者（Li，2015；Han & Wu，2019；Shen & Gao，2019）也正努力在国际上宣传和分享中国语言政策与规划的成果。

语言政策与规划不仅仅只涉及语言学知识，还与其他学科融合，如人类学、民族学、政治学、经济学等，而且语言政策与规划涉及的范围广、内容多，与政治、经济、国家安全、教育、文化、法律、社会生活等息息相关。近几年来，其在国家社科基金和教育部项目中的比重日益增多（见表8-3、表8-4）。

表 8－3　2017—2019 年国家社科基金语言政策与规划项目

年度	项目名称
2017 年度	GMS 五国语言政策及其主要外来语言地位嬗变研究
	非洲语言政策与规划发展变革研究
	“一带一路”背景下新疆周边国家语言政策对新疆语言规划的影响和对策研究
	东南亚国家汉语政策与规划研究
	“一带一路”沿线东盟国家语言政策与规划研究
2018 年度	我国国际化城市外国人的语言生活与语言规划研究
	国家语言战略与文化安全视阈下的新疆外语教育规划研究
	新时代云南“直过民族”语言能力建设研究
	新时代国家语言能力建设研究
	国家主权形象驱动下的菲律宾语言政策研究
	非洲马格里布地区的语言问题及语言政策研究
	大国博弈视角下的中亚语言竞争与语言规划研究
2019 年度	云南濒危语言的家庭语言政策研究
	中印多语教育政策比较研究
	“一带一路”沿线国家来华留学生语言教育政策和规划研究
	新中国语言政策与国家语言能力发展关系研究

表 8－4　2017—2020 年教育部语言政策与规划项目

年度	项目名称
2017 年度	60 年（1955—2015）年来的中国特色语言规划理论研究
	多语环境下美国华裔家庭隐形语言规划调查研究
	“一带一路”沿线海湾阿拉伯国家语言政策与规划研究
	“一带一路”沿线巴尔干国家语言政策与民族认同研究
	基于大数据的农村家庭语言能力状况及对策研究
2018 年度	京津冀协同发展的语言服务基础设施需求与设计研究
	“走出去”背景下中国企业语言服务问题调查及对策研究
2019 年度	语言经济学视域下当代东北亚语言政策及其战略变革研究
2020 年度	“一带一路”海湾地区高等教育国际化路径中的语言政策研究

课题研究

（1）“一带一路”沿线××国家语言政策研究

（2）中×英语教育政策研究（×指非英语国家，对比研究）

（3）××国家汉语政策与规划研究

（4）语言接触视角下的××方言研究

（5）××研究述评

文献阅读

以下国际期刊可供读者了解社会语言学领域最新研究成果：

（1）*Annual Review of Applied Linguistics*

（2）*Current Issues in Language Planning*

（3）*International Journal of the Sociology of Language*

（4）*Journal of Language，Identity and Education*

（5）*Journal of Multilingual and Multicultural Development*

（6）*Language Policy*

（7）*Language Problems and Language Planning*

（8）*New Language Planning Newsletter*

（9）*Language Variation Change*

（10）*World Englishes*

（11）*American Speech*

（12）*English Language and Linguistics*

参考文献

一、外文文献

ALIMI M M，2015. Micro language planning and cultural renaissance in Botswana [J]. Language policy，15 (1)：49—69.

AMFO N A A，ANDERSON J，2019. Multilingualism and language policies in the African context：lessons from Ghana [J]. Current issues in language planning，20 (4)：333—337.

ARROYO J L B，2015. The scope of language contact as a constraint factor in language change：The periphrasis haber de plus infinitive in a corpus of language immediacy in modern Spanish [J]. International journal of bilingualism，19 (5)：499—524.

BARBIERS S，BENNIS H，DROS-HENDRIKS L，2018. Merging verb cluster variation [J]. Linguistic variation，18 (1)：144—196.

BERRY G M，2016. Processing linguistic variation through dual mechanisms of cognitive control [J]. Linguistics vanguard, 2 (s1): 85—96.

CAFFERY J, CORONADO G, HODGGE B, 2015. Multilingual language policy and mother tongue education in Timor-Leste: a multiscalar approach [J]. Language policy, 15 (4): 561—580.

CATEDRAL L, DJURAEVA M, 2018. Language ideologies and (im) moral images of personhood in multilingual family language planning [J]. Language policy, 17 (4): 501—522.

CERRUT M, REGIS R, 2020. Partitive determiners in Piedmontese: a case of language variation and change in a contact setting [J]. Linguistics, 58 (3): 651—677.

CHARKRANI B, 2015. Between profit and identity: analyzing the effect of language of instruction in predicting overt language attitudes in Morocco [J]. Applied linguistics (2): 215—233.

CSOMAY E, WU S M, 2020. Language variation in university classrooms [J]. Register studies, 2 (1): 131—165.

DE CARVALHO F O, 2018. Arawakan-Guaicuruan language contact in the south American Chaco [J]. International journal of American linguistics (2): 243—263.

DEVEREAUX M D, PALMER C C, 2019. Teaching language variation in the classroom: strategies and models from teachers and linguists [M]. New York: Routledge.

DING S L, WU C, GOH K L, 2019. In quest of a new identity? Language variation in Sabah [J]. Lingua, 22 (7): 51—73.

DOMANGE R, 2020. Variation and change in the short vowels of Delhi English [J]. Language variation and change, 32 (1): 49—76.

DUNCAN D, 2019. The influence of suburban development and metropolitan fragmentation on language variation and change: evidence from Greater St. Louis [J]. Journal of linguistic geography, 7 (2): 82—97.

EITELMANN M, 2016. Support for end-weight as a determinant of linguistic variation and change [J]. English language and linguistics, 20 (3): 395—420.

EPPS P, 2018. Contrasting linguistic ecologies: indigenous and colonially mediated language contact in northwest Amazonia [J]. Language & communication (62): 156—169.

GARRETT P, 2010. Attitudes to language [M]. Cambridge: Cambridge University Press.

GERMANOS M-A, MILLER C, 2015. Is religious affiliation a key factor of language variation in Arabic-speaking countries? [J]. Language & communication (42): 86—98.

GONÇALVES K, SCHLUTER A, 2016. "Please do not leave any notes for the cleaning lady, as many do not speak English fluently": policy, power, and language brokering in a multilingual workplace [J]. Language policy, 16 (3): 241—265.

HADODO M J, 2019. Language variation and contact-induced change: Spanish across space and time [J]. Language in society, 48 (5): 791—792.

HAN Y M, WU X D, 2019. Language policy, linguistic landscape and residents' perception in Guangzhou, China: dissents and conflicts [J]. Current issues in language planning, 21 (3): 229—253.

HAUGEN E, 1959. Planning for a standard language in Norway [J]. Anthropological linguistics (3): 8—21.

HAWKEY J, 2018. Language attitudes and minority Rights [M]. New York: Palgrave Macmillan, Springer International Publishing.

HAWKEY J, 2020. Language attitudes as predictors of morphosyntactic variation: Evidence from Catalan speakers in southern France [J]. Journal of sociolinguistics, 24 (1): 16—34.

HODGES R, PRYS C, 2019. The community as a language planning crossroads: macro and micro language planning in communities in Wales [J]. Current issues in language planning, 20 (3): 207—225.

HORNBERGER N H, 2020. Reflect, revisit, reimagine: ethnography of language policy and planning [J]. Annual review of applied linguistics (40): 119—127.

HU X Y, XIAO R, HARDIE A, 2019. How do English translations differ from non— translated English writings? A multi-feature statistical model for linguistic variation analysis [J]. Corpus linguistics and linguistic theory, 15 (2): 347—382.

JOHNSON E K, WHITE K S, 2020. Developmental sociolinguistics: children's acquisition of language variation [J]. Wiley interdisciplinary reviews: cognitive science. 11 (1): 15—28.

KARLSSON S, KARLSON T S, 2020. Language policy as "frozen" ideology: exploring the administrative function in Swedish higher education [J]. Current issues in language planning, 21 (1): 67—87.

KAUR P, 2014. Attitudes towards English as a Lingua Franca [J]. Procedia social and behavioral sciences (118): 214—221.

KOZMINSKA K, 2013. Language contact in the Polish-American community in Chicago [J]. International journal of bilingualism, 19 (3): 239—258.

KULKARNI-JOSHI S, 2015. Religion and language variation in a convergence area: the view from the border town of Kupwar post-linguistic reorganisation of Indian states [J]. Language & communication (42): 75—85.

LAURO J, SCHWARTZ A I, FRANCIS W S, 2020. Bilingual novel word learning in sentence contexts: effects of semantic and language variation [J]. Journal of memory and language (113): 104—123.

LEHNERT T E，KROLAK-SCHWERDT S，HÖRSTERMANN T，2018. Language and nationality attitudes as distinct factors that influence speaker evaluations：explicit versus implicit attitudes in Luxembourg [J]. Language & communication (61)：58—70.

LI Y M，2015. Language planning in China [M]. Berlin：De Gruyter Mouton.

LIANG S H，2015. Language attitudes and identities in multilingual China：a linguistic ethnography [M]. Switzerland：Springer International Publishing.

LIMERICK P P，2017. Language contact in the US southeast [J]. Spanish in context，14 (1)：53—78.

LIU W，LIN X，2019. Family language policy in English as a foreign language：a case study from China to Canada [J]. Language policy，18 (2)：191—207.

MACKENZIE I，2018. Language contact and the future of English (Routledge studies in sociolinguistics) [M]. New York：Routledge.

MAKONI S B，2017. Language planning，security，police communication and multilingualism in uniform：the case of South African police services [J]. Language & communication (57)：48—56.

MCCULLOUGH E A，CLOPPER C G，WAGNER L，2017. The development of regional dialect locality judgments and language attitudes across the life span [J]. Child development，90 (4)：1080—1096.

MCKENZIE R M，2010. The social psychology of English as a global language：attitudes，awareness and identity in the Japanese context [M]. Netherlands：Springer Netherlands.

MENSEL L V，2015. Children and choices：the effect of macro language policy on the individual agency of transnational parents in Brussels [J]. Language policy，15 (4)：547—560.

MILLER L，2017. The relationship between language proficiency and language attitudes [J]. Spanish in context (1)：99—123.

MIRVAHEDI S H，2019. Sociological realism and language policy analysis：a way forward [J]. Current issues in language planning，20 (3)：309—330.

MOONEY D，2016. Southern regional French：a linguistic analysis of language and dialect contact [M]. Oxford：Legenda.

MOONEY D，2017. Phonetic transfer in language contact：evidence for equivalence classification in the mid-vowels of Occitan-French bilinguals [J]. Journal of the international phonetic association，49 (1)：53—85.

MORRIS J，2017. Sociophonetic variation in a long-term language contact situation：/l/-darkening in Welsh-English bilingual speech [J]. Journal of sociolinguistics，21 (2)：183—207.

MURCHADHA N Ó，HIFEARNÁIN T Ó，2018. Converging and diverging stances on target revival varieties in collateral languages：the ideologies of linguistic variation in Irish and Manx Gaelic [J]. Journal of multilingual and multicultural development，39 (5)：458－469.

NEWLIN-LUKOWICZ L N，2015. Language variation in the Diaspora：Polish immigrant communities in the U. S. and the U. K. [J]. Language and linguistics compass，9 (8)：332－346.

OLKO J，2017. Unbalanced language contact and the struggle for survival：bridging diachronic and synchronic perspectives on Nahuatl [J]. European review，26 (1)：207－228.

PALFREYMAN N，2020. Social meanings of linguistic variation in BISINDO (Indonesian sign language) [J]. Asia-Pacific language variation，6 (1)：89－118.

PENG C Y，2020. The effects of media exposure and language attitudes on grammaticality judgments [J]. Global Chinese，6 (1)：69－95.

PETERSON E，2017. The nativization of pragmatic borrowings in remote language contact situations [J]. Journal of pragmatics (3)：113，116－126.

PETERSON E，2020. Making sense of "Bad English"：an Introduction to language attitudes and ideologies [M]. London/New York：Routledge/Taylor Francis Group.

ROSEMEYER M，2019. Actual and apparent change in Brazilian Portuguese wh-interrogatives [J]. Language variation and change，31 (2)：165－191.

SAITO A，2014. Is English a nuisance or an asset? Japanese youths' discursive constructions of language attitudes [J]. System (44)：13－23.

SALMON W，MENJÍVAR J G，2017. Setting and language attitudes in a Creole context [J]. Applied linguistics (4)：1－18.

SCHILLING N，2017. Smith Island English：past，present，and future—and what does it tell us about the regional，temporal，and social patterning of language variation and change? [J]. American speech，92 (2)：176－203.

SHARMA D，2017. Scalar effects of social networks on language variation [J]. Language variation and change，29 (3)：393－418.

SHARMA D，DODSWORTH R，2020. Language variation and social networks [J]. Annual review of linguistics，6 (1)：341－361.

SHEN Q，GAO X，2019. Multilingualism and policy making in Greater China：ideological and implementational spaces [J]. Language policy，18 (1)：1－16.

SIMONENKO A，CRABBÉB，PRÉVOST S，2019. Agreement syncretization and the loss of null subjects：quantificational models for Medieval French [J]. Language variation and change，31 (3)：275－301.

SOLER J，VIHMAN V-A，2017. Language ideology and language planning in Estonian higher education：nationalising and globalising discourses [J]. Current issues in language planning，19 (1)：22－41.

SOUKUP B，2012. Current issues in the social psychological study of “Language Attitudes”：constructionism，context，and the attitude-behavior link [J]. Language and linguistics compass (4)：212—224.

SUÁREZ-GÓMEZ C，LOUREIRO-PORTO L，FUCHS R，2020. World Englishes and grammatical variation [J]. World Englishes，39 (3)：370—376.

SUN Y，CHENG L，2017. Linguistic variation and legal representation in legislative discourse：a corpus-based multi-dimensional study [J]. International journal of legal discourse，2 (2)：397—421.

TAMMINGA M，2019. Interspeaker covariation in Philadelphia vowel changes [J]. Language variation and change，31 (2)：119—133.

TERASAWA T，2019. Evidence-based language policy：theoretical and methodological examination based on existing studies [J]. Current issues in language planning，20 (3)：245—265.

VONG S-K，WU X M. 2019. An examination of language planning and policy：implications for language and literacy education in the Macau education system [M] //REYNOLDS B L，TENG FENG M (eds.). English literacy instruction for Chinese speakers. Singapore：Palgrave Macmillan，349—366.

WALKDEN G，2017. Language contact and V3 in Germanic varieties new and old [J]. The journal of comparative Germanic linguistics，20 (1)：49—81.

YANG C，ZHANG L J，2015. China English in trouble：evidence from dyadic teacher talk [J]. System (51)：39—50.

二、中文文献

道格拉斯·比伯，苏珊·康拉德，2016. 语体变异模式的多维度分析 [J]. 赵雪，胡正艳，路越，译. 当代修辞学 (1)：47—55.

曹金波，KADAR D，福岛佐江子，2020. 日本政治语体变异及其语用功能研究 [J]. 外语与外语教学 (4)：138—146+151.

曹起，2013. 新时期现代汉语变异研究 [D]. 长春：吉林大学.

曹顺庆，王苗苗，2015. 翻译与变异——与葛浩文教授的交谈及关于翻译与变异的思考 [J]. 清华大学学报 (哲学社会科学版) (1)：124—128+183.

陈保亚，2013. 语势、家庭学习模式与语言传承——从语言自然接触说起 [J]. 北京大学学报 (哲学社会科学版) (3)：78—88.

陈保亚，2016. 语势：汉语国际化的语言条件——语言接触中的通用语形成过程分析 [J]. 语言战略研究 (2)：68—76.

陈新仁，2017. 美国语言政策的历史沿革与启示 [J]. 外语研究 (1)：22—26+31.

陈莹，2019.《论语》英译的宏观变异与微观变异——以理雅各、辜鸿铭、韦利和吴国珍译文为例 [J]. 北京科技大学学报 (社会科学版) (6)：18—25.

程京艳，2015. 我国外语政策与规划的研究现状及发展趋势 [J]. 外语教学 (5)：69—72.

程彤，邓世平，2019．“一带一路”沿线关键土著语言专业课程设置研究［J］．外语界（6）：62－69．

戴曼纯，2011．国家语言能力、语言规划与国家安全［J］．语言文字应用（4）：123－131．

戴曼纯，2019．国家语言能力的缘起、界定与本质属性［J］．外国语（6）：36－44．

戴庆厦，罗自群，2006．语言接触研究必须处理好的几个问题［J］．语言研究（4）：1－7．

戴庆厦，袁焱，2002．互补和竞争：语言接触的杠杆——以阿昌语的语言接触为例［J］．语言文字应用（2）：95－99．

戴炜华，2019．语言接触漫语［J］．上海理工大学学报（社会科学版）（3）：235－242．

刁晏斌，2018．语言安全视角下的全球华语及其研究［J］．云南师范大学学报（哲学社会科学版）（3）：25－34．

丁存越，2015．南京城市方言儿化音变异的实证研究［J］．语言文字应用（3）：49－57．

董洪杰，2017．西安坊上回民亲属称谓语变异及身份认同［J］．陕西师范大学学报（哲学社会科学版）（4）：161－169

董晓波，2016．西方语言规划取向的嬗变对我国语言教育政策制定的启示［J］．西安外国语大学学报（2）：59－62．

董晓波，2016．语言意识形态下的中国语言战略选择研究［J］．外语教学（5）：34－37．

杜宜阳，赵蓉晖，2016．构建融合政治学与语言学的语言政策理论——评《语言政策与政治理论》［J］．外语研究（5）：109－111．

房娜，张炜炜，2015．认知社会语言学视角下的语言变异研究——基于近年来研究论文的统计分析［J］．中国社会语言学（1）：69－79．

冯佳，王克非，2014．近十年国际语言规划和语言政策研究的 CiteSpace 分析［J］．中国外语（1）：69－76＋84＋77＋113．

付慧敏，洪爱英，2020．语言经济学视域下的语言竞争与语言规划［J］．东北师大学报（哲学社会科学版）（2）：77－83．

付义荣，2011．社会语言学理论整合的必要性与可能性［J］．华文教学与研究（2）：77－86．

付义荣，柯月霞，2019．闽南农村父母称谓变异研究——以漳州市流岗村为例［J］．中国语言战略（1）：49－58．

高一虹，吴东英，马喆，2019．回归 20 年后香港与广州、北京的语言态度比较［J］．语言文字应用（5）：39－50．

高一虹，许宏晨，2015．英语变体态度研究综述［J］．外语教学与研究（6）：850－860＋960．

高玉娟，2017．语言变异视角下的锦州方言语音研究［J］．辽宁师范大学学报（社会科学版）（5）：88－95.

高玉娟，邵钟萱，2016. 社会语言学视阈下的沈阳方言语音变异研究［J］. 辽宁师范大学学报（社会科学版）（5）：128－134.

郭鸿杰，管新潮，2016. 基于语料库的英语强化词性别差异变异研究［J］. 当代外语研究（6）：30－39＋53＋109.

郭茜，2018. 第二语言变异的影响因素和研究重点［J］. 中国语言战略（2）：60－66.

郭熙，2013. 语言规划的动因与效果——基于近百年中国语言规划实践的认识［J］. 新疆师范大学学报（哲学社会科学版）（1）：34－40＋1.

杭亚静，赵蓉晖，2019. “自下而上的全球化”新视角——《语言与全球化：自我民族志方法》述评［J］. 语言战略研究（5）：92－96.

洪爱英，张绪忠，2016. 近10年来国内语言规划研究述评［J］. 社会科学战线（9）：279－282.

洪波，意西微萨·阿错，2007. 汉语与周边语言的接触类型研究［J］. 南开语言学刊（1）：23－35＋164.

胡青青，李伦，2015. 网络语言变异现象的哲学反思［J］. 湖北大学学报（哲学社会科学版）（1）：94－98.

胡壮麟，2018. 美国新世纪的语言规划和语言政策［J］. 浙江外国语学院学报（2）：1－8.

胡壮麟，2019. 多元文明交融下的国家语言战略［J］. 中国外语（5）：4－9.

黄慧，邵今是，2016. 社会语言学理论对二语习得研究的贡献［J］. 外语电化教学（3）：23－27＋33.

黄行，许峰，2014. 我国与周边国家跨境语言的语言规划研究［J］. 语言文字应用，2014（2）：9－17.

黄嫣，2020. 社会语言学的新发展：语言变异与认知科学的交叉研究［J］，天津外国语大学学报（1）：24－34＋158.

蒋洪新，杨安，宁琦，2020. 新时代外语教育的战略思考［J］. 外语教学与研究（1）：12－16.

姜昕玫，2017. 西方社会语言学语言变异研究新进展综述［J］. 新疆大学学报（哲学·人文社会科学版）（3）：146－150.

拉波夫，王士元，葛佳登，等，2014. 语音变化前沿问题演讲录［J］. 语言教学与研究（1）：1－12.

李德鹏，2018. 论国民语言能力的层级［J］. 云南师范大学学报（哲学社会科学版）（6）：45－54.

李慧，李泉灏，乔权帝，2015. 在线购物会话中的寒暄语变异研究［J］. 当代外语研究（7）：17－22＋76－77.

李琳，王立非，2019. 基于计量可视化的我国语言服务研究十年现状分析（2008—2017）［J］. 山东外语教学（5）：12－21.

李金凤，何洪峰，周宇亮，2017. 语言态度、语言环境与农村学前留守儿童语言使用

[J]. 语言文字应用（1）：23－31.
李英姿，2016. 中国语境中“语言政策与规划”概念的演变及意义［J］. 外语学刊（3）：15－19.
李宇明，2018. 语言在全球治理中的重要作用［J］. 外语界（5）：2－10.
李宇明，2019. 语言减贫的理论与实践［J］. 云南师范大学学报（哲学社会科学版）（4）：31－32.
连谊慧，2016. “语言能力”多人谈［J］. 语言战略研究（5）：66－71.
梁昊光，张耀军，2018. “一带一路”语言战略规划与政策实践［J］. 人民论坛·学术前沿（10）：98－105.
梁砾文，王雪梅，赵蓉晖，2018. 全球化背景下社会语言学的“整合”——以社会语言学大会为例［J］. 语言文字应用（4）：28－37.
刘丹青，2019. 语言资源保护与差异化语文政策［J］. 语言战略研究（3）：29－37.
刘莉芳，2013. 语言环境对青少年语言态度的影响［J］. 湖北民族学院学报（哲学社会科学版）（1）：135－138.
刘立华，2015. 语体变异研究的范式流转［J］. 福建师范大学学报（哲学社会科学版）（2）：95－99＋169.
刘永厚，2019. 语体变异的社会语言学研究路径、热点与趋势［J］，现代外语（2）：280－289.
卢俊霖，祝晓宏，2017. “一带一路”建设背景下“语言互通”的层级、定位与规划［J］. 语言文字应用（2）：67－73.
卢志鸿，李肖微，2016. 流行语与当下社会生活面面观——以解析“土豪”一词为例［J］. 中国社会语言学（1）：57－77.
罗美珍，2000. 论族群互动中的语言接触［J］. 语言研究（3）：1－20.
马楠，2013. 汉语方言语音变异过程的类型［J］. 汉语学报（1）：88－93.
马楠，2015. 关于语言变异界定问题的若干思考［J］. 河南理工大学学报（社会科学版）（1）：78－82.
佴云国，2017.《第一与第二语言语境中的语用变异：方法论问题》介绍［J］. 当代语言学（1）：146－149.
彭嬿，2007. 语言接触研究述评［J］. 新疆大学学报（哲学·人文社会科学版）（2）：140－143.
沈骑，2014. 非传统安全领域的语言规划研究：问题与框架［J］. 语言教学与研究（5）：103－112.
沈骑，2015. “一带一路”倡议下国家外语能力建设的战略转型［J］. 云南师范大学学报（哲学社会科学版）（5）：9－13.
沈骑，2017. 中国外语教育规划：方向与议程［J］. 中国外语（5）：11－20.
沈骑，魏海苓，2018. 构建人类命运共同体视域下的中国外语战略规划［J］. 外语界（5）：11－18.
沈骑，2019. 中国话语规划：人类命运共同体建设中语言规划的新任务［J］. 语言文字应用（4）：35－43.
施旭，2018.（逆）全球化语境下的中国话语理论与实践［J］. 外国语（5）：90－95.
孙宏开，2015. 中国少数民族语言规划百年议［J］. 青海民族研究（2）：91－99.
唐青叶，伊丹丹，2016.“神经病”的语言变异过程、机制及其动因［J］. 中国社会语言学（1）：86－93.
田莉，田贵森，2017. 变异社会语言学的研究方法论［J］. 外语学刊（1）：25－30.
王传英，2014. 语言服务业发展与启示［J］. 中国翻译（2）：78－82.
王寰，赵蓉晖，2017.《语言政策与规划研究方法：实践指南》述评［J］. 语言战略研究（1）：92－96.
王佳琳，2017. 哈尔滨方言七十年语音变化研究［D］. 哈尔滨：黑龙江大学.
王萍，杨荣志，石锋，2017. 汉语普通话基础元音的分组统计分析［J］. 南开语言学刊（1）：1－10.
王雪梅，赵双花，2019.“一带一路”沿线一流高校外语专业/课程设置研究［J］. 外语界（6）：53－61.
王宇波，李向农，2016. 语言服务与“互联网＋”的深度融合［J］. 华中师范大学学报（人文社会科学版）（5）：87－93.
王远新，1999. 论我国少数民族语言态度的几个问题［J］. 满语研究（1）：87－99＋143.
韦理，2016. 反思参数：生物语言学视角的变异研究新进展［J］. 跨语言文化研究（1）：60－70.
韦钰，2017. 新中国语言文字政策与经济社会发展互动研究［D］. 武汉：华中师范大学.
文秋芳，2017. 国家话语能力的内涵——对国家语言能力的新认识［J］. 新疆师范大学学报（哲学社会科学版）（3）：66－72.
文秋芳，2019. 对“国家语言能力”的再解读——兼述中国国家语言能力 70 年的建设与发展［J］. 新疆师范大学学报（哲学社会科学版）（5）：57－67.
文秋芳，张天伟，2018. 国家语言能力理论体系构建研究［M］. 北京：北京大学出版社.
邬美丽，2005. 语言态度研究述评［J］. 满语研究（2）：121－127.
夏丹，廖美珍，2012. 民事审判话语中人称指示语的变异与身份建构［J］. 华中师范大学学报（人文社会科学版）（2）：119－124.
肖慧，2017. 现代汉语词汇、语义及语法变异现象研究［D］，武汉：华中师范大学.
谢俊英，2015. 澳门公众服务领域语言态度调查分析［J］. 语言文字应用（5）：19－28.
谢倩，2015. 当代英国语言战略探析及借鉴［J］. 外语界（4）：74－80.
解正明，2013.“是”字句的社会语言学分析［J］. 中南大学学报（社会科学版）（3）：237－241.
熊建闽，2018. 文学翻译中语言变异的语用意图与篇章连贯［J］. 北京化工大学学报

（社会科学版）（4）：49－53＋27.
徐大明，2006. 语言变异与变［M］. 上海：上海教育出版社.
徐晖明，周喆，2016. 广州青少年语言使用与语言态度调查与分析［J］. 语言文字应用（8）：20－29.
许宏晨，高一虹，2014. 四次大型国际活动前后大学生志愿者对世界英语的态度［J］. 外语教学（1）：43－48.
薛亚丽，2012. “90 后”大学生语言态度的性别差异研究［J］. 长春工程学院学报（社会科学版）（3）：90－94.
杨彩贤，2014. 语言变异理论在中国的拓展及应用［J］. 西安外国语大学学报（4）：37－40.
杨彩贤，2015. 20 世纪 90 年代以降汉语变异动态研究［D］. 西安：陕西师范大学.
杨永林，司建国，2003. 社会语言学研究——反思与展望［J］. 现代外语（4）：419－427.
杨薇，苏娟，2016. 在华留学生汉语语言态度构成及相关性分析［J］. 天津师范大学学报（社会科学版）（5）：67－71.
杨文波，2012. 子尾儿化叠置现象的社会变异研究——以中原官话区蔡鲁片兖州方言点为例［J］. 中国社会科学（1）：45－54.
姚喜双，2016. 《语言文字规划纲要》与国民语言能力提高［J］. 语言科学（4）：337－338.
姚亚芝，司显柱，2016. 中国语言服务产业研究综述及评价［J］. 北京交通大学学报（社会科学版）（1）：42－49.
殷俊，徐艺芳，2019. 粤港澳大湾区的语言多样性与语言战略问题［J］. 云南师范大学学报（哲学社会科学版）（6）：37－45.
余志鸿，2004. 语言接触与语言结构的变异［J］. 民族语文（4）：23－27.
袁军，2014. 语言服务的概念界定［J］. 中国翻译（1）：18－22.
曾晓渝，2012. 语言接触的类型差距及语言质变现象的理论探讨——以中国境内几种特殊语言为例［J］. 语言科学（1）：1－8
战菊，李菲，付慧敏，2015. 中国英语的本质、根源及发展——基于语言变异理论的解读［J］. 吉林大学社会科学学报（3）：163－170＋176.
张耕，2018. 语言规划中的变异研究——以“的/地”分合问题为例［J］. 语言研究（2）：120－127.
张欢，2018. 汉蒙双语地区汉语通用语变异研究——以内蒙古通辽市为个案［D］. 长春：吉林大学.
张慧玉，2018. “一带一路”背景下的中国语言服务行业：环境分析与对策建议［J］. 外语界（5）：19－26.
张日培，2015. 服务于“一带一路”的语言规划构想［J］. 云南师范大学学报（哲学社会科学版）（4）：48－53.
张日培，刘思静，2017. “一带一路”语言规划与全球语言生活治理［J］. 新疆师范大学学报（哲学社会科学版）(6)：93－102+2.
张荣建，2011. 社会语言学的整合发展趋势［J］. 重庆师范大学学报（哲学社会科学版）(4)：71－75.
张天伟，2016. 语言政策与规划研究：路径与方法［J］. 外语电话教学（4)：40－47.
张天伟，2017. 国家语言能力视角下的我国非通用语教育：问题与对策［J］. 外语界(2)：44－52.
张晓传，唐子恒，2013. 我国少数民族现代语言规划历程及当代发展策略［J］. 中央民族大学学报（哲学社会科学版）(5)：68－72.
张宇辰，赵蓉晖，2019.《语言与地方感：语言与地域研究》评介［J］. 天津外国语大学学报（7)：151－157.
张蔚磊，2015. 我国外语教育政策的实然现状与应然选择［J］. 外语教学（1)：56－60.
张蔚磊，2017. 国外语言政策与规划理论研究述评［J］. 外国语（5)：77－85.
张卫国，2011. 语言政策与语言规划：经济学与语言学比较的视角［J］. 云南师范大学学报（哲学社会科学版）(5)：8－13.
张卫国，刘国辉，2012. 中国语言经济学研究述略［J］. 语言教学与研究（6)：102－109.
张治国，2017. 新中国成立初期外语教育政策研究及其启示［J］. 外语界（2)：53－60+66.
张治国，2018. 语言安全分类及中国情况分析［J］. 云南师范大学学报（哲学社会科学版）(3)：35－44.
赵蓉晖，2003. 社会语言学的历史与现状［J］. 外语研究（1)：13－19+26－80.
赵蓉晖，2016. 新时期“多元一体”语言政策的变化与发展——基于国家语言文字工作规划的文本研究［J］. 语言文字应用（1)：2－9.
赵蓉晖，2016. 论语言规划研究的中国学派——评《语言规划概论》［J］. 语言战略研究（1)：91－96.
赵蓉晖，阿衣西仁·居马巴依，2019. 语言与现代国际政治述论［J］. 云南师范大学学报（哲学社会科学版）(2)：24－30.
赵蓉晖，王寰，2016. 全球竞争中的语言能力和语言教育——基于《美国联邦教育部国际战略（2012—2016)》的分析［J］. 云南师范大学学报（哲学社会科学版）(3)：27－32.
赵世举，2015. 全球竞争中的国家语言能力［J］. 中国社会科学（3)：105－118.
赵世举，2019. 语言在国家安全中的角色和功能［J］. 云南师范大学学报（哲学社会科学版）(2)：31－39
仲伟合，王巍巍，黄恩谋，2016. 国家外语能力建设视角下的外语教育规划［J］. 语言战略研究（5)：45－51.
周庆生，2005. 国外语言规划理论流派和思想［J］. 世界民族（4)：53－63.
周庆生，2013. 中国“主体多样”语言政策的发展［J］. 新疆师范大学学报（哲学社会科学版）（3）：32－44＋4.

周庆生，2015. 语言生活与语言政策：中国少数民族研究［M］. 北京：社会科学文献出版社.

周庆生，2019. 中国语言政策研究七十年［J］. 新疆师范大学学报（哲学社会科学版）（6）：60－71＋2.

后　记

在本书的撰写过程中，我们参阅和引用了大量国内外文献资料，在此，我们谨向这些论著的作者表示衷心的感谢。另外，在撰写之初，所有作者就章节安排、体例、结构等方面做了统一规范要求，不过，因作者的写作风格、语言习惯存在差异，虽本书主编在后期统稿时力求使各个章节风格、体例保持前后一致，但难免还有纰漏和欠妥之处，欢迎读者指正。在此，本书主编也对各位作者的通力合作表示衷心的感谢。